电子商务系列教材

电子商务概论

李　婷　主　编
刘　鹤　张　原　杨　洲　副主编

華東理工大學出版社
EAST CHINA UNIVERSITY OF SCIENCE AND TECHNOLOGY PRESS

图书在版编目(CIP)数据

电子商务概论/李婷主编. —上海：华东理工大学出版社，2010.6(2019.8 重印)
(电子商务系列教材)
ISBN 978-7-5628-2800-6

Ⅰ. 电… Ⅱ. 李… Ⅲ. 电子商务-高等学校-教材
Ⅳ. F713.36

中国版本图书馆 CIP 数据核字(2010)第 075428 号

电子商务系列教材
电子商务概论

主　　编 / 李　婷
责任编辑 / 李国平
责任校对 / 李　晔
封面设计 / 陆丽君
出版发行 / 华东理工大学出版社有限公司
地址：上海市梅陇路 130 号，200237
电话：(021)64250306(营销部)　64252712(编辑室)
传真：(021)64252707
网址：www.ecustpress.cn
印　　刷 / 北京虎彩文化传播有限公司
开　　本 / 787mm×1092mm　1/16
印　　张 / 14.5
字　　数 / 351 千字
版　　次 / 2010 年 6 月第 1 版
印　　次 / 2019 年 8 月第 2 次
书　　号 / ISBN 978-7-5628-2800-6/F·223
定　　价 / 26.00 元

前　言

随着互联网的不断发展，我国的网络购物呈现快速增长的趋势。据艾瑞发布的《2009年上半年中国网络购物市场发展报告》显示，2009年上半年中国网购市场交易规模为1 034.6亿元，同比2008年上半年的531.1亿元，大增94.8%。

2009年，信息技术与互联网行业的人才需求一直保持全年各行业需求的最高，每月都居十大热门行业榜首，招聘量也始终维持在15%～20%的市场份额。从企业的反馈情况看，51.4%的B2B企业在一年内有明确的电子商务人才需求，38.9%的企业有潜在的电子商务人才需求。70.2%的B2C企业在未来半年内有明确的人才需求，25.3%的企业有潜在人才需求。因此，培养优秀的电子商务人才势在必行。

这里所说的优秀人才，不仅仅要具有较为扎实的基础理论知识，更要具备较强的实际应用能力。因此，这就要求我们在设计电子商务课程体系时能从实际的应用出发，要能够做到教材的基本理论适度、实际应用性突出，做到教材的知识面宽、内容新，以满足学生知识、能力、素质结构的培养要求。

本书较为全面地阐述了电子商务理论的基本概念、电子商务活动的基本步骤、电子商务交易的基本方法以及电子商务的应用。全书分原理篇、技术篇、应用篇，共10章。

在原理篇中，主要介绍了电子商务的概念、功能与分类，电子商务与传统商务的区别，企业为什么要进行电子商务活动以及实施电子商务有什么好处，还包括对电子商务基本流程、参与主体以及各种交易模式的介绍。另外还简单介绍电子商务系统和国内电子商务的经济、市场及法律环境。

技术篇的内容主要涉及电子商务这项活动的网络技术基础，以及电子商务活动中关键的安全问题。网络技术基础主要包括计算机系统的组成、网络和Internet知识、网络协议等电子商务技术知识。电子商务的安全主要讨论有关电子商务安全的各项问题，包括电子商务安全概述、安全威胁与防范措施、加密与身份认证、隐私权的保护等等。

在应用篇中，主要站在盈利模式，网络营销策略，安全与支付及物流模式几个角度分别分析国内三大模式(B2B,B2C,C2C)的内涵。并介绍电子商务的其他应用，例如移动商务和门户网站。最后，我们重点介绍当前最流行的电子商务解决方案，包括电子商务解决方案的特征、分类、实际应用案例等内容。

本书既不是撇开技术谈商务，也不是通篇陷入技术细节之中。电子商务的教学如果单纯进行理论讲授而没有实验教学环节的引入，是无法让学习者深入理解和认识电子商务的。因此在编写过程中，我们力图做到商务与技术、理论与实务的有机结合。对课程中的难点问题我们尽量做到深入浅出的讲述，强调直观描述，强调全书的可读性、形象性、实用性及可操作性。与同类教材相比，本书更加注重对学生实际应用能力的培养，而且力争对近年来电子商务的最新的模式做详尽的分析介绍，使教材能够与时俱进，符合国家培养应用型人才的需要。

本书既可作为电子商务、物流、信息管理等专业的教材，也可以作为其他本专科电子商务基础课的教材，对从事电子商务建设，信息系统开发的专业技术人员和相关管理人员，也有一定的参考价值。

本书第1章、第5章第1、3节和第7章由四川师范大学文理学院刘鹤老师编写，第2、4、6章由成都理工广播影视学院杨洲老师编写，第3、8章由成都理工广播影视学院张原老师编写，第5章第2、4节和第9、10章由四川大学锦城学院李婷老师编写。常雷、夏鑫、裴砚霞、张培军、赵丹、周小蓉等也参与了本书的部分编写或对编写提供了帮助，在此表示感谢。本书配有电子课件，有需要者请联系。E-mail：tinglee@foxmail.com 或02164236455@189.cn

尽管这本教材在教学中不断改进，但由于编者水平有限，而电子商务的发展又非常迅速，因此，对本书中可能存在的问题，希望读者提出批评意见，以便不断改进。

目　录

第1篇　原理篇

第2篇 技术篇

第3篇　应用篇

第1篇 原理篇

第1章 电子商务概述

本章概述了电子商务的发展历程，定义了电子商务概念，并通过比较传统商务和电子商务的交易流程，总结电子商务的优势。并通过不同角度阐述了电子商务的分类，在分析电子商务基本结构的基础上，得出电子商务系统模型。

1.1 电子商务概述

电子商务是指交易当事人或参与人利用计算机技术和网络技术（主要是互联网）等现代信息技术所进行的各类商务活动，包括货物贸易、服务贸易和知识产权贸易。这里的“利用信息技术和计算机网络”和“进行商务活动”都具有丰富的含义。

首先，电子商务是一种采用最先进信息技术的买卖方式。交易各方将自己的各类供求意愿按照一定的格式输入电子商务网络，电子商务网络便会根据用户的要求，寻找相关信息并提供给用户多种买卖选择。一旦用户确认，电子商务网络就会协助完成合同的签订、分类、传递和款项收付等全套业务。这就为卖方以较高的价格卖出产品，买方以较低的价格购入商品和原材料提供了一条非常好的途径。

其次，电子商务实质上形成了一个虚拟的市场交换场所。它能够跨越时空，实时地为用户提供各类商品和服务的供应量、需求量、发展状况及买卖双方的详细情况，从而使买卖双方能够更方便地研究市场，更准确地了解市场和把握市场。

第三，对电子商务的理解，应从“现代信息技术”和“商务”两个方面考虑。一方面，“电子商务”概念所包括的“现代信息技术”应涵盖各种使用电子技术为基础的通信方式；另一方面，对“商务”一词应作广义解释，使其包括不论是契约型或非契约型的一切商务性质的关系所引起的种种事项。如果把“现代信息技术”看为一个子集，“商务”看为另一个子集，电子商务所覆盖的范围应当是这两个子集所形成的交集，即“电子商务”标题之下可能广泛涉及的因特网、内部网和电子数据交换在贸易方面的各种用途，如图1.1所示，电子商务是“现代信息技术”和“商务”两个子集的交集。

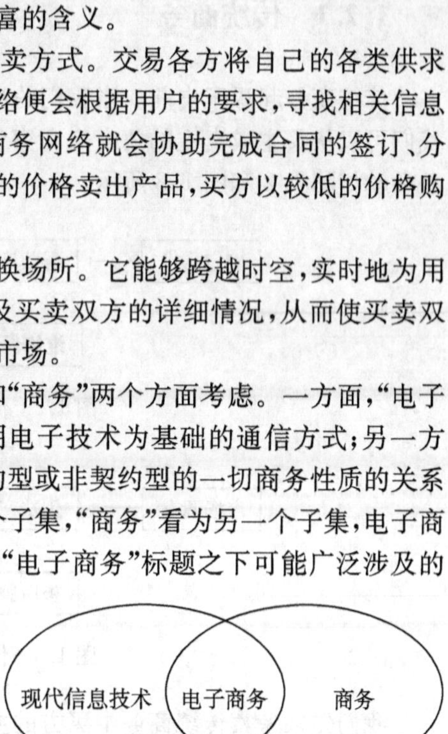

图1.1 对电子商务理解的图示

第四，电子商务不等于商务电子化。真正的电子商务绝不仅仅是企业前台的商务电子化，更重要的是包括后台在内的整个运作体系的全面信息化，以及企业整体经营流程的优化和重组。也就是说,建立在企业全面信息化基础上,通过电子手段对企业的生产、销售、库存、服务以及人力资源等环节实行全方位控制的电子商务才是真正意义上的电子商务。因此从这个意义上说,企业信息化应属于电子商务的一部分。

1.2 传统商务与电子商务

企业的经营活动不仅是在线采购或销售,还包括很多其他活动。例如,产品的卖主需要了解顾客的需要、向潜在顾客促销产品、接受订单、交付产品、开具票据、接受付款、向顾客提供售后服务等。在很多情况下,卖主还要根据顾客的特殊需要为其定制商品。

同样,产品的买主也要参与很多业务活动,他们必须明白自己的需要,确定能够满足这些需要的产品并对这些产品做出评价。然后,他们要订购所选的产品,确定商品的交付方式并付清货款。在很多情况下,买主需要就产品的质量担保和其他售后服务与卖主保持联系。

当然,买卖双方进行交易的对象不仅包括有形的产品,还包括无形的服务。

商务或商务活动是指至少有两方参与的有价物品或服务的协商过程,它包括买卖各方为完成交易所进行的各种活动。从广义的角度来考虑商务活动,个人、企业、非营利组织和政府机构都可以成为买主或卖主。

1.2.1 传统商务

传统商务起源于史前。当我们的祖先开始对日常活动进行分工时,商业活动就开始了。我们可以从买主或卖主的角度来考察任何交易活动。在传统商务中,涉及买方和卖方的业务活动如图 1.2 和图 1.3 所示。

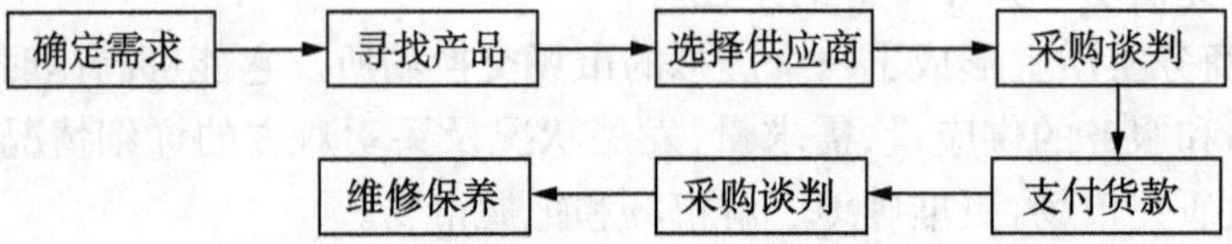

图 1.2 传统商务中买方的主要业务

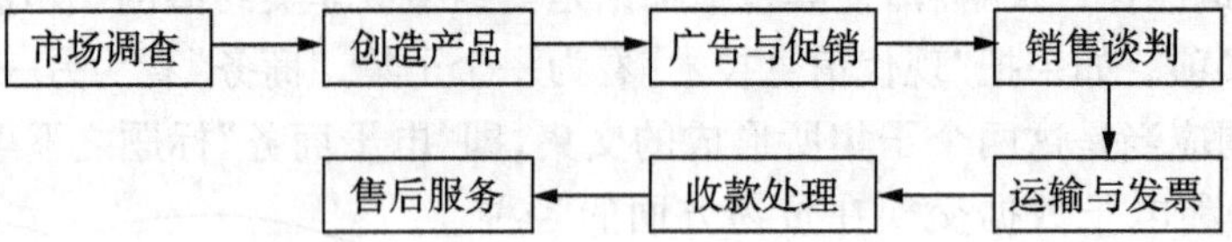

图 1.3 传统商务中卖方的主要业务

我们先来考察传统商务中买方的主要业务活动。

买方的第一项工作是确定需求。这种需要可能只是一个简单的需求,如一个人说“我饿了,想吃顿午饭”。这种需求也可能是非常复杂的需求,如政府认为需要找到无污染发电的方法，以满足本市在未来25年内的能源要求。对于饥饿的人来说，确定需求非常简单，只需想一下附近有哪些快餐店。但对于上述的发电的例子来说，就需要很多人有长期的有组织的工作。在实际工作中，大部分确定需要工作的难度在上述两个极端之间。

一旦买方确定了他们的特定需要，就要寻找能够满足这些需要的产品或服务。在传统商务中，买方寻找产品或服务的方法很多，他们可以参考产品目录、请教朋友、阅读广告或查找黄页(一种常见的工商企业名录)。买方也可以向销售员咨询产品的特点和优势。

买方选择了满足某一特定需要的产品或服务之后，就要选择一个可以提供这种产品或服务的卖主。在传统商务中，买主可以通过很多途径与卖主进行接触，包括电话、邮件和贸易展览会等。一旦买主选择了一个卖主，双方就开始了谈判，谈判内容包括交易的很多内容，如交货日期、运输方法、价格、质量保证和付款条件，另外还常常包括产品交付或服务提供时要进行检验的各个细节问题。如果买家是一家企业，采购交易的谈判可能会十分复杂。企业一般会设立专门的部门(比如采购部)同供应商谈判采购交易。

当买方认为收到的货物满足双方议定的条件时，他就应该支付货款了。买卖完成后，买方可能还要就质量担保、产品更新和日常维护等问题和卖方接触。

对于上述的买方完成的每一项业务，卖方都有一个相应的业务与之对应。

卖方通常通过市场调查来确定潜在顾客的需求。企业通常使用包括问卷调查、销售员与顾客交谈、专题小组讨论，或聘请企业外部的咨询人员等方法来获得顾客需求信息。

一旦卖方确定了顾客需求，他们就要开发产品或服务(创造新产品或复制老产品)去满足顾客需求。开发产品通常包括产品设计、测试和生产等过程。

卖方的下一步工作是让潜在顾客知道这种产品或服务的存在。卖方要开展多种广告和促销活动，同顾客及潜在顾客沟通关于产品或服务的信息。

一旦顾客对卖方的促销活动有了回应，双方就开始对交易的条件进行谈判。在很多情况下，谈判是非常简单的，例如，很多零售交易场所包括的活动不过是顾客进入商店、选择商品，然后付清货款。有时，交易需要艰苦漫长的谈判，以便对商品的运输、检验、测试和付款达成协议。

双方解决了运输问题后，卖方就要向买方交付货物或提供服务，同时还要向买方提供销售发票。在有些情况下，卖方要求买方在交货前或交货时付款。大部分企业还是靠商业信用做生意，所以卖方先记下销售记录，然后等待顾客付款。大多数企业都有顾客付款接收和处理系统，并利用该系统来跟踪每一个应收货款账户，保证所收到的每笔货款都对应于正确的顾客和发票。

销售活动结束后，卖方通常要为产品和服务提供持续的售后服务。在很多情况下，卖方要根据法律规定和合同约束对售出的产品或服务提供质量担保，以确保这些产品或服务能正常发挥效用。卖方提供的售后服务、日常维护和质量担保可以使顾客满意并重新购买企业的产品。

1.2.2 电子商务

随着计算机技术，特别是互联网技术的飞速发展和普及应用，越来越多的企业运用这些日新月异的计算机网络技术到传统商务的各个业务流程，它们发现这不仅可增加销售额，并降低交易成本。同时，企业慢慢发现不是每一种商品或业务流程都适合电子商务。

1. 电子商务的优势

经济学家发现绝大多数商业活动产生的价值会随着消费量的增加而递减。例如，某人在吃一个甜饼时会从这次消费中获得一定的价值，当此人吃更多的甜饼时，他从每个甜饼中获得的价值就逐渐递减。很少会有人在吃第五个甜饼时的感觉和吃第一个时同样良好。经济学家发现很多经济活动都满足以上这个规律，这个规律被称为边际效益递减。但是在互联网上这个边际效益递减规律却出现了有趣的例外。我们来考察传真机的用户，在传真机刚出现时，拥有传真机的个人或企业并不多。随着购买传真机的用户增多，每台传真机的价值也随之增加。由于传真机的网络不断扩大，每台传真机的能力因其同更多个人或企业联系而不断增加。换句话说，上网的人或组织越多，网络对每个参与者的价值越大。这种价值的增加称为网络效应。企业通过在互联网做的广告可以把企业的促销信息传递到世界各地的潜在顾客那里。当企业需要把信息送达在地理上极为分散的狭小目标市场时，它会发现电子商务在这方面特别有效。从以上的分析，我们不难得出电子商务的第一个优势是增加企业销售机会。

那么电子商务是如何降低交易成本的呢？交易成本是买主和卖主收集信息和协商买卖交易时发生的全部成本的总和。交易成本的组成不应只包括中介费和销售佣金，信息的寻找和获得成本也是成本的重要组成部分，同时作为机会成本概念的卖主为了向买主供应产品或服务而支付的设备或人员投资也属于交易成本的组成部分。结合前述的传统商务中的主要业务，企业可以采用电子商务改善信息的流动、协调不同活动，降低不确定性，从而降低交易成本。例如，企业在销售商品和处理订单时，用电子商务可以降低询价、报价和确定现货等活动的处理成本；降低收集潜在买主和卖主信息的成本等。

与传统商务相比，电子商务也能增加买主的购买机会和降低买主的购买成本。企业或个人在采购时可以利用电子商务找到新的供应商，通过基于互联网的讨价还价和交易条款传递都十分便捷，买主每天 24 小时都可以与卖主接触，买主不必等上好几天才能收到寄来的产品目录，甚至不用等几分钟的传真，他们可以通过互联网立即得到所需信息(在线传输软件可以直接通过互联网传递)等。

电子商务的好处可以惠及整个社会。互联网可以安全、迅速、低成本地实现税收、养老金的电子结算。另外，比起支票结算，电子结算更容易审计和监督，这可以有效防止欺诈和盗窃。由于电子商务可让人们在家工作，交通拥挤和环境污染也可以得到缓解。电子商务可以使产品或服务到达边远地区。例如，不管人们住在哪里，也不管他们何时学习，他们都可以通过远程教育学习知识、获得学位。

2. 电子商务的缺点

并不是所有的业务流程都可以使用电子商务。比如，物流中的物品从供应地向接收地的实体流动过程。也并不是所有的商品都可以通过电子商务来销售。那些顾客愿意亲手触摸、仔细检查的产品就很难通过电子商务来销售。例如，如果不亲眼看到或直接触摸的易腐食品(肉或其他农产品)或时装，顾客是不愿购买的。

我们可以从以下几方面判断某一商品是否适合电子商务：

■ 销售规划的可移植性。

■ 商品的同质化程度。

■ 运输规格。

■ 品牌效应。

■ 销量与地域的平衡。

■ 个人销售技巧对消费者的影响。

在创造良好的商品购物环境、促使顾客购买方面，零售商已经积累了多年的工作经验。店面设计、布局和商品的摆放称为销售规划。销售人员也掌握了很多销售技巧，可用来发现顾客的需求并找到产品或服务来满足这些需求。为了在网上成功销售，公司必须能够将销售规划技能移植到网站上。有些商品由于其销售规划技能更适宜网络，这些商品就更容易在网上销售。

有些商品虽然由不同厂商提供，但彼此没有差别，或差异很难被消费者察觉，这类商品称为同质商品。图书、光盘、汽油、肥皂、某一品牌电脑中固定型号的 CPU、航空服务都属于此类商品。消费者在购买同质商品时一般不需要亲自触摸，所以该类商品比较适合电子商务。

另一个决定商品是否适用于电子商务的特征是商品的运输规格。所谓运输规格，是指影响商品包装和运输难易程度的所有特征。商品价值/重量比是指运输费用占商品售价的比例，价值/重量比高的商品适用于电子商务。飞机票是价值/重量比高的商品的绝好例子。固定大小、形状和重量商品的储存和运输也比较简单，成本也不高。需要强调的是运输规格只是一个影响因素，珠宝也属于价值/重量比高的商品，但没有人会不亲自挑选就下单购买，除非知名店铺销售并且能够无条件退换。

诸如索尼音乐播放器等知名品牌的商品比起不知名的商品更容易在网上销售。因为品牌的信誉降低了购买者在不能亲见商品就下单购买时对商品质量的担心。

另一种适合电子商务的商品是销量不大而目标市场所处的地域又分散，例如有收藏价值的漫画书。

对于那些需要个人销售技巧的商品(如房地产销售)或者个人建议对估计影响很大的商品(如古董、高档时装)来说，更适合通过传统商业渠道销售。

我们在考察商品是否适合电子商务时，应综合考虑上面的各种影响因素。除此之外，适合不适合都是相对的。随着电子商务新技术的出现，有些原来不适合电子商务方式的商品可能会变得适合。比如，有些低价值的产品由于运输规格的影响和无小额结算方法不适合电子商务，如果一些企业能够创造一些低成本的运输方法和双方普遍接受的结算方法，这些低价值商品的销售就可以通过电子商务来销售。

企业在采用任何新技术之前都要计算投资的收益情况。对于电子商务进行投资时，其收益很难计算，这是因为实施电子商务的成本和收益很难定量计算，即使是短期的电子商务实施项目也会出现这种情况。除此之外，因为电子商务的关键技术发展太快了，对于那些准备实施电子商务的企业来说，招募和留住那些精通技术和设计、熟悉业务流程的员工是件难事。电子商务项目成本以技术为自变量，这就意味着企业为完成诸如数据库、交易处理软件和硬件的有效兼容，将付出比较大的代价，更重要的是这种投入是持续不断的。

除了上述问题，很多企业在实施电子商务时还会遇到文化和法律的障碍。一些消费者不愿在互联网上发送信用卡号码，还有些消费者不愿改变购买习惯，他们不习惯在计算机屏幕上选购商品，而愿意到商场亲自购物。电子商务所面临的法律环境也充满了模糊甚至互相冲突的情况。在很多情况下，立法者跟不上技术的发展，并且电子商务法的执行力也有待提高。

1.3 电子商务的分类

电子商务参与方由四部分组成，即企业、个人消费者、政府和中介方。其中的中介方只是为了电子商务的实现与开展提供技术、管理与服务支持，而前三者是以另一种姿态成为参与方的。本书认为企业是电子商务的核心，考察电子商务的分类，主要应从企业角度来进行分析。

1.3.1 按参加交易的对象分类

1. 企业与消费者之间的电子商务(Business to Customer，即 B2C)

B2C 是消费者利用互联网直接参与经济活动的形式，类同于商业电子化的零售商务。随着万维网(WWW)的出现，网上销售迅速地发展起来。目前，在互联网上有许许多多各种类型的虚拟商店和虚拟企业，提供各种与商品销售有关的服务。通过网上商店买卖的商品可以是实体化的，如书籍、鲜花、服装、食品、汽车、电视等；也可以是数字化的，如新闻、音乐、电影、数据库、软件及各类基于知识的商品；还有提供的各类服务，有安排旅游、在线医疗诊断和远程教育等。

2. 企业与企业之间的电子商务(Business to Business，即 B2B)

B2B 方式是电子商务应用最广泛和最受企业重视的形式，企业可以使用 Internet 或其他网络对每笔交易寻找最佳合作伙伴，完成从订购到结算的全部交易行为，包括向供应商订货、签约、接受发票和使用电子资金转移、信用证、银行托收等方式进行付款，以及在商贸过程中发生的其他问题如索赔、商品发送管理和运输跟踪等。企业对企业的电子商务经营额大，所需的各种硬软件环境较复杂，但在 EDI 商务成功的基础上发展得最快。

3. 企业与政府方面的电子商务(Business to Government，即 B2G)

这种商务活动覆盖企业与政府组织间的各项事务。例如企业与政府之间进行的各种手续的报批，政府通过因特网发布采购清单、企业以电子化方式响应，政府在网上以电子交换方式来完成对企业和电子交易的征税等，这成为政府机关政务公开的手段和方法。由于在此种电子商务类型中的政府在某种意义上扮演了类似企业的角色和功能，所以有些学者把该类型划归 B2B。

4. 消费者与消费者之间的电子商务(Customer to Customer，即 C2C)

C2C 是指提供给个人在网上进行实物和服务交易的由第三方经营的电子商务平台。这种第三方电子商务平台目前包括淘宝、易趣、拍拍、一拍、123 拍和“有啊”等网站。这种电子商务模式要求具有在线支付、定价销售、信用机制等功能。比如一个消费者有一台旧电脑，通过网上拍卖，把它卖给另外一个消费者。由于此种电子商务类型中作为卖方的消费者在某种意义上扮演了类似企业的角色和功能，所以有些学者把该类型划归B2C。

从以上的分析我们可以看出，电子商务如果从企业的角度划分可以分为B2C(包括C2C)和B2B(包括B2G)两类。有些学者从供应链的角度把电子商务所有类型归为B2B2C一种模式。

B2B一直是电子商务市场的主体，该交易模式占电子商务总体交易额的90%以上。根据赛迪顾问网，2008年中国B2B(不含B2G)电子商务市场交易规模达2.96万亿元，年同比增长39.4%。

除了以上提到的以企业为主体的交易类型，还存在企业内部的电子商务。它是指企业通过企业内部网自动进行商务流程处理，增加对重要系统和关键数据的存取，保持组织间的联系。企业内部的电子商务是企业信息化的一部分。在这个意义上来说，企业信息化属于电子商务。

1.3.2 其他分类方式

电子商务还有其他分类方法。比如按交易涉及的商品内容。

1. 间接电子商务

电子商务涉及商品是有形货物的电子订货，如鲜花、书籍、食品、汽车等，交易的商品需要通过传统的渠道如邮政业的服务和商业快递服务来完成送货，因此，间接电子商务要依靠送货的运输系统等外部要素。

2. 直接电子商务

电子商务涉及商品是无形的货物和服务，如计算机软件、娱乐内容的联机订购、付款和交付，或者是全球规模的信息服务。直接电子商务能使双方越过地理界线直接进行交易，充分挖掘全球市场的潜力。目前我国大部分的商业网站都属于这一类，但这还不是真正意义上的直接电子商务。

按电子商务使用的网络类型分类，根据开展电子商务业务的企业所使用的网络类型框架的不同，电子商务可以分为如下三种形式。

1. EDI网络电子商务(Electronic Data Interchange,电子数据交换)

EDI是按照一个公认的标准和协议，将商务活动中涉及的文件标准化和格化式，通过计算机网络，在贸易伙伴的计算机网络系统之间进行数据交换和自动处理。EDI主要应用于企业与企业、企业与批发商、批发商与零售商之间的批发业务。EDI电子商务在20世纪90年代已得到较大的发展，技术上也较为成熟。

2. 互联网电子商务

这是指利用连通全球的Internet网络开展的电子商务活动，在互联网上可以进行各种形式的电子商务业务，所涉及的领域广泛，全世界各个企业和个人都可以参与。其正以飞快的速度在发展，前景十分诱人，是目前电子商务的主要形式。

3. 企业内部网电子商务(Intranet网络)

这是指在一个大型企业的内部或一个行业内开展的电子商务活动，形成一个商务活动链，可以大大提高工作效率和降低业务的成本。例如中华人民共和国专利局的主页，客户在该网站上可以查询到有关中国专利的所有信息和业务流程，这是电子商务在政府机关办公事务中的应用；已经开通的上海网上南京路一条街主页，包括了南京路上的主要商店，客户可以在网上游览著名的上海南京路商业街，并在网上南京路上的网上商店中以电子商务的形式购物；已开始营业的北京图书大厦主页，客户可以在此查阅和购买北京图书大厦经营的几十万种图书。

1.4 电子商务的发展和影响

电子商务的产生有着深刻的技术背景和商业原因，自诞生以来，电子商务在世界各国得到了迅速的应用与发展，并带来了一场史无前例的革命。这场革命的影响力不仅仅局限于商业本身，它对社会的生成和管理、人们的生活和就业、政府职能以及教育文化都带来了巨大的影响。

1.4.1 电子商务的起源和发展

1. 电子商务的产生

广义的电子商务的起源可以追溯到19世纪40年代电报刚刚诞生之时。商人为了加快贸易信息传递，采用莫尔斯码点和线的形式在电线中传输贸易信息，这标志着运用电子手段进行商务活动进入了新纪元；后来利用电话、传真等传递商贸信息的活动应该是电子商务活动的开端。

在与计算机技术和网络通信技术的互动中，电子商务逐步发展并完善。其中，以EDI的出现为另一个重要标志。EDI是Electronic Data Interchange的英文缩写，中文名称是"电子数据交换"。EDI是商业贸易伙伴之间，按标准、协议规范化和格式规范化的经济信息通过电子数据网络，在企业的计算机系统之间进行自动交换和处理的数据传输方法。国际标准化组织(ISO)对EDI做了如下定义："EDI为商业或行政事务处理，按照一个公认的标准，形成结构化的事务处理或消息报文格式，从计算机到计算机的数据传输方法。"通俗地讲，EDI是电子商业贸易的一种工具，将商业文件如订单、发票、货运单、报关单和进出口许可证，按同一的标准编制成计算机能识别和处理的数据格式，在计算机之间进行传输。

大量的银行、航空公司、连锁店及制造业单位建立了相互之间电子通信和商务活动处理关系，这种方式加快了供方处理速度，有助于实现最优化管理。到20世纪80年代，一些专门的数据交换系统逐渐建成并投入运行，如欧洲各主要港口的航道信息交换系统等。特别是当电信部门推出增值网络服务后，这样的专用信息交换系统得到了大发展，如海关报关系统、民航订票系统等。早期的电子商务解决方式很大程度上依赖于大量功能单一的专用软硬件设施，因此使用成本太高，无法进行大规模的商业应用。同时，早期网络技术发展的局限性也限制了电子商务应用范围的扩大和水平的提高。

现代意义上的电子商务是互联网技术成熟后才开始的。1990年，互联网进入以资源共享为中心的使用服务阶段；1991年，美国政府宣布互联网向社会公众开放，允许在网上开发商业应用系统；1992 年，互联网主干网上计算机发展到 4 500 台。1993 年，万维网（Word Wide Web，简称 WWW）在互联网上出现，这是一种具有处理图文、声像等超文本对象能力的网络技术，使互联网具备了支持多媒体应用的功能；到了 1995 年，互联网上的商业信息量首次超过了科教信息量，这既是互联网此后产生爆炸性发展的标志，也是电子商务从此大规模起步发展的标志。

互联网有三个特点：一是信息交流的双向性；二是开放式信息传输标准，即信息提供者可以采用多种方式传递信息，信息接受者可以通过方便快捷的方式收集信息，同时各种系统之间互联简单；三是范围广泛，互联网是全球型网络结构，可以轻松实现全球范围的连接，深入到千家万户，使交易无限扩大，费用却大大降低，使依赖于传统 EDI 的企业迅速介入互联网，轻而易举地实现了全球性网上交易。互联网相对于其他媒体的这种优势使得互联网得以迅速普及，同时为 EDI 技术带来了无限生机，并直接推动了电子商务的发展。

大多数学者认为电子商务产生与发展是社会发展的客观要求，同时又有着深刻的商业和技术背景。

首先，电子商务是商务应用需求的必然结果。在商品经济条件下，经济规律作用的结果必然要求全球资源在世界范围内最优配置，因而形成了经济全球化、市场国际化、社会分工国际化及产业结构在全球范围的调整，而这又导致了资本的大量转移和大批跨国公司的涌现，推动了国际贸易的发展。国际贸易的迅速增长造成了传统的以纸为载体的贸易单证和文件的数量激增。市场的激烈竞争使生产方式由大规模的批量生产向柔性的小批量多品种生产转变，以适应迅速变化的市场的各种各样的需求，组织形式则由大型、纵向、集中式向横向、分散式、网络化发展。制造商、供应商和消费者之间，跨国公司与各分公司之间迫切要求提高商业文件、单证的传递和处理速度、空间跨度和准确度。追求商业贸易的“无纸化”成为所有贸易伙伴的共同需求。而传统的单证和文件采用人工处理，劳动强度大、效率低、出错率高、费用高。以纸为载体的贸易单证和文件成为阻碍国际贸易发展的一个关键因素。

其次，电子商务是 IT 业技术发展的必然结果。IT 技术的发展为电子商务的产生和发展奠定了坚实的技术基础，并且推动着电子商务应用的蓬勃发展。计算机的处理速度越来越快，处理能力越来越强，价格越来越低，因而进入普通老百姓家庭和中小企业，这一切都为电子商务的应用提供了物质基础；互联网逐渐成为全球通信与交易的媒体，全球上网用户呈级数增长，国际线路容量不断增大，带宽不断扩宽。网络计算技术的发展以及互联网上的应用和服务的日益丰富，这些又为电子商务的发展提供了应用条件。在语言开发平台上，从早期的汇编语言到 C 语言、B 语言，一直到 JAVA、C＃语言的出现，每一次变革都为电子商务的应用带来新的机遇；网络数据库也不断推陈出新，既有应用于大型部署的 SYBASE、Oracle，也有适用于小型应用的 MYSQL 等；计算机安全保障技术和网络安全技术的研究和发展，包括数据加密技术、数字签名技术和防火墙技术的应用等，为电子商务的发展提供了重要的保障作用。

第三，电子商务环境的发展起了重要的推动作用。电子商务的发展离不开电子支付、网络安全以及相关法律体系的支撑。以电子支付技术为基础的信用卡和电子货币的普及应用，为电子商务提供了金融基础。信用卡以其方便、快捷、安全等优点而成为人们消费支付的重要手段，并由此形成了完善的全球性信用卡计算机网络支付与结算系统，为电子商务中的网上支付提供了重要的技术手段。1996 年 2 月，VISA 与 MASTER CARD 两大信用卡国际组织共同发起制定了保障在互联网上进行安全电子交易的 SET 协议，该协议的制定得到了 IBM、Microsoft、Netscape、GTE、VeriSign 等一批技术领先的跨国公司的支持。SET 协议适用于 B2C 的模式，围绕客户、商户、银行，或客户、商户、收单行或开户行以及其他相互关系确认身份（把数字加密技术用于数字签名和颁发电子证书），以保障交易安全。此后，VISA 与 MASTER CARD 两组织共同建立安全电子交易有限公司 SETCO，专门从事管理与促进 SET 协议在全球的应用推广。SET 协议的出台使得在一个安全的网络环境下完成购物和支付成为可能，为电子商务的发展起了关键的推动作用。而一直被 Netscape 致力推广的 SSL 协议，用以弥补互联网上的主要协议 TCP/IP 在安全性能上的缺陷（如 TCP/IP 协议难以确定用户的身份），支持了 B2B 方式的电子商务。加拿大北方电讯公司（Nortel）所属 Entrust 公司开发公钥基础设施技术，支持 SET、SSL、IPsec 及电子证书和数字签名，可弥补 SSL 协议的缺陷，IBM、Sun、Microsystems 等公司均采用 Entrust 公司的 PKI 技术以支持 B2B 方式的电子商务进行安全结算。

2. 电子商务的发展现状及趋势

2008 年，中国电子商务市场继续保持了稳定增长的势头。电子商务成为企业与国际接轨、提升竞争力的关键因素。特别在全球金融危机背景下，电子商务向行业的渗透逐步显现出来。

从整体市场来看，行业中的巨头服务商纷纷涉足不同的交易模式，从而进一步打破了 B2B、B2C 和 C2C 之间的界限，让融合继续成为 2008 年电子商务市场的主旋律。在 B2B 领域，阿里巴巴的领先优势继续加强，成为市场的绝对主导者；在 B2C 领域，原有厂商继续受困于物流、支付、消费者信任等制约因素的影响，市场归于平淡；在 C2C 领域，eBay 易趣不敌新淘宝（指原淘宝和阿里妈妈的联合体），同时百度强势进入 C2C 市场代表了电子商务与搜索引擎结合越来越紧密。2008 年，行业电子商务得到迅猛发展，化工、纺织、房地产、保险等领域都涌现出一批具有竞争力的优秀电子商务平台。展望未来，电子商务市场的深度竞争才刚刚开始。

(1) B2B 市场评述

根据赛迪顾问网 2009 年 3 月 17 日发布的《2008—2009 年中国电子商务 B2B 细分市场评述》，2008 年中国电子商务 B2B 市场交易额达到 21 480 亿元，与 2007 年相比，同比增长 40.2%。B2B 市场交易额占中国整体电子商务市场规模的 89.5%，预计 2009 年 B2B 市场交易额将达到 30 764 亿元，未来三年市场复合增长率保持在 41.6%。

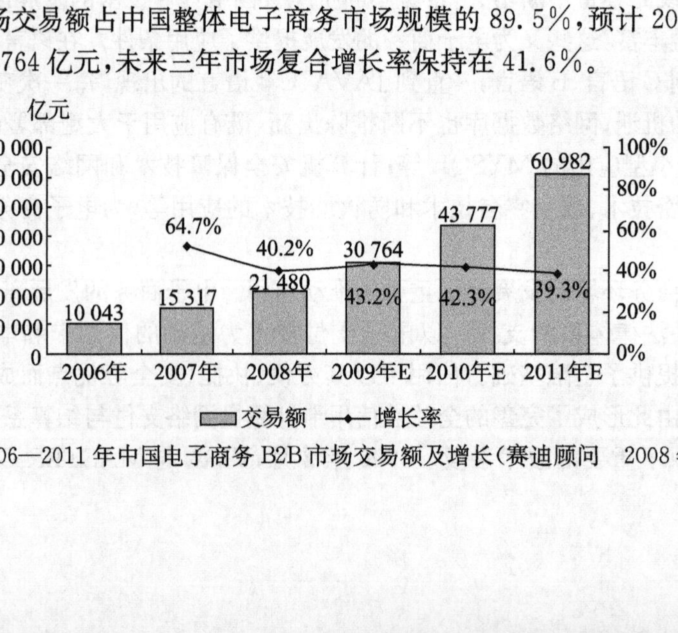

图 1.4　2006—2011 年中国电子商务 B2B 市场交易额及增长（赛迪顾问　2008 年 12 月）

B2B 市场中阿里巴巴仍占据市场霸主地位，中国制造网和网盛旗下的中国化工网增长迅速，体现了垂直 B2B 平台巨大的发展潜力。

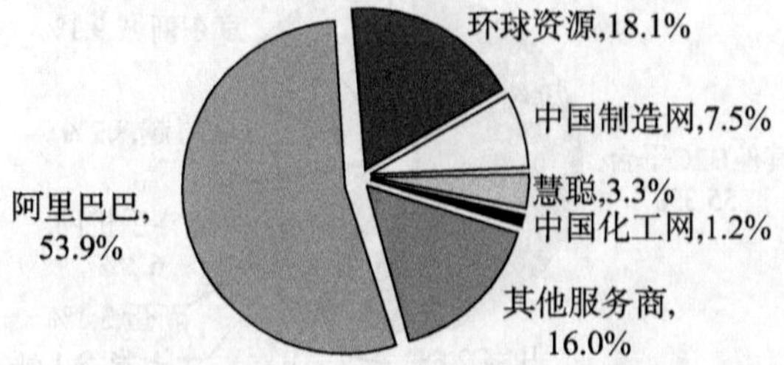

图 1.5　2008 年中国 B2B 市场品牌格局（赛迪顾问　2009 年 1 月）

2008 年，在中国政府的大力引导和政策扶持下，政府开始与企业一同完善电子商务支撑体系，支付、物流等服务水平逐步提高；同时，电子商务 B2B 服务商不断加强创新，部分服务商从帮助企业管理水平考虑，开始为企业提供客户关系管理、供应链管理等软件；此外，B2B 行业垂直服务平台发展迅速，虽然阿里巴巴仍占据市场领先地位，但中国制造网、网盛等垂直平台已经对环球资源、慧聪等传统 B2B 服务商造成了巨大冲击。

未来，中国 B2B 市场将呈现如下趋势：在政府支持下，国家商务部预计，未来 10 年，中国将有 70％的贸易额将通过电子交易完成，因此，B2B 市场规模仍有巨大发展潜力；电子商务认证与担保服务将成为 B2B 市场关注的重点，相应服务将逐步完善；物流信息服务平台将大量涌现，目前苏州物流信息平台已经作为试点，未来各省将加强对此的建设步伐。

(2) B2C 市场评述

根据赛迪顾问网 2009 年 3 月 17 日发布的《2008—2009 年中国电子商务 B2C 细分市场评述》，2008 年中国电子商务 B2C 市场交易额达到 1 776 亿元，同比增长 51.4％，B2C 市场占中国整体电子商务市场的 7.4％。近年来，中国 B2C 市场发展迅速，企业自建与第三方平台大量涌现，投资者关注度显著提高，预计未来三年中国 B2C 市场复合增长率可达到 41％，2011 年中国电子商务 B2C 市场规模有望达到 4 982 亿元。

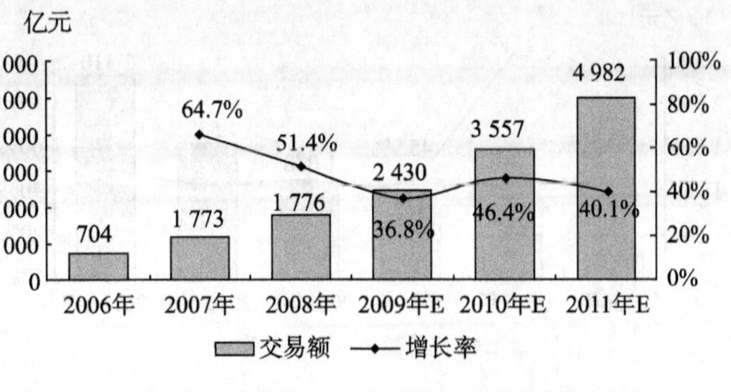

图 1.6　2006—2011 年中国电子商务 B2C 市场交易额及增长（赛迪顾问　2008 年 12 月）

在 B2C 市场 1 776 亿元的市场规模中，第三方平台交易额达到 124.7 亿元，其中当当、卓越、亚马逊仍保持了原有发展动力，京东商城迅速崛起，其他垂直市场 B2C 平台也发展快速。

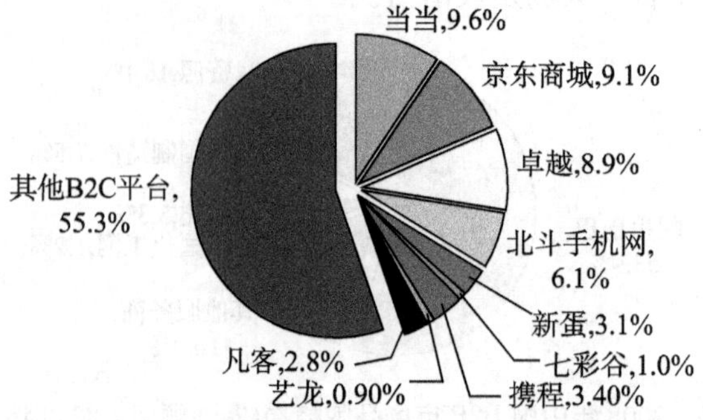

图 1.7　2008 年中国 B2C 网上销售平台品牌格局(赛迪顾问　2009 年 1 月)

总结 2008 年中国电子商务 B2C 市场特点,我们发现:首先,B2C 市场重新获得风投机构青睐,经调研,多数投资结构认为在现有经济环境下,电子商务的投资前景依然乐观,而 B2C 更是未来的投资重点;其次,B2C 厂商日益注重增强网站凝聚力和专业性,以提升其产品定位的准确性。其重点关注价格、服务、盈利水平、市场潜力等因素。此外,各类 B2C 厂商同时也加强了对品牌信用、营销推广、网站建设、物流配送、售后服务的关注程度;再次,B2C 随着互联网与移动互联网电子商务的多元化以及垂直行业的细分化发展,目前 IT 零售、旅游、母婴、珠宝、服装等行业 B2C 发展迅速,其他行业的 B2C 平台也在不断涌现。

未来,中国 B2C 市场呈现以下发展趋势:B2C 将保持现有发展速度,2009 年市场份额进一步扩大;B2C 服务的客户导向性更强;同业/异业合作经营将成为主要发展趋势。

(3) C2C 市场评述

根据赛迪顾问网 2009 年 3 月 17 日发布的《2008—2009 年中国电子商务 C2C 细分市场评述》,2008 年,中国电子商务 C2C 市场交易额达到 774 亿元,同比增长 45.9%,C2C 市场交易额目前占中国整体电子商务市场规模的 3.1%。预计未来三年中国 C2C 市场复合增长率可达到 45.9%,2011 年市场规模可达到 2 310 亿元。

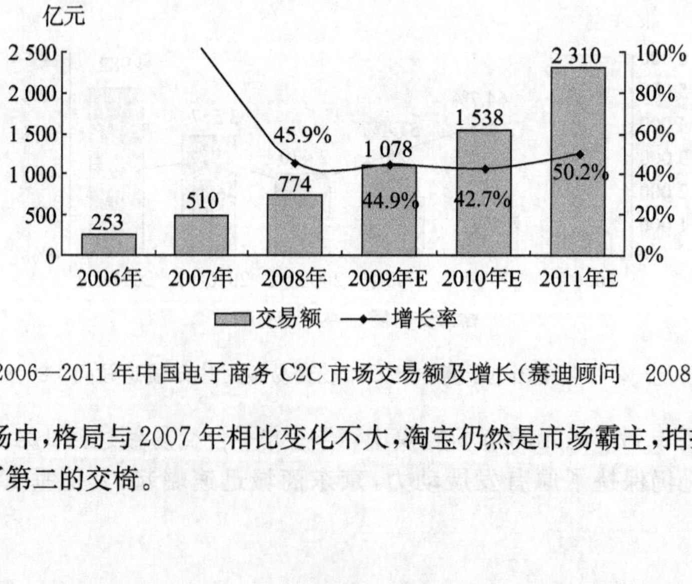

图 1.8　2006—2011 年中国电子商务 C2C 市场交易额及增长(赛迪顾问　2008 年 12 月)

在 C2C 市场中,格局与 2007 年相比变化不大,淘宝仍然是市场霸主,拍拍则凭借庞大的用户资源坐稳了第二的交椅。

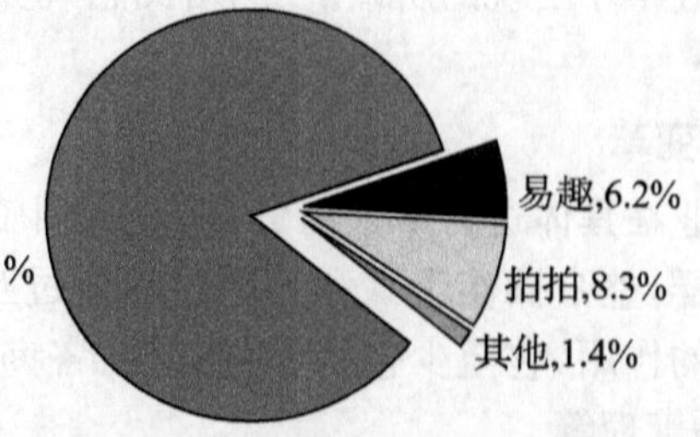

图1.9　2008年中国C2C电子商务服务市场品牌格局(赛迪顾问　2009年1月)

2008年中国C2C市场展现如下特点:从潜在竞争者看,搜索巨头尝试进入C2C领域,百度有啊上线,Google在国外尝试开展C2C业务,C2C市场迎来新的挑战者;从现有竞争格局看,淘宝地位无法撼动;从盈利性看,C2C盈利模式依然模糊,各服务商目前仍以扩大影响吸引用户为主要发展目标。

未来,中国C2C市场发展趋势如下:首先,各C2C平台都在完善搜索技术。生意宝(china.toocle.com)将搜索最大化地应用在电子商务领域,百度进入C2C领域表明搜索与电子商务的融合趋势;其次,除网上支付外,用户对移动支付、电话支付等需求不断加大,C2C支付手段将不断丰富;最后,网络欺诈也威胁C2C的健康发展,政府和服务商已经在共同努力完善平台信用体制建设,未来该体制将逐步完善,最大化降低网络消费欺诈概率。

1.4.2　电子商务产生的影响

1. 电子商务与社会变革

电子商务不仅是一种技术变革,它通过技术的辅助、引导和支持,带来了前所未有的生活方式变革和社会经济变革。

电子商务对生活方式的影响主要包括网民获取信息的方式,人们的消费方式和工作方式三个方面。首先,通过互联网,消费者可以更快、更直观、更经济、更有效地获得大量的信息。特别是基于技术型搜索引擎(例如Google、百度等)的出现,改变了人们在互联网这个数据海洋里寻找信息的方式。其次,网上购物的最大特征是消费者的主导性,使得消费者能以一种轻松自由的自我服务来完成交易,再加之目前许多B2C网站还提供购物之外的一系列增值服务(比如职能比价系统、网上支付平台、电子商务物流等),这些都深刻地颠覆着消费者的消费习惯。第三,电子商务使得虚拟办公成为可能,研究证明这不仅提高了人们的办事效率,还有助于缓解城市交通,减少污染。这也充分说明电子商务正在逐渐改变人们的工作方式。

电子商务对社会经济的影响主要包括改变经济增长方式和政府行为两个方面。传统经济增长主要依靠资本投入,而随着互联网经济的发展,特别是电子商务,经济增长的方式不再单纯依靠资本投入而更依靠信息技术和科学技术,从以物质生产为主的产业经济发展模式向信息经济、知识经济转变。同时电子商务对政府的影响也是显而易见的。电子政务不是一个技术项目,而是一个引领变革的工程,其核心涵义是对政府业务流程进行重新设计,对政府的结构进行重组,在电子手段的帮助之下简化政府与企业、政府与居民的互动,降低政府业务运行成本。而近年才出现的所谓的“网络民意”也或多或少地促进了政府逐渐变得公开、透明。

2. 电子商务与企业变革

企业商务运作是企业在具体进行一个商贸交易过程中的实际操作步骤和处理过程。正如本章第 2 节提到的一样，整个操作步骤和处理过程通过互联网可以部分或全部实现。严格定义电子商务对企业的作用，它至少包括广告宣传、咨询洽谈、网上订购、网上支付、服务传递、意见征询以及交易管理等。

电子商务对企业的经营环境和过程影响巨大，具体表现在以下几个方面：一是对市场准入条件的影响。互联网代表了一个开放性的全球市场，它使得企业无需庞大的商业体系，无需昂贵的广告费用，无需众多的营销人员，而只需要通过 Internet 上的一个网页就可以打开国内甚至是国际市场。如此一来，企业规模大小就不再是影响竞争力的主要因素，中小厂商就可以从原先主要被大厂商占有或几乎垄断的市场中获得更多的利润。近年来，许多依托 IT 技术，以高科技人才支撑的企业所取得的成功证明了此点。二是对企业信息交流环境的影响。电子商务为企业商务活动营造了一种新的信息交流环境，这既降低了企业的内部管理成本，也降低了企业外部的信息沟通成本。但同时我们应清楚地认识到信息交流环境和方式对企业外部和内部的影响是非常复杂的。三是电子商务给企业管理组织创新带来的影响。它打破了传统职能部门通过分工与协作完成整个工作的过程，形成了并行工作的模式。在电子商务的架构里，除了市场部和销售部可以与客户沟通交流外，企业其他职能部门也能够通过电子商务网络与客户频繁接触，从而改变了过去间接接触的状况。这样原来相对封闭的金字塔式结构将被彻底打破，取而代之的是相互沟通、相互学习的网状结构。四是对企业流程管理创新的影响。电子商务下的企业交易流程创新的核心是改革以贸易单据流转为主的企业交易流程和交易方式，实现企业交易流程和交易方式创新。电子商务在减少交易流程，降低交易成本等方面有着极其重要的作用。五是电子商务对企业营销的影响也不可忽视。与传统营销方式相比，电子商务环境下的营销活动突出的特点是交互式、一对一方式且成本低廉。六是电子商务对采购、库存和生产过程的影响也非常大。电子商务可以方便快捷地实现一对多的采购供应流程；可以通过运用凝聚先进管理思想的管理软件(如企业资源计划 ERP)来实现零库存；同时通过应用电子商务实现企业信息化，以满足企业准时化生产和柔性生产的新要求。七是电子商务对售后服务的影响。它主要包括服务方式、内容及服务速度等方面：企业在网上介绍产品，提供一周 7 天、一天 24 小时的在线、远程、动态的客户服务；对客户的要求及反映的问题及时反馈；针对不同的客户提供一对一的个性化服务；客户也可以根据自己的需要获得自助服务；企业还可对服务过程进行记录，通过数据仓库、数据挖掘技术开发更多的商业机会。

1.5 电子商务系统

以电子技术(含计算机技术和网络技术)为手段的商务活动称之为电子商务，而这些商务活动赖以存在的环境则称为电子商务系统。电子商务与电子商务系统核心的区别在于目标不同，电子商务的目标是完成商务，而电子商务系统的目标是提供商务活动所需要的信息沟通与交流的环境。因此，要实现电子商务，必须首先建立电子商务系统。电子商务系统的框架还没有一个明确的定论，本节从管理范围和技术范畴来讨论电子商务系统及结构。

1.5.1 电子商务的管理环境

电子商务不是孤立的，只讨论电子商务网络技术系统和买卖方是没有意义的。换句话说，离开了外部环境的支持，电子商务是不可能生存和发展的。我们可以从这样几个方面讨论电子商务的管理环境：电子商务服务提供商、政府、金融支付服务提供商、物流服务提供商以及认证服务商。电子商务的管理环境结构如图 1.10 所示。

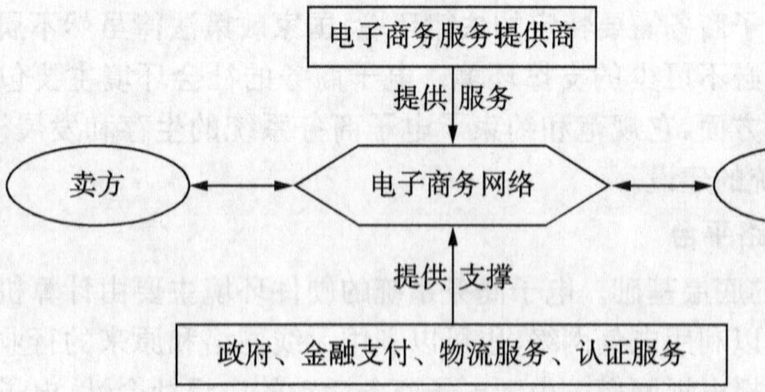

图 1.10 电子商务的管理环境

由于电子商务的机理是买卖双方通过网络进行信息沟通和业务合作，而在此合作过程中离不开其他角色的管理或参与，它们分别是：政府，它制定法律规范（特别是电子商务法），并监督其执行，以此约束电子商务中各方的行为规范；金融支付，其功能是为电子商务系统中的买方和卖方提供资金结算和支付服务，它一般由网络银行（比如中国工商银行网上银行）或第三方支付网站（比如支付宝）来担任；物流服务，它的功能是接受供应方的送货要求，负责及时地将有形实物商品送达需求方指定的地点，并跟踪商品的动态流向。大部分传统物流企业均提供电子商务物流服务；认证服务，其功能一般由认证中心（它可以是政府的延伸机构，也可以是独立企业法人）担任，这些组织是一些不直接从电子商务交易中获利的第三方机构，负责发放和管理用来证明参与方身份的数字证书，使各参与方均能相互确认身份；电子商务服务提供商，是指那些提供网络接入服务、信息服务以及应用服务的企业，比如中国电信、中国移动等。所有参与各方围绕电子商务网络相互协作开展业务，共同完成电子商务系统的功能。电子商务管理环境中的各种角色是如何实现其电子商务功能的，将在本书的后续章节中详细描述。

1.5.2 电子商务的技术环境

电子商务的技术环境侧重以电子商务网络系统的组成及该系统与管理环境的关系来描述电子商务系统。其结构模型如图 1.11 所示。

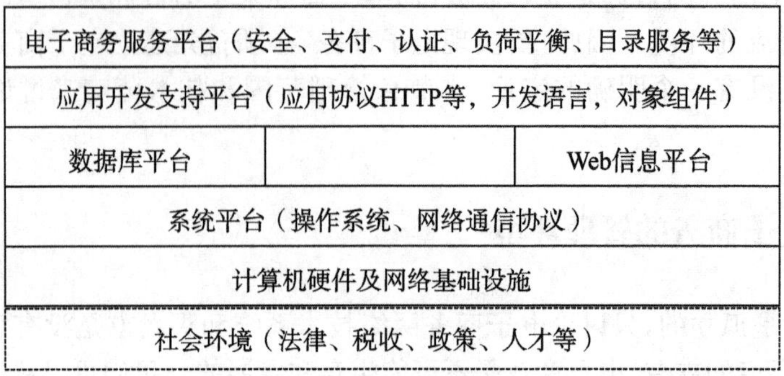

图 1.11　电子商务的技术环境

1. 社会环境

如 1.5.1 节所述，电子商务需要特定的法律环境，国家政策法律虽然不属于电子商务系统框架的一部分，却是其必不可少的支撑环境。电子商务的社会环境主要包括法律、税收、隐私、国家政策及人才等方面，它规范和约束了电子商务系统的生存和发展模式，同时也鼓励甚至引导电子商务系统的建设。

2. 计算机硬件及网络平台

它是电子商务系统的底层基础。电子商务系统的硬件环境主要由计算机主机和外部设备构成，网络基础设施可以利用电信网络，也可以利用无线网络和原来的行业性数据通信网络，如铁路、石油、有线广播电视网等。由于电子商务活动的广泛社会性，电子商务系统中的应用系统大体都构造在公共数据通信网络基础上。

3. 系统平台

包括了操作系统和网络通信协议软件，是系统运行和网络通信的基本保障。

4. 数据库平台和 Web 信息平台

这一层主要提供系统信息资源的管理。在传统信息系统中，主要由数据库管理系统承担，但在电子商务系统中，存在着大量非结构数据，包括各种文档和各类多媒体信息，它们以超链接文件形式存储于系统中。

5. 应用开发支持平台

为给电子商务系统的开发、维护提供平台支持，众多 IT 厂商提供了大量的工具。电子商务系统的开发工具中 Java 语言及其相关产品和标准已经成为主流。此外，为提高软件的可重用性，组件(Component)技术发展迅速，同时支持应用协同工作的一些标准也逐渐被推广。

6. 电子商务服务平台

该平台为特定商务应用软件的正常运行提供保证，为电子商务系统中的公共功能提供软件平台支持和技术标准。从功能上讲，商务服务平台可以分为两个部分：第一部分侧重于商务活动，包括安全、支付、认证等；另外一部分则侧重于系统的优化部分，包括负荷均衡、目录服务、搜索引擎等。

7. 电子商务应用

电子商务应用是利用电子手段开展商务活动的核心，也是电子商务系统的核心组成部分，它只有通过应用程序来实现。

案例 亚马逊的启示

一、亚马逊的故事

1994年，29岁的杰夫·贝索斯(Jeffery Bezos)是华尔街上一家投资银行的高级副总裁。当他了解到互联网用户每年增长2 300%时，他意识到了巨大商机的存在，他选择了辞职，转而投资于一种他认为可以在网络上畅销的产品，他很快发现了图书。

(一) 为什么选择图书？

有那么多商品可以销售，却为什么选中了图书呢？杰夫·贝索斯认为："图书有非常不寻常的特征，它有非常多的图书品种，任何给定时间都有近150万册英文图书，如果考虑全球所有语言，则不少于300万册。当你谈及如此庞大的数目时，计算机的排序和组织能力就能得到充分发挥。没有哪一家物理书店能存放我们网站的110万种图书。没有哪个地方能容纳这么一个庞大的书店，也没有办法印刷这样一本海量的图书目录。如果将我们网站上提供的图书目录打印出来，大约相当于7本纽约的电话号码簿。"因此网上书店能给予客户最大的价值体现。

选择图书的其他原因还包括：

- 消费者在购买图书时很少接触到书。消费者感兴趣的是图书的信息，如作者、出版商、内容、价格，这可通过网页提供的内容展示、介绍、对比来达到，更容易让消费者得到满意的图书。
- 图书市场没有"巨人"，容易形成竞争优势。
- 物流配送方便：图书体积小，容易包装，不易损坏，方便配送。
- 商品价格不高，不会让消费者产生巨大的心理压力。

(二) 亚马逊的快速成长

在筹措了几百万美元风险资金后，亚马逊(Amazon.com)网站于1995年7月正式开通，并在随后的16个月里以34%的月平均速度快速增长，尽管贝索斯没有公布其销售数据，但据"The Wall Street Journal"的报道，亚马逊的年销售额超过了＄500万，"Business Week"则估计有＄1 700万。而当时全球的电子商务年销售额才＄32 400万，平均每个在线零售商的销售额仅＄3 000左右。1997年5月亚马逊在美国纳斯达克市场挂牌上市，首次公开募集资金达＄5 000万，1999年2月再次融资＄10亿，注册客户所也从1997年底的100多万，到2000年底突破2 000万。快速的扩张也给亚马逊的经营带来巨大压力，虽然销售额不断地翻倍，但亏损额也在快速增加，仅2000年就亏损超过＄14亿，这也引起了风险资本的大规模撤离，公司股价也从每股100多美元下跌到6美元左右。

为了应对危机，亚马逊公司采取了一系列的对策：

(1) 从单一的图书产品扩大到CD、玩具等，现在亚马逊产品已经覆盖10个大类35个小类。2006年起还提供DVD下载、S3(Simple Storage Service)等业务。

(2) 从单一的美国市场向全球市场推进。虽然电子商务网站本身不存在地域限制，但由于语言、文化、物流配送等方面的问题，单纯从美国本土对外交易已经带来了巨大的困难，因此先后在英国、德国、法国、日本、加拿大和中国寻求合作伙伴，拓展业务，如在中国市场与卓越网(joyo.com)的合作。

(3) 改善客户服务和客户体验。在网站建设上更体现对客户关怀，优化网站结构，方便用户浏览，提供高效的搜索引擎使客户找到所需信息；根据客户档案为客户提供个性化的产品信息和评论，推荐满足客户个性化需求的产品；推出“一键式(one-click)”订单服务，简化下单程序，保障支付安全，并可跟踪或修改订单。Amazon.com 网站有许多使在线购物体验更愉快的特点，例如它的“gift central”区描绘了新的礼品理念和服务；客户可以利用“e-cards”免费发送动画贺卡给其朋友或家庭等。公司还认识到订单履行对提高客户服务质量的重要性，投入了上亿美元的资金建设适合小包装配送的物理仓库。

(4) 精简公司员工。公司采取合作和招聘季节性临时工的方法裁减固定员工，例如公司在 2001 年共裁员 1 200 人，裁员比例超过了 10%。经过努力，公司终于在 2002 年的第四季度开始赢利，且于 2003 年实现了全年赢利。当然新型企业的发展不可能是一帆风顺的，2003 年之后，互联网市场逐渐回暖，亚马逊公司开始了第二次扩张。2003 年后公司的销售额再次快速膨胀，资产总值迅速增加，但净利润到 2005 年又开始下滑，而“即使如杰夫·贝索斯般乐观的人，2006 年也将证明是地狱般的一年”。2006 年的前三个季度的销售额虽然同比仍然增长了 22%，但净利润却从＄1.6 亿下降到＄0.93 亿，下降幅度达 42%，而这个降幅是在相对 2004 年已经下降了近 40%的基础上的。我们可以从其固定员工数目的增加就可见一斑，2003 年 7 800 人，2004 年恢复到了 2000 年的 9 000 人水平，2005 年大幅增加到了 12 000 人。

二、亚马逊的启示

亚马逊的历史几乎反映了电子商务的发展历史，虽然它是最成功的电子商务企业之一。它告诉了我们许多有关电子商务问题的基本答案：为什么需要电子商务？电子商务能帮助我们做些什么？如果要开展电子商务业务，我们从哪里开始？过程如何？下面我们对此案例做一个简单总结。

(一) 网上购物的理由：面向消费者的策划

消费者愿意购买某产品，实际上就认同了该产品所体现的价值，因此客户愿意在网上购物也就认同了这种商业模式的价值。

(1) 多种选择：110 万种图书可供选择，利用搜索引擎技术很容易找到你需要的图书。

(2) 方便快捷：没有店铺经营时间的限制，没有地理位置的约束，你可以在任何时间、任何地点，只要能接入互联网，就可以下单购物。

(3) 价格低廉：由于互联网能够降低交易成本以及政府的优惠政策，很多商品都能为客户提供高折扣，亚马逊书店 70%以上的图书都能提供令客户满意的折扣。

(4) 服务周到：电子邮件和电话提供客户支持，提供自动的订单确认、订单跟踪以及运输信息查询。

(二) 投资的理由：面向资本家的策划

(1) 不需物理店面：物理店面的投资是昂贵的，而那些有商业价值的所谓黄金地段并不是所有投资人愿意承担的。

(2) 可以节约人力成本：不需要营业员，不需要销售代表。

(3) 不需要维持大量的库存：可以依靠分销商、按订单生产或进货等，即使是畅销产品库存的数量也不大。实际上，Amazon.com每年的库存周转达19次之多，而传统书店仅3次左右。

(4) 专注产品设计：由于不直接面对消费者，公司的员工将精力集中在产品设计上。从1995年7月亚马逊开业到2006年底，亚马逊公司所提供的产品、服务不断更新，特别是其服务和营销理念很多都成为其他在线公司模仿的样板。

(三) 传统书店无法比拟的优势：个性化与推荐

(1) 历史推荐：你买过什么书吗？如果买过，那么只要你再次登录其网络店铺，或者你留有个人联系的方式，如Email或电话，系统都会给你推荐你感兴趣的书目。

(2) 协同推荐：你想买什么书吗？只要你输入你想要的书名，与此相关的书籍都会推荐给你。如果你愿意提供你的一些个人偏好或资料，系统还能将其他与你具有相似偏好的读者购买图书的习惯告诉你，供你参考。

(3) 货比三家：如果你想在亚马逊网站购买一本有关电子商务方面的图书，输入"Electronic Commerce"，就会列出一系列相关书籍，并且每本书后面都可能留有其他读者的评价，你还可以通过电子邮件的方式与你感兴趣的读者、作者沟通，能非常方便地比较不同作者的书籍。

思考练习

1. 什么是电子商务？它与传统商务相比有何特征？
2. 电子商务按照不同的分类方式可分为哪些？
3. 一个完整的电子商务系统应包含哪几部分？
4. 你是如何理解电子商务的好处的？试举出生活中比较熟悉的电子商务网站。

第2章 电子商务发展战略环境

在第一章中，主要介绍了电子商务的基本概念，简单了解了电子商务与传统商务的区别，发展历史以及电子商务系统的特征。而任何一个电子商务战略的实施，都要受到环境因素的影响，本章将介绍电子商务环境对电子商务的影响。

2.1 电子商务环境

电子商务环境主要包括以下几个方面：社会环境、技术环境、管理环境等。其中，社会环境包括社会文化环境、社会经济环境、社会伦理道德环境；技术环境包括计算机技术、网络技术、通信技术、技术标准；管理环境包括电子商务法律、电子商务政策等。本章，将以社会环境为主，介绍电子商务的战略环境。

2.1.1 电子商务的社会文化环境

1. 互联网创造了新的市场竞争环境

互联网以其大容量、高速度的信息传递方式迅速渗透到社会经济的各个环节，逐步成为信息经济和知识经济的基础，它对社会的经济结构、产业结构和国际间交往的许多方面已经产生了深刻的影响，就中小企业而言，互联网创造了一个完全崭新概念化的市场竞争环境。

(1) 构筑全球化的大市场　作为覆盖全球的开放型网络，互联网把每一种企业经营活动从其所在的地理范围内彻底解放出来，突破了传统市场的狭隘的地域限制和权力封锁，形成全球化的、统一的大市场。在这个虚拟而又现实存在的市场中，地理概念已经无法限制某个企业的发展方向和市场规模，用户和企业都将完全摆脱除法律之外的一切界定的束缚，可以"足不出户"地进行灵活便捷的网上交易活动。

(2) 完成市场资源的优化配置　互联网上的信息种类繁多、数量极大，而且增长速度惊人，使这个新兴的虚拟市场拥有着十分丰富的市场资源。并且由于网络信息的共享性，中小企业能与大企业一样具有平等权利，接触它所需要拥有的各类市场信息，可以非常方便地通过交流和协商与用户达成各种商业交易，从而使市场资源配置不再受到传统的门户限制，真正能为全社会所共享，打破一切垄断行为，达到优化资源配置的目的。

(3) 创造完全透明的市场结构　互联网将众多的企业和用户纳入网络系统后，利用丰富的共享信息资源和快捷及时的通信技术，可以完全摆脱它们之间的中间环节，实现市场中的两位主体——企业和所有用户之间的透明交往，从而构造出一个真正透明的市场结构。

在这个市场结构中，众多的商品供给信息和需求信息都在网上公开，不仅让企业直接面向供应商和用户，而且供应商和用户也可以直接深入到企业内部，极大地缩短了企业与用户之间的距离，使企业之间的竞争成为直接面对面的、透明的、真正意义上的公平的实力竞争。

(4) 形成多极化的市场竞争机制　随着互联网的触角遍及全球的每一个角落。各类企业不论规模大小，都能在世界市场上同台竞技。一般来说，大企业的组织结构相对臃肿，如果不能及时把握和传递瞬息万变的市场信息，就可能来不及调整产品结构而蒙受无限损失。相反，一些勇于创新、大胆变革、善于发现商机的小公司只要寻找到开发利用互联网的恰当方式，就可以通过构筑网络虚拟大型企业而迅速发展壮大，成长为实体型的、多元化的大型企业。任何一个企业或市场主体，在这个多极化的世界市场中，只是无限参与排列组合的元素之一，这是构筑虚拟企业的基础。互联网能够避免少数企业垄断市场的局面，形成多极化的市场竞争机制。

雅虎公司，它免费协助网民在互联网中搜寻信息，将广告作为其主要收入来源。在短短的5年中，就从名不见经传的小公司成为全球知名企业。

2. 互联网能够有效地弥补中小企业的先天不足

在工业经济时代，中小企业和大企业相比，明显存在着先天不足。比如：市场狭窄、信息不灵、人才奇缺和资金匮乏等。然而，随着网络时代的到来，这些缺陷将在很大程度上得到弥补。因此，经济学家认为，互联网能使中小企业得以与大企业平等地在同一起跑线上竞技。

(1) 扩大市场，获得新的商业机会　互联网延伸到哪里，市场就能扩展到哪里。利用互联网做生意，中小企业能够摆脱原有狭小生存空间的限制，将市场扩展到过去依靠人员推销或广告推销所不能有效到达的遥远的地方，中小企业凭借便捷而廉价的网络信息服务，可以频繁地接触国内外的潜在客户，向他们介绍自己的产品、服务和企业文化，或及时地答复客户的咨询，从而发现更多的潜在目标顾客群，获得新的商业机会。

(2) 共享信息，实现公平竞争　正是由于信息的共享，互联网才能为中小企业赢得与大企业相抗衡的可能性。通过互联网的信息资源共享，中小企业获得对现代企业至关重要而又以常规方式无力收集的市场信息，比如本行业的发展趋势，各个竞争企业的产品特征与竞争战略，产品的最新市场需求动态，各个国家或地区新的政策法律的出台等。这样，中小企业能够更加及时地了解全行业的竞争态势，从而进行正确的企业战略调整定位和战术决策。所以说，互联网为中小企业提供了与大型企业集团及跨国公司完全平等的竞争机会，使行业竞争更加透明和公正。

事实上，一些中小企业正是充分利用了互联网所提供的公平竞争机会而迅速发展成为利润丰厚的大公司。例如：美国的普马体育用品公司曾经是个濒临破产的小企业，上网后，它的老板约亨·蔡茨把企业的生产、后勤和销售分配给互联网上80个相关的企业，结果普马从一只病病歪歪的小猫变成了吃人的猛兽。

(3) 降低成本，提高产品竞争力　资金缺乏是制约中小企业发展的重要因素，然而，如果中小企业充分利用互联网的通信工具，就能有效地降低成本，提高资金的利用率。一是降低营销成本和采购成本：中小企业通过互联网与客户进行联络、了解和洽谈业务，可以大幅度减少差旅费、传真费、邮寄费等费用，并省去许多中间环节，使企业既能向原料产地直接采购原材料，又能将产品直接销售给用户，从而极大地降低了营销成本和采购成本，并赢得了更多的利润。二是减少库存:电子商务为企业提供了一种“零库存”的理想模式——企业按照客户的订单,及时生产,及时销售,库存为零。这种模式为企业节省大笔的材料费、仓储费和管理费,加速了资金的流转,非常有利于中小企业的发展。例如,著名的戴尔电脑公司就是运用“零库存”直销模式获得巨大成功,在互联网上的日销售额突破 1 000 万美元。并且,一旦经营成本降低,中小企业便可将宝贵的资金用于技术创新、产品开发等领域,促进产品升级换代,更具有竞争力。

3. 提升企业优势,发挥竞争优势

俗话说,“船小好掉头”,中小企业正是由此而能够拥有经营灵活、市场适应性强的竞争优势。但是,由于信息不灵、市场狭窄等缺陷,其竞争优势难以发挥。然而,互联网作为强大的信息通信工具,为发挥中小企业的竞争优势创造了优良条件,提高了它的竞争力水平。

(1) 决策快速灵活

中小企业组织机构简单,管理层次及人员少,内部信息损耗和失真小,传递敏捷,使它更易于强化内、外协调能力,并能在短期内迅速做出决策,机动灵活地处理问题。上网后,中小企业得以与大企业一同共享市场资源,获得至关重要的经营决策信息。而且其快速灵活的决策优势,能够比大企业更快地根据市场需求变化调整经营方针、产品结构,开拓新的市场。

(2) 更容易采用新技术

在通常情况下,大企业是行业中高新技术的开创者和领头人,中小企业由于人才和资金的缺乏而无力开发高新技术。然而,互联网提供的信息高速公路,使中小企业能够方便地查阅各类大专院校和科研院所的研究成果,还可以与同行企业进行技术交流,从而获得行业中最新的应用型技术,借调外脑发展自己。

另外,因为中小企业的规模小、投资少、生产设备简单,所以它更容易转产,能够尽快地将相关院校、研究院所的科研成果和先进的工艺技术转化为生产力,进行产品改良和创新,不断地推出新型品种来满足日益变化的市场需求,同时节约大量稀缺的开发资金。

(3) 适合发展个性化营销

这是个消费时尚的年代,消费者越来越追求具有个性化、情感化的商品,而不再满足于一般的大众化商品。互联网以其及时互动的特点,使消费者能够与企业直接交流信息,向企业详细说明自己所需要的商品。中小企业善于对市场变化做出快速反应,能够按照消费者的要求,进行小批量甚至单件产品试制,生产出与众不同的商品,满足消费者个人的口味,实行个性化营销。这样,消费者将会成为中小企业的忠实顾客,中小企业也能更加有效地占领目标市场,在网络中树立“小企业”的“大形象”。

面对互联网和电子商务为中小企业带来如此良好的发展前景,我们的中小企业应该立即采取如下可行性措施。

首先,完成商务环境的建造,打好电子商务的基础。真正的电子商务绝对不仅仅是企业前台的商务电子化,更加重要的是包括后台在内的整体运作体系的全面信息化、建立电子商务高效运作所必须的、高效率的、信息化的管理体系。有大量前期工程需要完成,包括艰巨的组织结构、业务流程、工作规范、协作环境等的重组优化,经营理念的根本转变和网络文化建设及企业核心业务管理,实施企业资源计划系统(ERP),建立健全客户关系管理(CRM)、供应链管理(SCM),实现企业内部的信息化与外部环境的无缝对接,完成网上电子协作环境的改造,这是前提,之后才能谈得上互联网对电子商务技术支持的问题。

在技术上,具有中国特色的企业电子商务应为三步走:第一,构建海量或适用的数据化信息;第二,通过信息应用平台使信息优化配置、移植;第三,为电子商务服务,实现信息增值。对应这三步,数字方舟公司分别推出了"数字图书馆"、"数字城市"和"数字理财"技术。其中关键的"数字图书馆"技术已获得业界的广泛关注。这项技术具有高速录入、先进高压缩比,国际标准格式、完善的用户认证和加密措施等优点,可以将各种纸质信息数字化,服务于财政、金融、税收等,可以作为企业电子商务的基础。

其次,将互联网的优势低成本地迅速转化为企业效益。我们应该依靠电子商务服务提供商,通过它为中小企业提供全线产品和全程服务。

联想推出的"联想 IT 1for1"不仅将大大简化中小企业实施IT的难度,加速推进IT技术在企业中的运用和社会信息化进程,而且将带动中国的IT企业从单纯的技术和产品导向,向产品和服务并重的方向转移,帮助中小企业获得更集成化的、能把复杂的IT实施变得简单的服务品牌。

最后,中小企业所具有的特色,使它在使用互联网时需要讲究一定的技巧。如果各方面运作得当,中小企业可以取得立竿见影的效果,否则就会浪费网络投资而不能达到预期目标。而且这些技巧在上网初期就应予以注意。

互联网蓬蓬勃勃的发展,织就了五彩纷繁的商机,为中小企业的发展创造了良好的环境。我国的中小企业应借此发展良机,勇于树立在世界市场上的高品质形象,成为各个行业的排头兵。面对新经济局势的挑战,中小企业要有强烈的历史责任感和危机感,变压力为动力,确立明确的战略目标,量力而行,稳步发展,绝不能放弃这个能与发达国家和地区平分秋色的大好战机,努力强化自身,勇敢地接受时代的挑战,主动出击,和大型企业集团争夺世界市场的制高点,在激烈的搏斗中取得优良的生存与发展空间。

2.1.2 电子商务的社会经济环境

1. 经济政策与法律环境

总的说来,我国的信息化政策还不够完善,尤其体现在电子商务方面,有关的政策不够明朗,相应的法律、法规,相关的标准还都没有完善,跨部门、跨地区的协调存在较大问题。因为参与电子商务的不仅仅是交易双方,更重要的是涉及工商行政管理、海关、保险、财税、银行等众多部门和不同地区、不同国家,这就需要有统一的法律、政策框架,以及跨部门、跨地区的强有力的综合协调组织,才能促进电子商务的蓬勃发展。

例如,如何解决税收是电子商务活动中的一大难题。在 Internet 环境下,交易实体是无形的,交易与匿名的支付系统联结,没有有形的合同,其过程和结果不会留下痕迹作为审计的线索,没有明确的纳税人或交易数字,很难保证其服从税法,避税和反避税的斗争在电子商务中变得更加激烈。1998年5月14日,几经修改的 Internet 免税法案在美国参议院商业委员会以41票对0票的优势通过,为美国本土企业铺平了电子商务的发展道路。同年5月20日,美国又促使132个世界贸易组织成员国的部长们达成一致意见,通过了 Internet 零关税状态至少一年的协议,使通过 Internet 进行国际交易的企业能够顺利地越过本国国界,在其他国家抢占市场。

2. 企业信息化建设环境

企业作为电子商务的主体,其信息化程度是电子商务运行的基础。目前,我国企业大多处于转型阶段,现代企业制度尚未普遍建立,企业信息化的进展并不令人满意。据不完全统计,我国实现上网的企业虽说占到了70%左右,但多数所做的工作也仅是在网上开设了主页和Email地址,既没有充分利用网络资源,更没有借助网络开展商务活动。有的企业网站长时间不更新信息,成为名副其实的“空站”。相比之下,美国有60%的小企业、80%的中型企业、90%以上的大企业已借助互联网广泛开展商务活动,企业已有近70%的业务行为是在互联网上完成的。在欧洲,企业也有近50%的业务行为在网上完成。

目前,很多网站建立了电子商务平台,为企业之间以及企业与用户之间提供了各种交易的途径。企业只要具备了一定的信息化手段(如企业内联网、管理信息系统、后台数据库等),就可以利用这些平台进行电子商务运作。这为中小企业的发展创造了良好的机遇,它们可以用自己灵活、简便、低成本的优势与大企业展开竞争。企业领导需要在内心深处真正意识到企业信息化的必要性、可能性和良好的效益,要认真研究本单位的实际情况,在信息化方面最需要做什么,立即投入实际行动,充分运用信息手段,在运用中进一步了解和掌握它,不断收到实际效益,进而增强推进信息化的信心,政府要为企业信息化做好组织工作,制订好发展规划。

3. 网民的结构比例现状

根据中国Internet网络信息中心(CNNIC)发布的资料,截至2009年12月,我国网民规模已达3.84亿元,互联网普及率进一步提升,达到28.9%。近4亿的网民是一支不容忽视的力量;而2009年中国网络购物市场交易规模达到2 500亿元,网络购物市场将迎来更大规模的发展。但是和美国相比,中国网民在互联网应用结构上仍存在较大差异:美国互联网在网络消费指数上得分几乎是中国的三倍。从另外一个方面说明,中国的网络消费增长还有很大的空间。

4. 金融电子化建设现状

金融体系是商务活动的基础保证。电子商务的支付与结算需要电子化金融体系的密切配合。目前我国金融服务极其电子化水平比较落后,跨区域、跨银行的电子支付系统还未建立,网上支付、结算等问题很大程度上阻碍了我国电子商务发展的进程。例如,上海新华书店在互联网上发布了图书信息,收到大量国外的订单,但是由于国内的电子支付手段没有建立,生意无法成交,造成了不小的经济损失。

加快建立银行间、银行与企业间资金清算和金融管理信息系统,使企业和个人能够随时随地方便地使用电子支付,实时完成电子交易已经是势在必行。各国的货币体系区别很大,而且存在汇率问题,因此,有必要努力将各种不同的支付方式统一起来,真正实现一卡走世界。

5. 安全保证系统现状

由于电子数据具有无形化的特征,电子商务的运作,涉及多方面的安全问题,如资金安全、信息安全、货物安全、商业秘密等。它要求电子商务比传统的有纸贸易更安全、更可靠。而目前网上安全技术及其认证机制均不完善,这也是普通消费者对电子商务持观望态度的重要原因。虽然计算机专家在网上银行的安全问题上下了很大工夫,采用了多种措施,然而,网络黑客的攻击仍然使专家们头疼不已。安全问题仍旧是电子商务活动中的关键。这个问题直接关系到电子交易各方的利益,由于种种风险的存在,各方当事人对 Internet 上从事电子交易总是不免心存疑虑。同时,网上交易所能带来的巨大机遇和丰厚利润也无时无刻不在吸引着那些喜欢冒险的网络入侵者,买方、卖方、银行都必须承担来自外部的风险。电子商务中的信息安全与一般情况下所说的信息安全有一定的区别。它除了具有一般信息的含义外,还具有金融业和商业信息的特征。所以,必须高度重视电子商务中的安全问题。

电子商务的安全问题,不仅涉及技术问题,同时也涉及管理问题和法律问题。我国目前还不能生产自己的网络防火墙,许多银行现有的技术防范措施显然不能适应大规模电子交易的需要。电子商务的管理标准尚未系统确定,法律对于电子商务违法交易行为的认定还处于摸索阶段。

因此,政府应当从三方面入手,构建电子商务安全运作的综合保障体系。其一,组织力量,筛选符合我国国情的电子商务安全技术。目前我国使用的网络安全产品基本上是舶来品,开发我国自己的网络安全产品已成为不可回避的问题。其二,强化电子商务安全管理,规范买卖双方和中介方的交易行为。目前,应抓紧制定规范的电子商务标准。同时,应尽快发布有关管理标准。其三,尽快完善电子商务法律法规,明确交易各方当事人的法律关系和法律责任,严厉打击各种违法交易行为。这些问题有些是国际性问题,应由全世界共同面对并加以解决。一个可能的解决方案是创建一个独立的国际实体,负责用一种可被全世界接受的统一的程序来管理与协调。

6. 人力资源现状

电子商务实现的关键最终仍然是人。眼下各大企业缺乏的正是精通计算机与网络技术的商业人才。人才的匮乏是电子商务发展的又一难题。中国社会事务所在对北京、上海、广州等城市数千名公众的电话调查中了解到,能熟练使用电脑的只占很少一部分,其中很多人能够使用电脑但不懂比较复杂的操作。而对于家用电脑的用途,文字处理与娱乐的比较多,精通计算机技术的极少。

电子商务的蓬勃发展使知识技术型复合人才缺乏,有待补充。关于这方面情况,目前我国尚未见到具体统计数字。据美国的统计,其国内缺少数十万名工程师、系统分析员和程序设计师。一些外国公司纷纷到中国招募软件工程师。日本、加拿大、英国、新加坡等国都在中国的各大城市开始了行动,特别是在北京、上海、广州、南京、武汉等人才集中的城市。

电子商务是信息现代化与商务的有机结合,需要大量的掌握现代信息技术的现代商贸理论与实务的复合型人才。而一个国家、一个地区能否培养出大批这样的复合人才,就成为该国、该地区发展电子商务的关键因素。国家应该鼓励教育部门向学生普及网络应用知识,在有条件的学校,特别是一些大专院校经济、贸易、计算机等专业院系开设电子商务专业或课程,培养高素质的复合型人才,以适应社会的需要。

总之,我国电子商务在宏观方面,要大力发展市场经济,规范市场秩序,建立健全包括电子交易在内的法律法规体系;微观方面,要大力发展物流、金融和信息等方面的电子化,要推动传统企业与信息业业务流程的电子化。

2.1.3 电子商务的道德伦理环境

电子商务是一大进步,它超越了时空的限制,使交易的范围大大扩大、交易的成本大大降低。但是,如果没有社会良好的道德伦理,没有一整套完善的信用体系来保证,风险将及其巨大,以至于发生很多欺诈事件。目前国内的电子商务在道德伦理方面还存在如下问题:

(1) 商业欺诈问题。因特网使得商业信息得以更迅速、更广泛的传播,同时也为商业欺诈提供了更多的机会。不仅有不法供应商利用因特网蒙骗消费者,而且有无聊之徒在网上发布虚假需求。这些欺诈性的商业信息充斥于因特网之中,会严重影响因特网的正常发展。

(2) 商业诽谤问题。由于网上言论可以自由发布,因而某些商家或个人可能利用因特网贬低竞争对手的产品,损害别人或别的商家的声誉。此外,有的商务网站也随意发布一些对其他人或别人的产品构成负面影响的评价。

(3) 网上隐私问题。商务网站能够收集到访问者浏览习惯、产品选择倾向和个人统计数据,但如果商务网站未经访问者许可,就将这些涉及访问者个人信息的资料随意公开或有偿提供给他人,则可能形成对访问者的隐私权的侵犯。

(4) 商业信息的安全问题。由于某些技术上缺陷的存在,使得人们有可能通过采取不正当途径获取竞争对手的商业机密。此外,还有人雇佣网络黑客非法侵入竞争对手的商业网站,致使对方的商业信息处于不安全状态。

(5) 知识产权问题。在知识产权的保护与网络资源的共享之间,存在着复杂的矛盾关系。如果单纯强调保护知识产权,则有可能损害网络资源的共享;而如果单纯强调网络资源的共享,又可能导致对知识产权的忽视。

针对以上问题,我国应着重在以下几个方面进行完善。

(1) 加强法律法规和政策的建设。电子商务法,这是规范电子商务活动的一个全新的商事法律领域。我们应该推动电子商务法律法规建设,应认真贯彻实施《中华人民共和国电子签名法》,抓紧研究电子交易、信用管理、安全认证、在线支付、税收、市场准入、隐私权保护、信息资源管理等方面的法律法规问题,尽快提出制定相关法律法规的意见;根据电子商务健康有序发展的要求,抓紧研究并及时修订相关法律法规,加快制订在网上开展相关业务的管理办法,推动网络仲裁、网络公证等法律服务与保障体系建设;打击电子商务领域的非法经营以及危害国家安全、损害人民群众切身利益的违法犯罪活动,保障电子商务的正常秩序。易趣、淘宝这些网站,在2005年已经纷纷表态要开展网络赔付活动,就是针对网上交易过程中,一些正当的交易所产生的风险,给网民一定的补偿。这样做,应该承认这是网商服务意识的一种觉醒,也是网络服务意识的一种完善,这是这么多年都没有的。这种觉醒,这种完善,必将为网民交易安全提供更好的服务保障和诚信环境。

(2) 加强信用体系的建设。目前,社会信用、企业信用、商业信用、个人信用等方面都不同程度地存在不少需要亟待解决的问题。市场经济是信用经济,在市场经济条件下,商业信用已成为商业企业竞争取胜的必要条件,只有建立良好的商业信用,企业才能树立好的形象,保持强大和持续的竞争力,在市场竞争中立于不败之地。作为政府,应高度重视,切实加强对商业职业道德建设的领导。要充分利用广播、电视、报刊、互联网等大众新闻媒体和各种宣传阵地,大力宣传商业职业道德建设活动中涌现出来的典型,为全行业开展活动创造良好的舆论氛围。要加强舆论监督，批评揭露错误及丑恶的道德行为，努力促进商业职业道德建设取得新成效，建立良好的商业信用体系。

(3) 加强电子商务从业人员的商业伦理道德教育。商业道德看起来可能是一个无形的概念，但是商业道德的缺失最终会造成有形的、实实在在的损害。商业道德是确保市场经济高效运行的最基本要素之一。目前，我国的市场经济在此方面还有待完善，商业规则还不成熟，商业环境还不规范，市场监管尚未完全到位。但这不是一些企业可以放纵任性甚至藐视道德和法律的理由。建立和谐的商业环境，不仅需要严肃的法律、严密的监管，更需要道德的自律以及对美好价值观的尊重。明荣知耻，树立企业公民良好的声誉和形象，应成为企业的共同追求。

2.2　电子商务环境展望

趋势一：电子商务服务业将成为中国服务贸易新的经济增长点。

中国电子商务服务业并不是一种“自然演化”的自发过程，而是一种面对国际竞争压力的“追赶”结果，这也是电子商务服务后行的发展中国家的普遍现象。所以，学习和借鉴先行国家的经验非常重要。但因为国际环境以及经济和社会发展水平的原因，中国不可能完全重复先行国家和地区走过的道路，中国电子商务发展的当务之急是：树立创新意识，结合国情，选择低成本、见效快、可持续发展的有效模式。

趋势二：政府公共服务将带动企业供应链电子商务发展。

鉴于非市场化因素即政府的公共服务是目前影响电子商务发展的主要瓶颈，国际电子商务发展明显呈现出以政府公共服务带动企业供应链电子商务发展的新趋势。

为充分发挥政府引导、市场驱动的优势，APEC经济体成员政府、企业纷纷建立创新服务体系，通过实施电子商务“单一窗口”服务，统一电子商务标准，完善法律规则体系，以及加快贸易手续简化进程等举措，为提升企业供应链功效创造了有利条件。

趋势三：电子商务服务的全球化时代即将到来。

目前，随着国际电子商务环境逐步完善，“可贸易”的条件日趋成熟，国际电子商务服务正从区域、经济体成员内信息聚合向跨区域、跨境和全球化电子商务交易服务发展，使得电子商务服务也从经济体内向跨经济体、跨区域及全球化服务延伸。

案例　电子商务新规：2009年5月1日起纠纷可以网上仲裁

法院推出的远程视频审案和网上案件审理方便了双方当事人，颇为人们所称道。这种方式也将被仲裁部门所沿用，上海商报记者了解到，一部由中国国际经济贸易仲裁委员会颁布的《中国国际经济贸易仲裁委员会网上仲裁规则》将于2009年5月1日起正式施行。该规则特别适用于解决电子商务争议。

● 仲裁全程电子化

网上仲裁的全过程可以通过电子技术及网络进行。电子、光学、磁或者类似手段生成、发送、接收储存的文件均可以作为证据。《网上仲裁规则》明确规定，电子签名与手写签名和盖章具有同等的效力。

中国国际经济贸易仲裁委员会上海分会副秘书长黄文向上海商报介绍，在《网上仲裁规则》出台之前，委员会设立的域名争议解决中心就可以全过程以电子技术及通过网络方式解决域名方面的争议。

案件的处理均通过网络进行，无论是投诉人的投诉、被投诉人的答辩，还是域名争议解决中心的程序处理、审案专家的案件处理及裁决书制作发布均通过网络进行。

全程网上处理纠纷会不会导致轻率仲裁？黄文告诉上海商报，这样的担心没有必要。因为仲裁部门已经通过域名争议案件积累了大量经验。

● 网上仲裁更加可靠

业内人士认为，对于电子商务、计算机数据、应用软件等 IT 案件，网上仲裁具有明显的技术优势。在经济贸易仲裁委员会上海分会处理的一起网络游戏开发合同纠纷中，争议双方对游戏操作软件是否存在缺陷争执不休，仲裁庭要求双方当庭通过计算机进行联网操作，很快解决了争议。

电子商务争议最适合通过网上仲裁来解决，因为交易双方常常相隔距离遥远，而交易过程中会保留完整的通信痕迹。网上仲裁可以保证公正、快速地解决纠纷。据黄文介绍，一起标的金额为 100 万元以上的涉外纠纷，如采用普通仲裁规则，仲裁庭在组庭后 6 个月内应作出裁决结案，而依网上仲裁规则则应在 4 个月结案，大大缩短了争议解决的时间。不仅如此，网上仲裁规则还设置了标的额 10 万元人民币到 100 万元人民币的简易程序，结案期限为 2 个月；10 万元以下的进入快速程序，结案期限仅为 15 天。

此外，网上仲裁将会给当事人带来更多的经济实惠。以标的额为 100 万元人民币的国内案件为例，普通仲裁收费为 37 050 元，而网上仲裁则为 36 500 元。同时，由于采用网上审案还可省却一笔差旅费用。当事人借助网上仲裁完全可以以更低的成本支出解决纠纷。

● 网上执行成为可能

网上仲裁如何保证顺利执行？执行同样可以通过网络进行，当事人在银行或网上银行的资金可通过网络划账还款。如一方不愿主动履行，则胜诉方可要求人民法院强制执行，同理，法院做出强制执行裁定亦可通过网络指令相关银行强制转账支付欠款或赔款。当然，网上执行并不排除当事人强制执行败诉方其他非资金财产如房地产、车辆、设备等的权利，胜诉方完全可以通过多种方式实现裁决所应得的债权。

思考练习

1. 上网查询我国现行的法律、法规政策对电子商务的影响。
2. 分析目前我国电子商务市场的人口环境对电子商务产业的影响。
3. 在淘宝网上查询其信用评价体系是如何构建的，并分析它的特点。

第3章 电子商务模式与交易流程

按照交易对象分类，电子商务可以分为以下几类：企业间的电子商务模式(B2B)、企业与消费者的电子商务模式(B2C)、消费者之间的电子商务模式(C2C)、政府对商业机构的电子商务模式(G2B)、政府对消费者的电子商务模式(G2C)，这里主要讨论企业间电子商务模式(B2B)、企业与消费者的电子商务模式(B2C)以及消费者之间的电子商务模式(C2C)。

3.1 企业间电子商务模式(B2B)及交易流程

B2B(Business To Business，在英文中 2(two)的发音同 to 一样)，就是企业对企业的电子商务，除了在线交易和产品展示，B2B 的业务更重要的意义在于，将企业内部网，通过 B2B 网站与客户紧密结合起来，通过网络的快速反应，为客户提供更好的服务，从而促进企业的业务发展。

目前基于互联网的 B2B 的发展速度十分迅猛，据最新的统计，在 2009 年初互联网上 B2B 的交易额已经远远超过 B2C 的交易额。预计 2010 年全球 B2B 电子商务市场的规模将达到 26 万亿美元。

传统的企业间的交易往往要耗费企业的大量资源和时间，无论是销售和分销还是采购都要占用产品成本。通过 B2B 的交易方式买卖双方能够在网上完成整个业务流程，从建立最初印象到货比三家，再到讨价还价、签单和交货，最后到客户服务。B2B 使企业之间减少许多事务性的工作流程和管理费用，降低了企业经营成本。网络的便利及延伸性使企业扩大了活动范围，使企业发展跨地区跨国界更方便，成本更低廉。

B2B 不仅仅是建立一个网上的买卖者群体，它也为企业之间的战略合作提供了基础。任何一家企业，不论它具有多强的技术实力或多好的经营战略，要想单独实现 B2B 是完全不可能的。单打独斗的时代已经过去，企业间建立合作联盟逐渐成为发展趋势。网络使得信息通行无阻，企业之间可以通过网络在市场、产品或经营等方面建立互补互惠的合作，形成水平或垂直形式的业务整合，以更大的规模、更强的实力、更经济的运作真正达到全球运筹管理的模式。

3.1.1 企业间电子商务的模式分析

根据采用的技术不同，目前企业实施的电子商务模式有三大类。

一是基于增值网络和内部网的封闭电子商务模式。通过这种模式的电子商务，企业有选择性地接受信息及控制与企业连接的用户；企业电子商务的活动主要是支持交易前和交易中阶段的信息交换和单证传输，至于交易后阶段还须依赖于传统方式。

二是基于EDI的企业外部网(Extranet)基础的企业间电子商务模式。这种模式是利用互联网络技术，允许与企业有密切业务关系的单位通过互联网络实现与企业的互联，并通过防火墙禁止非关联的单位或个人连接，以保证网络的安全。通过该网络可以实现企业间的网上交易。

三是基于Web的互联网络(Internet)基础的企业间电子商务模式。这是目前使用比较多的模式，因为基于Web的企业间电子商务模式是采用标准化的网络和标准化的电子商务协议，以及标准化的通用网络商务软件，使网上电子商务的开展和维护更规范。

下面，我们将具体阐述这三类模式。

1. 基于ERP的封闭电子商务模式

封闭电子商务模式主要是基于增值网络和内部网(Intranet)的。随着市场竞争格局的进一步发展，以及市场需求变化的进一步加速，20世纪80年代的MRPII(Manufacture Resources Planning，制造资源计划系统，主要面向企业内部资源全面计划管理的思想)，逐步发展为90年代的ERP(Enterprise Resources Planning，企业资源计划系统，即面向全社会资源怎样进行有效利用与管理的思想)。在ERP系统设计中考虑到仅靠自己企业的资源不可能有效地参与市场竞争，还必须把经营过程中的有关各方如供应商、制造工厂、分销网络、客户等纳入一个紧密的供应链中，才能有效地促进企业的产、供、销活动的顺利开展。使企业可以快速高效地整合全社会市场资源，满足企业生产经营的需求，以进一步提高企业经营管理效率并在市场上获得竞争优势。

2. 基于EDI的外部网电子商务模式

EDI是较早应用而且比较普遍的企业间电子商务形式，它从开始的专用封闭式协议发展成为开放的标准的协议。EDI的传输也从过去专用的增值网络向开放的互联网络转移。EDI的技术比较成熟，使用成本也非常低廉，系统安装和使用比较简单，因此EDI的使用是最广泛的。它不但可以进行企业间电子商务的交易，还可以与政府机关进行数据传输，如海关报关、政府采购和招标等。缺点是，通过EDI传输的数据有限，对于交易前进行大量信息查询和交易后的结算，以及网上售后服务则难以胜任，因此EDI一般主要用于交易过程中商务函件的传输，数据量不能很大。

外部网的电子商务模式是将Internet的组网技术应用到企业间网际互联，它克服过去专用增值网络的专用性和复杂性的缺点，采用标准化的协议和通用软件实现企业间的互联，同时它还通过防火墙隔断外部网与其他无业务往来的信息交换。一般在外部网中，允许网内可以访问外部的互联网信息，但不允许非法和身份不明的访问者进入网络。因此基于EDI基础上的外部网电子商务模式是一种半封闭的企业间电子商务模式。企业进行外部网连接，由于是近似封闭式的，网内信息之间传输比较安全。同时，由于联网的企业是业务合作单位和合作伙伴，它们通过联网实现信息共享和共同发展的目的。如美国的Wal-Mart(沃尔玛)将其内部零售管理网络与其供应商相连，允许供应商及时了解企业的库存情况并及时供给货源。

3. 基于Web的互联网电子商务模式

互联网络访问者在站点规定权限内，可以通过标准化的支持超文本多媒体的浏览器访问企业站点。访问是交互式的，一方面可以从网站获取需要的信息，另一方面可以直接发送信息(如订单、要求)给网站。由于该模式有标准的软件支持平台，对使用者要求非常低，但对企业提出很高要求，企业建设的网站必须有丰富产品信息和提供相关支持服务，所以要建设一个功能比较完善的支持电子商务的企业网站需要投入很大费用。目前，基于 Web 的企业间电子商务模式有网上直销型、网上中介型、专业服务型和混合型。

(1) 网上直销型企业间电子商务

① 网上直销型企业间电子商务的涵义：

网上直销型企业间电子商务是指直接提供产品服务的企业，改变传统的营销渠道，将 Internet 作为新兴的销售渠道实现企业间的交易，我们又称为企业型 B2B。对于企业来说，一方面作为提供产品服务者，它通过建立网上直销电子商务站点为其顾客提供网上直销渠道；另一方面作为产品服务的使用者，它从供应商建立的网上直销电子商务站点中进行直接购买。这两种方式是从不同角度来分析问题的，其实企业要积极面对的是如何通过网上直销渠道实现与客户之间的网上交易。

网上直销型企业间电子商务的主要特点是利用 Internet 代替传统的中间商，如零售商和批发商。这一方面可以提高企业对市场的反应速度，也可以减少企业的营销费用，特别是营销渠道费用，以更低廉的价格为客户提供更满意的服务。因此，企业一旦建立网上直销渠道模式，可以大大提高企业的竞争能力。利用网上直销渠道，企业可以直接与客户建立企业间电子商务交易方式，突破经由传统中间商分销时所受到的时间和空间的限制，企业服务的客户可以跨越时空，从而扩大企业的市场份额。

实现网上直销型企业间电子商务，要求企业的实力比较雄厚，而且企业必须能进行柔性化生产，企业的业务流程必须是顾客导向的。企业实现网上直销型的企业间电子商务，主要目的是减低成本，并扩大服务市场范围。

图 3.1　网上直销型电子商务——DELL 网站

② 网上直销型企业间电子商务的功能：

网上直销型企业间电子商务系统，必须具备网上商店所具备的网上支付功能、配送功能和网上订货功能。

a. 网上支付功能。

企业可以借助第三方提供的网上支付平台，来建立企业的支付系统，如采用银行提供的信用卡支付方式实现。

b. 配送功能。

由于网上直销服务的客户可以超越时空，因此仅仅依赖传统的企业内部固有的配送系统是远远不够的，必须与一些专业化的全球性的物流公司建立紧密的合作伙伴关系。如Dell公司的配送服务是通过联邦快递公司进行的，它们之间通过网络实现配送信息的同步，当Dell公司有订单需要配送服务时，该订单同时送达联邦快递公司，由联邦快递公司根据订单需要从生产地直接送到企业的顾客。

c. 网上订货功能。

企业提供网上订货功能时，要根据企业产品特性和企业生产的能力，最大限度地满足客户的需求。一般可以分为三个阶段，第一阶段是企业将已经设计产出的产品在网上进行展示，允许客户随时随量进行订购，这只要求企业的生产能力比较高即可；第二阶段是企业不但展示已经设计生产的产品，还允许顾客对产品某些配置和某些功能进行调整，以满足客户对产品的个性化需求，这就要求企业的生产系统必须是标准化和柔性化的；第三阶段就是允许客户提出需求，在企业设计系统引导下，客户自已设计出满足自己需求的产品，这要求企业的内部系统必须高度柔性化和智能化。目前，最多的方式是第一阶段的模式，少数企业如Dell公司实现了第二阶段，至于要达到第三阶段还需要很多智能化技术进行配合。

d. 企业内部的柔性生产、后勤系统的配套。

一旦实现网上直销型的企业间电子商务模式，企业可以直接与客户进行面对面接触，这就要求企业能根据客户直接提出的要求生产满足客户需求的产品，因此企业内部的生产系统和后勤系统必须与客户需求同步。要真正实现及时满足客户需求，做到与市场同步就要求企业的生产系统必须是柔性化的，即根据订单进行生产；同时企业的后勤系统必须紧密配合柔性化生产过程中的原料需求和人员配备需求。

③ 网上直销型企业间电子商务的实现：

一般由产品服务提供商负责建设电子商务系统，负责为客户提供企业间电子商务平台。企业单独建立网上直销站点，这对企业的要求非常高，因为建设一个功能完善的电子商务站点费用高达100多万美元，而且维护费用也非常高。一般的小型企业单独建设难以满足功能需求。要建立完善的直销型企业间电子商务，必须改变企业的业务流程，实现按订单生产。例如，Dell电脑公司主要产品销售给企业，购买Dell的电脑时，通过网站选择自已合适的配置，然后提交订单并选择选择支付方式（信用卡、转账支票等）付款，Dell公司将订单送到工厂组装，并委托联邦快递配送。因此，Dell公司主要负责产品设计和售后服务。要实现企业业务流程的转变，还必须改变企业的组织结构，实现横向沟通，组织结构必须根据业务流程的需求，将结构扁平化和网络化。

目前实现直销型的企业间电子商务主要是生产型企业，它们将分销渠道移到网络。值得注意的是，企业在采用网上直销模式时，必须考虑企业客户的习惯和已经建立的营销渠道中间商的反应。如果贸然采用网上直销型模式，而放弃传统已经建立完善的营销渠道，可能给企业带来巨大的市场风险。目前，企业采取较多的模式还是依赖传统营销渠道，只是尝试网上直销型渠道模式。

实现网上直销型企业间电子商务，不仅仅是在网上销售产品服务，还需要注意将传统营销渠道中提供的各种服务特别是售后服务整合到网上去，否则难以完全满足客户的全部需求。如 Dell 公司在网上为客户提供产品的同时，允许客户实时查询订单处理情况，从网上获取技术支持和升级软件。当然，网上不可提供所有的售后服务，但可以提高企业整体售后服务水平。

(2) 网上中介型企业间电子商务

① 网上中介型企业间电子商务的涵义：

网上中介型企业间电子商务是指企业利用第三方提供的电子商务服务平台实现企业与客户或者供应商之间的交易。因此，它又被称为第三方 B2B 模式。它与直销型企业间电子商务根本区别在于，直销型的电子商务服务平台是由参与交易的一方提供，一般是产品服务的销售方；而中介型则是交易双方都参与由第三方提供的服务平台进行交易，交易过程中交纳一定佣金费用即可。网上中介型方式一般适合于中小型企业，或者大企业建设自己电子商务站点不合算的情况下采用的方式。由于网上中介型企业间电子商务方式，服务的对象无论是买方还是卖方没有限制，因此这种方式形成的交易平台也称为电子虚拟市场。

图 3.2　网上中介型电子商务——慧聪网

根据提供服务的层次不同，可以将网上中介型企业间电子商务区分为简单信息服务提供型和全方位服务提供型。前者一般主要是提供买卖双方的信息，通过中介服务买卖双方可以在全球范围内选择成交对象，选定交易对象后并不直接在网上交易，而是另外接触和签订合同。这种方式中介无法全面深入参与交易，提供的只是简单的信息服务，如阿里巴巴网站。后者是指在网上不但提供信息服务，而且还提供全面配合交易的服务，如网上结算和配送服务等，这类站点要求中介机构对贸易特别熟悉，特别是国际贸易业务更要非常熟悉。

提供中介服务的企业间电子商务站点的商业模式主要是通过收取中介费用和会员费来获取收入，随着服务深入，可以通过提供的增值服务来实现收入。目前大多数企业间电子商务网站还没有盈利。

② 网上中介型企业间电子商务的功能：

首先，网上中介型企业间电子商务的最基本的功能是为企业间的网上交易提供买卖双方的信息服务。买方或者卖方只要注册后就可以在网上发布自己的采购信息，或者发布企业产品出售的信息。并根据发布信息来选取企业自己潜在的供应商或者是客户。网上发布的信息一般是图片或者文字信息，随着带宽增加，发布信息将越来越丰富。

其次，提供附加信息服务。即为企业提供企业需要的相关经营信息，如行业信息、市场动态。为买卖双方提供网上交易沟通渠道，如网上谈判室、商务电子邮件等。阿里巴巴网站还可以根据客户的需求，定期将客户关心的买卖信息发送给客户。

第三，提供与交易配套的服务。最基本的服务是提供网上签订合同服务、网上支付服务等实现网上交易的服务。如"一达通"(http://www.ydt35.com)，除了提供传统的类似阿里巴巴的买家资讯服务，即帮助中小企业"找订单"服务外，还提供报关、报检、运输、保险、外汇、退税、融资等十几个小项的服务。这样就可将复杂的中国进出口事务流程予以细分，进行标准化设置。

第四，提供客户管理功能。即为企业提供网上交易管理，包括企业的合同、交易记录、企业的客户资料等信息的托管服务。当然这些属于企业的保密资料，但对于中小型企业来说有一个安全保密的托管服务机构是非常必要的而且是可以接受的。

③ 网上中介型企业间电子商务的应用：

网上中介型的企业间电子商务服务对象主要是中小型企业，也就是那些急需拓展市场，但又缺乏资金实力和技术力量的企业。对于大型企业，它们可以凭借自己资金实力建立以自己为主导的服务更贴切的企业间电子商务系统。

与网上直销不一样的是网上中介的产品是不受限制的，它可以是工业品、消费品，也可以是科学技术成果等无形的东西。只要是企业需要的，能够提供的产品服务都可以通过网上中介实现交易。如阿里巴巴网站提供的中介服务覆盖了17个大行业。

企业利用中介服务实现网上交易，给企业带来的好处是市场范围拓宽，可以将市场覆盖到原来难以覆盖的地区，同时向国外延伸，因为网上市场是无国界的，这样增加了企业的商业机会。与此同时，也增强了企业之间的竞争，因为利用网上中介服务，买卖双方可以不再受到地理位置的限制。在原来的市场竞争格局中还可能出现网上的新竞争对手，因此，网上中介市场对企业既是机会也是挑战，企业必须不失时机上网参与网上交易。

企业利用中介服务实现企业间电子商务的应用时，必须考虑企业的自身力量和情况。首先，企业如果自身有力量建设以自己为主的直销型的企业间电子商务系统，则应该考虑自行建设，如果企业缺乏力量，则可以利用中介服务实现网上交易。其次，企业在选择中介服务时要慎重，一是要选择提供的服务与自己行业比较相近的中介服务，二是要选择有一定品牌形象和知名度的中介型网站，企业可以选择几个中介网站提供服务，但不宜过多，如果选择过多可能影响到企业收集到商业机会信息的质量，有的网站提供中介服务信息缺乏有效控制，导致虚假商业信息过多，反而给企业带来负面的影响。

④ 网上中介型企业间电子商务的实现与发展：

网上中介型企业间电子商务系统一般是由第三方的新兴的电子商务服务公司提供。这类公司在建设初期，一般通过风险投资推动市场的发展，对加入客户一般采取免费策略。网上中介型服务网站发展有两大趋势，一是由原来的综合型服务向专业型服务转型，如针对性的服务市场，或者针对性的服务行业。二是由提供初步的信息服务，向提供全方位的交易支持服务发展，如提供支付结算、配送全方位的服务。

提供中介型服务公司由原来的专业性信息技术类公司，扩散到传统企业参与进来提供中介服务。目前许多传统企业，在行业内纷纷联合建立网上虚拟的采购市场，实现原材料的统一采购，降低企业的采购成本，如美国的三大汽车巨头通用汽车、福特汽车、和戴姆勒一克莱斯勒联合建立网上汽车零配件的采购市场。值得注意的是，传统企业联合建立网上市场时，主要集中在原材料的采购方面。而对于产品的销售则是企业倾向于建设自己专用的网上销售渠道。

(3) 专业服务型企业间电子商务

由于服务已经成为国际贸易和商务活动中的重要部分，因此服务成本上升非常快，加之许多企业对服务要求越来越高，专业服务型电子商务网站就是为满足这些需求设的。建设这种网站的费用比较高，而且技术支持和运转费用也较高，但比依赖人工方式实现服务的成本要低得多。如 Federal Express（联邦快递）公司为方便顾客查询包裹投递情况，建设网站以提供网上实时查询服务，对于一些大型客户还专门提供终端，方便客户在办公室进行邮寄。

(4) 混合型企业间电子商务

许多企业在提供产品的同时还要涉及服务，因此上面两种类型的商务网站经常是融合在一起的，即在提供产品网上销售的同时，还提供技术支持和售后服务。如 Dell 公司的网站就可以为客户提供软件下载、技术支持和订单查询等服务。

不同企业间电子商务模式，不管采用的技术如何不同，但共同之处是通过网络实现企业间交易的实现，实现企业间信息流、资金流和物流的高效率畅通和自动化运行，只是不同模式对信息流、资金流和物流支持的方式不同和支持程度不同。

3.1.2　企业间电子商务的交易流程

1. 企业间电子商务的交易过程

企业间电子商务交易过程大致可以分为交易前准备、交易谈判和签订合同、办理交易前手续以及交易合同的履行和索赔四个阶段。

(1) 交易前准备

这主要是指买卖双方和参加交易各方在签约前的准备活动。买方根据自己要买的商品，准备购货款，制订购货计划，进行货源市场调查和市场分析，反复进行市场查询，了解各个卖方国家的贸易政策，反复修改购货计划和进货计划，确定和审批购货计划。再按计划确定购买商品的种类、数量、规格、价格、购货地点和交易方式等，尤其要通过 Internet 和各种电子商务网络寻找自己满意的商品和商家。卖方根据自己所销售的商品，召开商品新闻发布会，制作广告进行宣传，全面进行市场调查和市场分析，制订各种销售策略和销售方式，了解各个买方国家的贸易政策，利用 Internet 和各种电子商务网络发布商品广告，寻找贸易伙伴和交易机会，扩大贸易范围和商品所占市场的份额。其他参加交易各方如中介方、银行金融机构、信用卡公司、海关系统、商检系统、保险公司、税务系统、运输公司也都要为进行电子商务交易做好准备。

(2) 交易谈判和签订合同

此主要是指买卖双方对所有交易细节进行谈判,将双方磋商的结果以文件的形式确定下来,即以书面文件形式和电子文件形式签订贸易合同。电子商务的特点是可以签订电子贸易合同,交易双方可以利用现代电子通信设备和通信方法,经过认真谈判和磋商后,将双方在交易中的权利、所承担的义务、对所购买商品的种类、数量、价格、交货地点、交货期、交易方式和运输方式、违约和索赔等合同条款,全部以电子交易合同做出全面详细的规定,合同双方可以利用电子数据交换(EDI)进行签约,也可以通过数字签名等方式签名。

(3) 办理交易进行前的手续

这主要是指买卖双方签订合同后到合同开始履行之前办理各种手续的过程,也是双方贸易前的交易准备过程。交易中可能要涉及中介方、银行金融机构、信用卡公司、海关系统、商检系统、保险公司、税务系统、运输公司等,买卖双方要利用 EDI 与有关各方进行各种电子票据和电子单证的交换,直到办理完可以将所购商品从卖方按合同规定开始向买方发货的一切手续为止。

(4) 交易合同的履行和索赔

这一阶段是从买卖双方办完各种手续之后开始的。卖方要备货、组货,同时进行报关、保险、取证、信用评估等手续,卖方将所购商品交付给运输公司包装、起运、发货,买卖双方可以通过电子商务服务器跟踪发出的货物,银行和金融机构也可按照合同,处理双方收付款、进行结算,出具相应的银行单据等,直到买方收到自己所购商品,完成整个交易过程。索赔是在买卖双方交易过程中出现违约时,需要进行违约处理的工作,受损方要向违约方索赔。

2. 企业间电子商务的交易程序

为规范企业间的网上交易行为,参加交易的双方在做好交易前的准备工作之后,通常都是根据电子商务标准开展电子商务交易活动,电子商务标准规定了电子商务交易应遵循的基本程序,具体有如下 10 个步骤:

(1) 客户方向供货方提出商品报价请求,说明想购买的商品信息;

(2) 供货方向客户方回答该商品的报价,说明该商品的报价信息;

(3) 客户方向供货方提出商品订购单,说明初步确定购买的商品信息;

(4) 供货方向客户方对商品订购单提出应答,说明有无此商品及规格型号、品种、质量等信息;

(5) 客户方根据应答提出是否对订购单有变更请求,说明最后确定购买的商品信息;

(6) 客户方向供货方提出商品运输说明,说明运输工具、交货地点等信息;

(7) 供货方向客户方发出发货通知,说明运输公司、发货地点、运输设备、包装等信息;

(8) 客户方向供货方发回收货通知,报告收货信息;

(9) 交易双方收发汇款通知,买方发出汇款通知,卖方报告收款信息;

(10) 供货方向客户方发送电子发票,买方收到商品,卖方收到货款并出具电子发票,完成全部交易。

3.1.3 B2B 电子商务的竞争优势及发展中的问题

与传统商务活动相比,B2B 电子商务具有下列五项竞争优势:

(1) 使买卖双方信息交流低廉、快捷。信息交流是买卖双方实现交易的基础。传统商务活动的信息交流是通过电话、电报或传真等工具,这与 Internet 信息是以 Web 超文本(包含图像、声音、文本信息)传输不可同日而语。

(2) 降低企业间的交易成本。首先对于卖方而言,电子商务可以降低企业的促销成本。即通过 Internet 发布企业相关信息,如企业产品价目表,新产品介绍,经营信息等,并宣传企业形象。与传统的电视、报纸广告相比,可以更省钱,更有效。因为在网上提供企业的照片、产品档案等多媒体信息有时胜过传统媒体的"千言万语"。据 IDC 调查,在 Internet 上做广告促销,可以提高销售数量 10 倍,而费用只是传统广告的 1/10。其次对于买方而言,电子商务可以降低采购成本。传统的原材料采购是一个程序繁琐的过程。而利用 Internet,企业可以加强与主要供应商之间的协作,将原材料采购和产品制造过程两者有机地结合起来,形成一体化的信息传递和处理系统。据通用电气公司的报告称:它们利用电子商务采购系统,可以节约采购费用 30%,其中人工成本降低 20%,材料成本降低 10%。另外,借助 Internet,企业还可以在全球市场上寻求最优价格的供应商,而不是只局限于原有的几个商家。

(3) 减少企业的库存。企业为应付变化莫测的市场需求,通常需保持一定的库存量。但企业高库存政策将增加资金占用成本,且不一定能保证产品或材料是适销货品。而企业低库存政策,可能使生产计划受阻,交货延期。因此寻求最优库存控制是企业管理的一个目标之一。以信息技术为基础的电子商务则可以改变企业决策中信息不确切和不及时的问题。通过 Internet 可以将市场需求信息传递给企业决策生产,同时也把需求信息及时传递给供应商而适时得到补充供给,从而实现"零库存管理"。

(4) 缩短企业生产周期。一个产品的生产是许多企业相互协作的结果,因此产品的设计开发和生产销售可能涉及许多关联企业,通过电子商务可以改变过去由于信息封闭而无谓等待的现象。

(5) 24 小时无间断运作,增加了商机。传统的交易受到时间和空间的限制,而基于 Internet 的电子商务则是一周 7 天、一天 24 小时无间断运作,网上的业务可以开展到传统营销人员和广告促销所达不到的市场范围。

但与此同时,B2B 电子商务市场的发展面临着一些挑战。艾瑞(iResearch)市场咨询近期推出的《2009 年中国 B2B 电子商务研究报告》中数据显示,2009 年中国 B2B 电子商务运营商营业收入规模达到 63.0 亿元,同比增长 13.8%。如图 3.3 所示,中国 B2B 电子商务交易规模经过了 2008 年的快速增长后,受金融危机的影响,2009 年交易规模同比下降 6.4%。但是,金融危机同时给中国的 B2B 电子商务带来了发展机遇,2009 年,中国 B2B 电子商务交易规模的渗透率达到了 11.3%,主要原因在于中小企业利用电子商务的意识在提高,电子商务可以帮助中小企业降低成本,拓宽销售渠道。同时,各大核心运营商也采取了不同的救市措施,改善用户体验,培育电子商务发展环境。随着宏观经济的回暖,艾瑞咨询预测,未来几年中国 B2B 电子商务将呈现快速增长的趋势,步入新的发展阶段。

据分析,目前中国主流 B2B 电子商务平台的商业模式较单一,以综合类信息服务平台为主。虽然目前市场上已经出现了一些新兴的电子商务模式,但是还未能发展成主流。分析认为,未来中国 B2B 电子商务将向纵深化和多样化的方向发展,B2B 电子商务平台将不断创新商业模式,开展差异化竞争,但同时也面临以下五大问题:

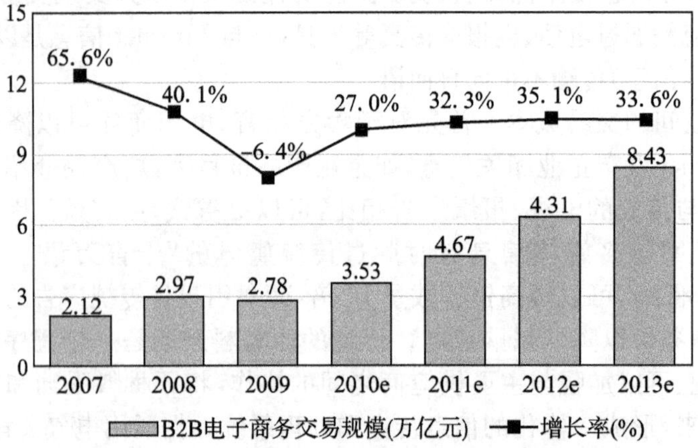

图 3.3　2007—2013 年中国 B2B 电子商务交易规模

(1) 传统行业中存在复杂的渠道关系。B2B 电子商务在提高企业采购、交易效率的同时,大大缩短了原有渠道长度,降低采购价格,使得原本就竞争激烈的市场利润再次被压低,必将损害一些厂商、中间商的利益,打破一些传统行业中已经建立起的一种“平衡”,一些已经在传统渠道方式下获益的厂商和中间商对电子商务表现出的态度并不积极。

(2) 信用缺失。信用仍是制约电子商务发展的一大难题,也逐渐成为 B2B 电子商务发展的壁垒。阿里巴巴除了企业诚信通产品外,又将支付宝引入 B2B 电子商务交易,慧聪网携手全球领先的信用管理机构邓白氏对各行业的供应商进行资信认证,金银岛与中国银行合作,推出“硬信用”平台来确保交易安全性以及各级 CA 认证中心真实有效性。但在面对面交易企业都可能上当受骗的情况下,电子商务取得用户信任确实是一大难题,如何建立用户网上交易安全性的信心,需要进一步的环境规范、技术保障和观念的培养。

(3) 支付、物流等条件仍未成熟。B2B 电子商务交易涉及金额较大,所以交易、支付环节一般都是交易双方在网下进行的。活跃于 C2C 领域的第三方支付公司难以对 B2B 交易进行担保,需要在传统环节中充当这一角色的商业银行则进入到这一领域来。中国银行、工商银行、农业银行等已经开始与第三方平台合作来服务 B2B 电子商务交易业务,但就需求来看,目前的支付环境和条件仍未成熟。此外,虽然物流业在我国发展很快,但总体发展水平仍然落后,难以满足市场需求,而且 B2B 大宗物流与消费品市场的小宗物流不同,涉及交货、验货等更复杂的环节,对物流服务提供商的服务资质和服务水平提出了更高的要求。

(4) B2B 电子商务人才培养与中小企业实际需求存在断层。企业在面对 B2B 电子商务应用时仍存在人才缺口,尤其是中小企业。虽然每年有大量电子商务专业毕业生走出校园,但企业电子商务人才需求往往是有一定行业背景和营销经验的复合型人才。人才不足也是影响中小企业电子商务应用的一个重要因素。

(5) B2B 电子商务与传统产业隔阂。B2B 电子商务真正成功的时候,是它与传统产业真正融合在一起的时候。B2B 电子商务就其本质来讲,是企业面临全球化和国际化的压力,面临日益激烈的竞争,而采取的一种扩大市场,降低成本,以便能更好地为顾客服务的竞争策略。中国现在许多传统企业缺乏规范的管理制度,缺乏合作意识,甚至缺乏提高效率、降低成本的动力,中国 B2B 电子商务完全成熟还需要很长时间。

尽管存在上述诸多问题，但相信B2B电子商务在未来贸易商务活动中将发挥越来越重要的作用，在政府、第三方B2B电子商务平台、金融机构、企业等各方参与主体的共同努力下，未来几年B2B电子商务将保持良好的增长态势，交易额年增长率将维持在50%以上，预计2010年中国B2B电子商务交易规模将会达到7.5万亿元。

3.2 企业与消费者电子商务模式(B2C)及交易流程

B2C(Business To Customer)是电子商务按交易对象分类中的一种，即表示商业机构对消费者的电子商务。这种形式的电子商务一般以网络零售业为主，主要借助于Internet开展在线销售活动。B2C模式是我国最早产生的电子商务模式，以8848网上商城正式运营为标志。B2C即企业通过互联网为消费者提供一个新型的购物环境——网上商店，消费者通过网络在网上购物、在网上支付。

B2C简而言之就是商家与顾客之间的商务活动，也就是通常所说的"网上购物网站"，企业、商家可充分利用电子商城提供的网络基础设施、支付平台、安全平台、管理平台等共享资源有效地、低成本地开展自己的商业活动。

3.2.1 企业与消费者的电子商务(B2C)模式分析

1. 从企业和消费者买卖关系的角度分析

B2C的商务模式主要分为卖方企业(买方个人的电子商务)及买方企业(卖方个人的电子商务)两种模式。

卖方企业——买方个人的电子商务。这是商家出售商品和服务给个人消费者的电子商务模式。在这种模式中，商家首先在网站上开设网上商店，公布商品的品种、规格、价格、性能等，或者提供服务种类、价格和方式，由消费者个人选购，下订单，在线或离线付款，商家负责送货上门。这种网上购物方式可以使消费者获得更多的商品信息，虽足不出户却可货比千家，买到价格较低的商品，节省购物的时间。当然这种电子商务模式的发展需要高效率和低成本的物流体系的配合。这种方式中比较典型的代表就是全球知名的亚马逊网上书店(http://www.amazon.com)。

买方企业——卖方个人的电子商务。这是企业在网上向个人求购商品或服务的一种电子商务模式。这种模式应用最多的就是企业网上招聘人才。如许多企业在中华英才网(http://www.chinahr.com/)招聘各类人才。在这种模式中，企业首先在网上发布需求信息，后由个人上网洽谈。这种方式在当今人才流动量大的社会中极为流行，因为它建立起了企业与个人之间的联系平台，使得人力资源得以充分利用。

2. 根据交易的客体分析

我们可把B2C电子商务分为无形商品和服务的电子商务模式以及有形商品和服务的电子商务模式。前者可以完整地通过网络进行，而后者则不能完全在网上实现，要借助传统手段的配合才能完成。

(1) 无形商品和服务的电子商务模式。计算机网络本身具有信息传输和信息处理功能，无形商品和服务(如电子信息、计算机软件、数字化视听娱乐产品等)一般可以通过网络直接提供给消费者。无形商品和服务的电子商务模式主要有网上订购模式、广告支持模式和网上赠予模式。

a. 网上订阅模式。消费者通过网络订阅企业提供的无形商品和服务，并在网上直接浏览或消费。这种模式主要被一些商业在线企业用来销售报纸杂志、有线电视节目等。网上订阅模式主要有以下几种：

● 在线出版(Online Publications)。出版商通过 Internet 向消费者提供除传统印刷出版物之外的电子刊物。在线出版一般不提供 Internet 的接入服务，只在网上发布电子刊物，消费者通过订阅可下载有关的刊物。这种模式并不是一种理想的信息销售模式。在当今信息大爆炸的时代，普通用户获取信息的渠道很多，因而对本来已很廉价的收费信息服务敬而远之。因此，有些在线出版商采用免费赠送和收费订阅相结合的双轨制，从而吸引了一定数量的消费者，并保持了一定的营业收入。

● 在线服务(Online Services)。在线服务商通过每月收取固定的费用而向消费者提供各种形式的在线信息服务。在线服务商一般都有自己特定的客户群体。如美国在线(AOL)的主要客户群体是家庭用户，而微软网络(Microsoft Network)的主要客户群体是 Windows 的使用者，订阅者每月支付固定的费用，从而享受多种信息服务。在线服务一般是针对一定的社会群体提供的，以培养消费者的忠诚度。在美国，几乎每台出售的电脑都预装了免费试用软件。在线服务商的强大营销攻势，使他们的用户数量稳步上升。

● 在线娱乐(Online Entertainment)。在线娱乐商通过网站向消费者提供在线游戏，并收取一定的订阅费，这是无形商品和服务在线销售中令人关注的一个领域，也取得了一定的成功。当前，网络游戏已成为网络会战的焦点之一，微软等巨头纷纷在网络游戏方面强势出击。事实上，网络经营者们已将眼光放得更远，通过一些免费或价格低廉的网上娱乐换取消费者的访问率和忠诚度。

b. 广告支持模式。在线服务商免费向消费者提供在线信息服务，其营业收入完全靠网站上的广告获得。这种模式虽然不直接向消费者收费，但却是目前最成功的电子商务模式之一。Yahoo 等在线搜索服务网站就是依靠广告收入来维持经营活动的。对于上网者来说，信息搜索是其在 Internet 的信息海洋中寻找所需信息最基础的服务。因此，企业也最愿意在信息搜索网站上设置广告，通过点击广告可直接到达该企业的网站。采用广告支持模式的在线服务商能否成功的关键是其网页能否吸引大量的广告，能否吸引广大消费者的注意。

c. 网上赠予模式。这种模式经常被软件公司用来赠送软件产品，以扩大其知名度和市场份额。一些软件公司将测试版软件通过 Internet 向用户免费发送，用户自行下载试用，也可以将意见或建议反馈给软件公司。用户对测试软件试用一段时间后，如果满意，则有可能购买正式版本的软件。采用这种模式，软件公司不仅可以降低成本，还可以扩大测试群体，改善测试效果，提高市场占有率。美国的网景公司(Netscape)在其浏览器最初推广阶段采用的就是这种方法，从而使其浏览器软件迅速占领市场，效果十分明显。

(2) 有形商品和服务的电子商务模式。有形商品是指传统的实物商品，采用这种模式，有形商品和服务的查询、订购、付款等活动在网上进行，但最终的交付不能通过网络实现，还是用传统的方法完成。这种电子商务模式也叫在线销售。目前，企业实现在线销售主要有两种方式：一种是在网上开设独立的虚拟商店，另一种是参与并成为网上购物中心的一部分。有形商品和服务的在线销售使企业扩大了销售渠道，增加了市场机会。与传统的店铺销售相比，即使企业的规模很小，网上销售也可将业务伸展到世界的各个角落。网上商店不需要像一般的实物商店那样保持很多的库存，如果是纯粹的虚拟商店，则可以直接向厂家或批发商订货，省去了商品存储的阶段，从而大大节省了库存成本。

3.2.2　B2C 电子商务的交易流程

B2C 电子商务的交易流程大致可以分为用户注册、选购商品、支付结算和物流配送四个过程。首先是新用户的注册，然后用户登录到电子商务网站，进行商品选购并选择送货方式和支付方式，最后由商家送货，消费者收货后验收，从而完成交易。

1. 用户注册

消费者在开始网络购物前，必须先进行新用户注册。新用户注册时一般要输入这样一些信息：

(1) 登录名。登录名是用户登录时使用，可以是字母和数字的组合，最好是简单易记的名字，但不能与其他的已注册的登录名重复。

(2) 登录密码。登录密码也是登录时使用，可以是数字和字母的组合，但是要注意密码设置的安全性，最好不要用姓名、生日等容易被猜出的词作为密码。登录名和登录密码设置好后一定要记住名字和密码，特别是不太常用的用户名和密码最好在一个安全的地方用笔记录下来，以免时间长了忘记用户名和密码，从而带来一些不必要的麻烦。

(3) 验证密码。验证密码是为了防止输错密码用，验证密码要求与登录密码完全相同。在输入密码时要注意保护密码的安全性，防止密码被其他人偷看到。

(4) 用户姓名。用户姓名要求输入用户的真实姓名，目的是为了约束用户的行为规范，并且在发生纠纷时使用。

(5) 送货地址。送货地址是为了方便送货，地址应该准确，而且每次购物都应验证、确认送货地址。

(6) 送货电话。送货电话是为了方便送货，也是为了确认用户身份，送货电话要填写白天能联系到的电话，最好是填写手机号码，特别是对于选择货到付款方式的用户，商家也只有在通过电话确认了用户的真实性后，才会安排送货上门。

(7) 电子邮箱。电子邮箱是商家与用户联系时使用，比如说通过电子邮箱发送一些促销信息或者通过电子邮箱取回遗失的密码等。每个电子商务网站的用户注册界面都大同小异，对于不同的网站，有些信息是用户注册时必须要填的，有些信息是可选的。一般来说，以上这七项信息是用户注册时必须要输入的信息。另外，用户注册时还可以输入其他一些信息，比如说，证件号、性别、文化程度、出生日期、收入、邮政编码等，这些信息一般允许用户有选择地输入。

2. 选购商品

用户注册好以后就可以开始选购商品，对于购买目标明确的用户，可以利用网站提供的查询功能来选购商品。比如说，如果想通过网络购买某一个具体商品，可以直接在网上商店的搜索框输入该商品的名称进行搜索。那么，该网上商店销售的所有此类商品的信息都会被显示出来，这些信息包括商品的产品号、价格、规格等。对这些搜索到的商品，根据个人的喜好，消费者可以选中某样具体的商品直接放入到购物篮。如果有的消费者觉得网上显示的这些信息还不够直观，那么，他还可以点击商品名称先查看该商品的图片，满意的话再点击购买图标，将该商品放入到购物篮，然后输入需要购买该种商品的数量，从而完成该种商品的选购。而对于那些购买目标不明确的用户，他们可以在网站上像平时逛商店一样边浏览边选购，选购完成后可以显示所有选购商品的清单，并且可以随时修改每种选购商品的数量，最后确认准确无误后，就完成了整个商品选购的过程。

3. 支付结算

当消费者在网上完成商品选购以后，电子商务网站就会显示消费者选购的所有商品的明细，包括商品的编号、名称、规格、单价、数量等，同时网页还会显示本次选购的商品的总价格，这时候消费者按支付结算就可以进入到网上支付流程。在B2C电子商务模式中，消费者可选择的支付方式主要有如下几种：

(1) 货到付款。货到付款是最原始的付款方式。顾客直接在网上下订单，商家将商品送到指定的收货地点，交给消费者，消费者查验货物后以现金的方式将货款支付给商家。这种付款方式最大的优点是不依赖于任何电子支付系统，很适合于那些偶尔进行网上购物的普通消费者，是普通消费者最为理想的支付方式。但是，在货物到达后，消费者可能会因为自身的原因，而拒绝收货，因而，这种付款方式对商家来说没有保障。因此，不是所有的电子商务网站都提供货到付款这种服务，或者只对VIP客户提供这种服务。

(2) 汇款方式。汇款方式是指消费者在完成订单后，通过邮政系统或银行系统汇款，当商家收到汇款后，再将商品发给消费者。货到付款对商家没有保障，而汇款方式则对消费者不利，因为，消费者在完成网上购物后，还需要到邮局或银行去汇款，而且消费者收到货物后，如果对商品不满意，要调换起来比较麻烦。因而汇款方式适合于消费者购买外地不易损坏的、确定需要的商品。

(3) 网上银行支付。网上银行支付是指通过银行卡在网络上来完成支付，网上银行由于它的方便、快捷，已经成为电子商务支付的主流方式。为了方便消费者，电子商务网站会同时和多家银行合作，能够接受多家银行的信用卡或储蓄卡进行网上支付。有些银行卡可以直接办理网上支付，比如说中国银行的长城信用卡、中国农业银行的金穗卡、光大银行的阳光卡等，这些卡不需要事先到银行申请开通网上支付功能就可以直接进行网上支付；而有些银行卡则需要事先到银行申请开通网上支付功能，比如说工商银行的牡丹卡、建行的龙卡、交行的太平洋卡、招商银行的一卡通等。

(4) 第三方支付。一般来说，网上电子支付都是通过网上银行来完成的。通过银行来支付有这样一个缺点，由于银行只负责资金的结算，也就是把货款从买方的账户转移到卖方的账户，而且通过银行支付，对买方来说，必须先付款，后收货，那么如果不能收到货物，或者收到的货物有质量问题，买方要退款非常困难。因此，为了既能够保证卖家及时收到货款，又能保证买方在确认收到货物后再付出货款，出现了除了银行之外的第三方的支付工具。第三方的支付工具是这样来操作的，买方在网上购物需要支付时，首先将货款支付给第三方的支付平台，然后在确认收货后，再由第三方的支付平台将货款支付给卖方。比如说阿里巴巴的支付宝、中国银联的 China Pay 和腾讯公司的财付通都是第三方的网上支付工具。

4. 物流配送

在 B2C 电子商务模式下，网上商品选购完成后，还必须通过物流配送环节将网上选购的商品送到消费者手上。由于物流配送环节是阻碍网上商店发展的一个主要的瓶颈，电子商务网站在成立之初就应把逐步完善网络物流配送放到重要的位置。一般来说，电子商务网站的物流配送体系包括呼叫中心、中心仓库、分拣中心、网站配送等相互衔接的环节。其中呼叫中心负责接受客户的电话订购和网上订购，确认配送网点；中心仓库则根据每个时段的商品汇总单进行商品出库，并发送到分拣中心；分拣中心按照每个网站的粗配单进行分拣粗配；网站配送则根据粗配单对商品进行细配，并通过车辆配送由专车、专人将商品送至最终用户。

(1) 送货方式。用户可以根据需要选择不同的送货方式，比如说送货方式可以选择送货上门、自提或者邮寄等。送货上门一般适应于比较近的距离，比如说同一个城市。不同的商家送货上门的方式也不完全相同，比如说有的网上商场由于拥有自己的实体商场，同时也拥有自己的物流配送体系，因而他们可以由就近的服务门店来送货上门，利用自己的门店来送货，这样不仅送货成本低，而且送货及时、服务能有保障。对于那些没有自己的实体网点和物流配送体系的小的电子商务网站，他们除了自己送货上门外，还可以利用他们的供货商或者第三方的物流来帮助他们送货上门，只是这种送货方式的成本和时间相对要差一些。

(2) 送货范围。当前的电子商务网站的送货范围基本上都从原来的本区、本市发展到了全国各大城市，只是距离的远近不同，货物到达的费用和时间有所区别。

(3) 送货时段。电子商务网站的送货时段也已经精确到了小时或天，当然时间要求不同，收费也不同。对于那些距离比较近，或者购买额度比较高的用户，一般都会免收送货费，只是不同的商家对于购买额度的规定不同。比如说，对于市内送货，一般只要超过 20 元就可以送货上门，而对于异地送货，一般购物要超过 200 元才能享受免费送货。近年来，计算机和 Internet 在全世界的普及给电子商务带来了飞速的发展，B2C 网站是网络深入人们生活的必然趋势。未来是信息和网络高速发展的世界，在世界上任何角落的人，只要拥有一台计算机、Internet 连接和信用卡，就能通过网络平台完成各种商品的选购，同时还能享受到完善的服务。可以肯定的是，随着 B2C 电子商务的进一步发展，网上可选购的商品将越来越丰富，网上支付方式将越来越灵活，网络物流配送体系也将越来越完善。

3.2.3　B2C 电子商务的竞争优势及制约因素

尽管 B2C 模式是我国最早产生的电子商务模式，但目前国内发展 B2C 还存在一定的问题。

1. B2C 电子商务在适应性方面存在缺陷

(1) 改进业务流程的局限性

虽然一些企业利用电子商务技术可以更有效地改进商务中的业务流程，但在很多情况下，一些业务流程使用传统的商务活动就可以更好地完成，这些业务流程无法通过实施新技术得到改进。那些消费者愿意亲手触摸、仔细检查的产品就很难通过电子商务来销售。例如，如果不能亲眼看到或触摸时装或易腐食品(肉或其他农产品)，消费者是不愿购买的。

在创造良好的商店购物环境以促使顾客购买方面，零售商已经积累了多年的工作经验。

店面设计、布局和商品的摆放称为销售规划。零售人员也掌握了很多销售技巧，可以发现顾客的需要并找到产品或服务来满足这些需要。这些销售规划和人员的推销技术是很难通过电子链接来实现的。

一般来说，对于那些需要个人销售技巧的商品（如房地产销售）或者个人建议对估价影响很大的商品（如高档时装、古董或易变质的食物）来说，更适合通过传统商业渠道销售。也就是说，在现有的技术条件下，有些商务中的业务流程是不能使用电子商务的。

(2) 网上购物的体验感不强

消费者基于传统消费习惯更倾向于可见到实物的、体验式的消费，对于虚拟网络购物仍心存疑虑。因为在B2C电子商务网站购物时，消费者往往会有一些不良的体验感：对虚拟商店的不信任、交互界面的技术性太强、需要长时间才能找到需要的商品、提供的图像和文字信息并不能促使消费者下决心购物。再者，在实体世界中，通过各种展示方式，卖方可以塑造出商品的个性，但在网上却很难做到。实体世界的优点会激发消费者冲动性购物的欲望，从而促使消费者直接买下商品。

此外，消费者也不可能在虚拟商店里体验到任何购物氛围，与传统商场相比，看不到滚滚人流以及眩目的娱乐和休闲设施，往往也听不到明快的背景音乐。

(3) B2C电子商务网站缺乏互动性与个性化的客户服务

目前，从B2C电子商务网站的服务功能上来看，尤其是在客户服务方面，创新精神尤为缺乏。大多数B2C电子商务网站提供相似的服务功能，由于这样的网站在服务功能上缺少新意，其服务内容对顾客来说都是千篇一律：无非是在BBS上留言、发送Email咨询、电话咨询等。所以导致顾客越来越看重商品的价格，从而造成B2C电子商务网站经常靠打价格战的方式吸引人气，这样一来，我们可想而知，顾客对这样的B2C电子商务网站依赖度自然不高，事实也证明了这一点：全球最大的B2C电子商务网站亚马逊的会员中，交易活跃的消费者不到十分之一。由此可见，缺乏互动性与个性化客户服务的B2C电子商务网站对顾客的吸引力不够，并在培养客户忠诚度方面并不具备比较优势。

(4) 传统企业对B2C电子商务的利用率比较低

在中国从事B2C电子商务的800家购物网站中，近三分之一有传统零售业务，三分之二为纯粹的网上商店。这一情况正好与国外相反，例如，欧洲在线商店有三分之二是传统零售业务。这表明中国的传统零售业对于利用互联网开拓业务不甚积极。这样导致纯粹的B2C电子商务网站与传统零售商相比在商品价格上毫无竞争优势。

2. 多年来制约我国电子商务发展的三大瓶颈

专业化的电子商务信用机制、专业化的电子商务支付体系、专业化的电子商务物流体系，迄今为止仍是我国电子商务无法跨越的行业障碍。

(1) 信用机制对B2C电子商务的制约

B2C电子商务远程交易的复杂性决定了其需要一套覆盖全国的征信体系，这显然远远超出电子商务企业的承受范围，而需借助于第三方和政府的力量。到目前，只有上海等少数城市建立了比较完善的地方性征信公司，对公用事业交费、银行贷款等个人信用资料进行收集、处理，而在更多的城市，征信制度还是一片空白。于是网上购物信誉度迟迟难以确立。

信用的缺失包括多个方面，比如商家出于成本、政策风险等方面考虑退避三舍，将信用风险转嫁给交易双方，乃至为求利益最大化发布虚假信息、扣押来往款项、泄漏用户资料，买家提交订单后无故取消，卖家以次充好等。这些除了依靠《电子认证服务管理办法》的出台，还需要从信息流的知识产权、信息监管以及资金流的电子支付、电子发票、网上银行与物流方面的所有权凭证的转移等方面通过立法加以解决。

(2) 支付体系对B2C电子商务的制约

信用缺失之外，在线支付率低下的另一原因是银行界未全面参与到网上结算之中，于是导致成熟安全的协议产品和规范的缺失。近几年，国内银行逐步建立起各自的支付网关，依托于中国银联的第三方支付平台也纷纷搭建起来，有eBay易趣的安付通、首信的易支付、中国在线支付网的IPAY、云网的支付网关服务平台、一拍网的e拍通等，但多数代行银行职能的第三方支付平台由于可直接支配交易款项，越权调用交易资金的风险始终存在。

网站可以监督个人买家和个人卖家的诚信，但网站的诚信也需要银联来监督。同时，为避免出现更大的信用风险，在第三方支付之外，商业银行也需要更多地介入支付结算类中间业务及信用卡和借记卡业务，否则针对电子商务的二级结算业务很难走向成熟。

(3) 物流体系对B2C电子商务的制约

截至目前，国内快递业仍为中国邮政一股独大，民营快递业受诸多政策因素制约，举步维艰，而国外物流巨头如联合包裹(UPS)、联邦快递(FedEx)等也没有真正在国内立足，从而局限了国内B2C电子商务市场的发展。在国内，卓越网、中国民生医药电子商务网等亦是以自己配送为主，兼及第三方物流，这与其他网上购物企业颇为不同，后者完全采用第三方物流。在国际上，尽管第三方配送相当发达，但还是有大型B2C企业选择自己做一部分配送，因为这样做更为快捷。

我国B2C电子商务虽起步较晚，但发展态势很好。如果能运用好"跟踪、迎头赶"战略，如果有一套既先进又符合我国基本国情的发展政策，如果能迅速启动作为B2C电子商务主力军的企业，加大传统企业参与其中的宣传力度，变革传统的商务观念，我们就能够逐渐缩小与先进国家的差距。为此，必须制定可行措施与有力对策，以加快我国B2C电子商务的发展步伐。

3.3　消费者与消费者电子商务模式(C2C)及交易流程

3.3.1　消费者与消费者的电子商务(C2C)模式分析

所谓C2C模式即消费者与消费者电子商务模式，是指网络服务提供商利用计算机和网络技术，提供有偿或无偿使用的电子商务平台和交易程序，允许交易双方(主要为个人用户)在其平台上独立开展以竞价、议价为主的在线交易模式。目前，我国C2C电子商务模式正处于成长阶段，其代表性网站运营商有eBay易趣、淘宝网、腾讯拍拍、百度有啊等，它们在近年来的快速发展充分表明其前景一片光明。

3.3.2　C2C电子商务的交易流程

网上有不少C2C网站，其购物方式都大同小异，现在我们就以淘宝网为例，介绍网络购物的交易流程。

淘宝网购物流程如下：搜索 & 浏览宝贝→联系卖家→付款→收货 & 评价。看起来好像简单，其实相对于 B2C 来说，C2C 更加复杂一点。

“淘宝网”网上交易流程采用“拍前联系”方式，即通过即时聊天工具“淘宝旺旺”，买卖双方先对交易物品的特性、价格等进行沟通，再付货款；采用第三方支付平台为中介的支付方式，相比于传统的货到付款和款到发货交易方式，平衡了买卖双方的利益。但是这种交易流程仍旧存在着一些缺陷和问题，比如，若买方收到货后不进行确认，将造成卖方资金积压；对于买方要求退货的情况，此交易流程未作考虑以及第三方支付平台的信用级别较低等。

目前，各个电子商务网站广泛采用的交易流程有三种或这三种流程的综合。这三种交易流程是：货到付款交易流程、款到发货交易流程和以第三方支付平台为中介的交易流程。

货到付款交易流程。该交易流程中买方占有优势，买方首先在卖方的网站上浏览选择商品，待卖方确认订单后发货，当买方收到商品后支付货款。该流程保障了买方的利益，但无法保证卖方的利益，卖方没有绝对的把握收到买方支付的货款。

款到发货交易流程。款到发货交易流程是买方在卖方的网站上选择商品后，直接将货款支付到卖方，待卖方确认收到货款后才向买方发货。该流程显然无法保证买方的利益，买方很有可能支付了货款但无法收到卖方的商品。

以第三方支付平台为中介的交易流程。该交易流程是以第三方支付平台为交易中介，为买卖双方暂时保管货款，买方先将货款支付给第三方支付平台，待买方收货后，在第三方支付平台上确认，第三方支付平台才将货款划给卖方。我们以“支付宝”为例，其交易过程如下：第一步，买方在卖方的网站上选择商品，并选择网上支付货款；第二步，卖方确认订单后将买方网上支付的请求发送给第三方支付平台（“支付宝”）；第三步，买方在线支付货款至第三方支付平台（“支付宝”）；第四步，第三方支付平台（“支付宝”）向卖方发送支付结果，并通知其发货；第五步，卖方根据反馈的支付结果，发送商品；第六步，买方收到货物后，通知第三方支付平台（“支付宝”）付款给卖方；第七步，卖方与第三方支付平台（“支付宝”）结算货款，卖方收款。“淘宝网”网上交易流程也基本采用该种流程，但在交易细节上还有一些不同：买方在卖方的网站上浏览选择商品时可以通过“淘宝旺旺”与卖方沟通；若买方不确定收货，一段时间后，支付宝将自动将货款汇至卖方账户；交易成功后，买卖双方进行信用互评，具体流程如图 3.4 所示。

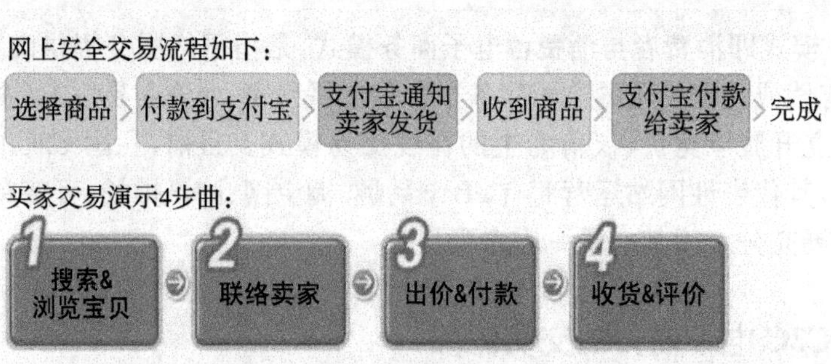

图 3.4　淘宝交易流程图

3.4　其他模式

3.4.1　门户网站

所谓门户网站，是指通向某类综合性互联网信息资源并提供有关信息服务的应用系统。门户网站最初提供搜索引擎、目录服务，后来由于市场竞争日益激烈，门户网站不得不快速地拓展各种新的业务类型，希望通过门类众多的业务来吸引和留住互联网用户，以至于目前门户网站的业务包罗万象，成为网络世界的“百货商场”或“网络超市”。从现在的情况来看，门户网站主要提供新闻、搜索引擎、网络接入、聊天室、电子公告牌、免费邮箱、影音资讯、电子商务、网络社区、网络游戏、免费网页空间，等等。在我国，典型的门户网站有新浪、网易和搜狐等。

3.4.2　移动电子商务

移动电子商务(M-Commerce)，它由电子商务(E-Commerce)的概念衍生出来，现在的电子商务以PC机为主要界面，是“有线的电子商务”；而移动电子商务则是通过手机、PDA(个人数字助理)这些可以装在口袋里的终端与我们谋面，无论何时、何地都可以开始。有人预言，移动商务将决定21世纪新企业的风貌，也将改变生活与旧商业的地形地貌。

移动电子商务就是利用手机、PDA等无线设备进行B2B或B2C的电子商务，以前这些业务一贯是在有线的Web系统上进行的。与传统通过电脑(台式PC、笔记本电脑)平台开展的电子商务相比，移动电子商务拥有更为广泛的用户基础。

移动因特网应用和无线数据通信技术的发展，为移动电子商务的发展提供了坚实的基础。目前，推动移动电子商务发展的技术不断涌现，主要包括：无线应用协议(WAP)、移动IP技术、蓝牙(Bluetooth)、通用分组无线业务(GPRS)、移动定位系统(MPS)、第三代移动通信系统(3G)。

目前，移动电子商务主要提供以下服务：

(1) 银行业务　移动电子商务使用户能随时随地在网上安全地进行个人财务管理，进一步完善因特网银行体系。用户可以使用其移动终端核查其账户、支付账单、进行转账以及接收付款通知等。

(2) 交易　移动电子商务具有即时性，因此非常适用于股票等交易应用。移动设备可用于接收实时财务新闻和信息，也可确认订单并安全地在线管理股票交易。

(3) 订票　通过因特网预订机票、车票或入场券已经发展成为一项主要业务，其规模还在继续扩大。因特网有助于方便核查票证的有无，并进行购票和确认。移动电子商务使用户能在票价优惠或航班取消时立即得到通知，也可支付票款或在旅行途中临时更改航班或车次。借助移动设备，用户可以浏览电影剪辑、阅读评论，然后订购邻近电影院的电影票。

(4) 购物　借助移动电子商务，用户能够通过其移动通信设备进行网上购物。即兴购物会是一大增长点，如订购鲜花、礼物、食品或快餐等。传统购物也可通过移动电子商务得到改进。例如，用户可以使用“无线电子钱包”等具有安全支付功能的移动设备，在商店里或自动售货机上进行购物。

(5) 娱乐　移动电子商务将带来一系列娱乐服务。用户不仅可以从他们的移动设备上收听音乐，还可以订购、下载或支付特定的曲目，并且可以在网上与朋友们玩交互式游戏，还可以游戏付费，并进行快速、安全的博彩和游戏。

(6) 无线医疗(Wireless Medical)　医疗产业的显著特点是每一秒种对病人都非常关键，在这一行业十分适合于移动电子商务的开展。在紧急情况下，救护车可以作为进行治疗的场所，而借助无线技术，救护车可以在移动的情况下同医疗中心和病人家属建立快速、动态、实时的数据交换，这对每一秒钟都很宝贵的紧急情况来说至关重要。在无线医疗的商业模式中，病人、医生、保险公司都可以获益，也会愿意为这项服务付费。这种服务是在时间紧迫的情形下，向专业医疗人员提供关键的医疗信息。由于医疗市场的空间非常巨大，并且提供这种服务的公司为社会创造了价值，同时，这项服务又非常容易扩展到全国乃至世界，我们相信在这整个流程中，存在着巨大的商机。

(7) 移动应用服务提供商(MASP)　一些行业需要经常派遣工程师或工人到现场作业。在这些行业中，移动 MASP 将会有巨大的应用空间。MASP 结合定位服务技术、短信息服务、WAP 技术以及 Call Center 技术，为用户提供及时的服务，提高用户的工作效率。

移动电子商务作为一种新型的电子商务方式，利用了移动无线网络的优点，是对传统电子商务的有益的补充。尽管目前移动电子商务的开展还存在安全与带宽等很多问题，但是相比与传统的电子商务方式，移动电子商务具有诸多优势，得到了世界各国普遍重视，发展和普及速度很快。

与传统电子商务相比移动电子商务具有以下的特点：

(1) 方便　移动终端既是一个移动通信工具，又是一个移动 POS 机、一个移动的银行 ATM 机。用户可在任何时间、任何地点进行电子商务交易和办理银行业务，包括支付。

(2) 安全　使用手机银行业务的客户可更换为大容量的 SIM 卡，使用银行可靠的密钥，对信息进行加密，传输过程全部使用密文，确保了安全可靠。

(3) 迅速灵活　用户可根据需要灵活选择访问和支付方法，并设置个性化的信息格式。

2009 年 1 月 7 日，工业和信息化部为中国移动、中国电信和中国联通发放 3 张第三代移动通信(3G)牌照，标志着我国正式进入 3G 时代。这一举措，为我国移动电子商务的发展注入了新的活力，相信在不久的将来，移动电子商务将引领企业走向更广阔的空间！

案例　e 动商网

湖北移动于 2006 年建设了 e 动商网，以期通过引导用户网上电子商务消费体验，开辟新的增值服务市场，拉近湖北移动用户与网上电子商务时尚生活的距离，增强用户粘性。

e 动商网(www.e159.com)以互联网网站为依托，成功地将移动技术和互联网以及电子商务相结合，将短信、彩信、WAP 等移动技术融入平台及应用中，同时将电子商务与移动终端进行有效对接，e动商网用户不仅可以通过互联网购物，还可使用手机短信、WAP方式在商家现场进行移动支付，通过该平台，用户可以使用话费消费积分兑换网上商品和业务，可以在线使用移动积分、小额支付、手机钱包、网上银行等多种支付方式网上购物、订购移动数据业务，并支持多种支付方式混合使用。媒介评论说，e动商网建立了全国第一家具有实用意义的移动电子商务应用平台，打开了移动支付与传统电子商务之间的实际应用瓶颈，开创了电子商务发展与应用的新模式。

e动商网自2006年5月正式上线运营以来，有两大效应最为明显。首先，e动商网丰富了手机钱包和小额支付的线下业务，实质推动了移动支付的应用。湖北移动从2005年即开通了手机钱包和小额支付业务，但因缺乏线下应用和体验环境，用户使用甚少，e动商网的推广大幅度带动了这个应用，提升了移动支付品牌知名度。同时依托e动商网平台，为全省用户提供了24小时跨区域的全球通用户积分和动感地带M值兑换服务，满足了用户不断增长的积分(M值)兑换个性化需求，提高了用户对移动客户积分的感知度。

目前，e动商网可以提供的商品条目涵盖了虚拟商品、实物商品、电子消费券、电子折扣券、报刊订阅、保险、电子票务、移动增值服务产品如彩信、彩铃等。e动商网的所有商家均采用协议签订、信用担保方式入场，确保所有商品质量合格、内容合法，首推用户手机号注册，以短信验证码确认本人持有，保证了交易双方诚信，符合目前国家发展互联网实名制的要求。

3G以至4G时代，将会是移动终端与互联网无缝结合的时代，手机可自由实现网页浏览乃至网上购物，e动商网从建立之初就以移动特色为概念，在应用的多个流程中将手机终端作为一个重要角色，密码手机验证、订单手机通知、短信与彩信订单接收、电子券手机接收，并提供手机WAP在线浏览、在线支付和购买商品。这种将手机终端引入的模式，将为下一步发展3G电子商务应用打下了基础。

2007年，湖北移动又尝试将部分自有数据业务如手机地图等在e动商网销售，取得了较好的效果，为下一步将动商网打造为商务应用类新业务推广和使用平台积累了一定经验，湖北移动将在继续拓展e动商网的移动电子商务模式的基础上，进一步探索将优质梦网类业务移植到e动商网，依托e动商网畅通的支付通道和高涨的人气，让用户自由选择感兴趣的业务，通过积分、话费、或直接使用手机钱包和银行卡在线订购，开辟移动数据业务销售新渠道。

e动商网在2006年5月17日正式上线试运营后，已聚集了数千商户的10余万商品与服务，有近千万移动用户通过手机积分、话费小额支付、手机钱包、银行在线支付等多种交易模式在线订购商品，享受服务。

该平台之所以取得如此大的成功，源于在移动商务的发展模式上进行了三项突出的创新应用。

一是采用外包的建设与运营模式。6688公司参与e动商网的需求分析和规划，承担系统集成和应用系统开发、维护工作，并受托负责电子商务平台的日常运营工作；6688公司派驻专业的运营团队到委托方现场，并设立专门的招商部门、商业合作部门、客户服务部门、技术支持部门，分别负责相关工作。这种模式最大限度地发挥了运营商和电子商务专业服务商各自的优势，加快了应用的推广，保证了系统的不断自我完善。

二是向企业开放。数千企业借助平台提供的“电子商务E点通”工具加盟，自主维护、管理商品与服务，集团采购与庞大的企业群互补，形成“想要你就有”的完整供应链，满足高中低各层次用户的需要，有效地黏合了中小企业。

三是进行本地化、多样化服务，黏合了大量消费者。e动商网合作商户遍及每一个地、市、县，包括零售、餐饮、娱乐、教育、健康、生活服务等各个行业。

总之，e动商网的成功，体现了移动商务发展中的模式创新，值得我们学习与借鉴。

思考练习

1. 电子商务的交易模式有哪些？
2. 企业间电子商务有哪些类型？如何实施？
3. 分析B2B、B2C、C2C电子商务各自的模式及特点。
4. 访问阿里巴巴、淘宝和淘宝商城，了解其电子商务的业务流程。
5. 在网络上找寻有关3G的网站，了解3G发展的最新情况。

第 2 篇　技术篇

第 4 章　互联网技术基础

电子商务的开展需要强大的网络技术的支持。本章将对从事电子商务活动所必须掌握的网络技术基础进行研究，包括因特网的概念与特点、因特网的构成、因特网的接入方式、因特网的基本服务、网络通信协议、域名的基本知识及编程语言等。

4.1　Internet 系统

4.1.1　Internet 的起源和发展

在英语中"Inter"的含义是"交互的"，"net"是指"网络"。简单地讲，Internet 是一个计算机交互网络，又称网间网。它是一个全球性的巨大的计算机网络体系，它把全球数万个计算机网络，数千万台主机连接起来，包含了难以计数的信息资源，向全世界提供信息服务。它的出现，是世界由工业化走向信息化的必然和象征，但这并不是对 Internet 的一种定义，仅仅是对它的一种解释。

Internet 起源于 1969 年，当时美国国防部为了能在爆发核战争时保障军队内部的通信联络，由其下属的高级研究计划署(Advanced Research Projects Agency，ARPA)建立了一个由 4 台计算机互联而成的试验性的分组交换网络 ARPAnet。当时 ARPAnet 计划的目标是建立一个快速、方便的网络，使美国军方分布广泛、各自独立的计算机之间能够相互传输信息和数据，并且在诸如断电、线路中断，甚至遭受核打击等各种复杂条件下，仍有能力自己处理和恢复故障，保证数据通信稳定和可靠。1976 年，ARPAnet 上的节点计算机已发展到 57 个，连接各种不同的计算机 100 多台，联网用户 2 000 多人。这时，ARPA 开始把参与 ARPAnet 研究的科研人员召集起来，开一些非正式的会议，共同探讨有关的技术问题。1979 年，ARPA 成立了一个非正式的委员会 ICCB(Internet Control and Configuration Board，网际控制与配置委员会)，以协调和指导网际互联协议和体系结构设计。新的网络协议定名为 TCP/IP，英文全称为 Transmission Control Protocol/Internet Protocol，即传输控制协议/网际协议。这时 Internet 一词才正式出现。

1980 年，ARPA 开始把 ARPAnet 上运行的计算机转向新的 TCP/IP 协议。1982 年，美国国防部通过命令方式要求所连入 ARPAnet 的网络必须采用 IP 协议(即 Internet 协议)互联，并且在 1983 年完成了这种转换，这也是国际互联网叫 Internet 的原因。同年，美国国防部通信署(Defense Communication Agency,DCA)将 ARPAnet 分成了两个独立的网络：一个仍叫 ARPAnet(用于进一步的研究)；一个叫 MILnet(用于军事通信)。

ARPAnet 网络和 TCP/IP 技术的成功，使美国国家科学基金会(Natioinal Science Foundation,NSF)认识到网络将成为科学研究的重要手段。为了使科研人员可以共享以前军方只为少数人提供的超级计算设施，1985 年，NSF 出资在全美建立了五大超级计算中心，并于 1986 年建立了一个称为 NSFnet 的高速信息网络。该网络互联了 NSF 所有的超级计算机，并连入了 ARPAnet。这样 NSFnet 取代了 ARPAnet 成为了 Internet 的主干网。NSFnet 同样采用 TCP/IP 协议，并且 NSFnet 面向全社会开放，使 Internet 进入了以资源共享为中心的实用服务阶段。从此，Internet 开始迅速发展，很快走向了整个世界。

中国早在 1987 年就由中国科学院高能物理研究所首先通过 X.25 租用线实现了国际远程联网，并于 1988 年实现了与欧洲和北美地区的 Email 通信。1993 年 3 月经电信部门的大力配合，开通了由北京高能所到美国 Stanford 直线加速中心的高速计算机通信专线。1994 年 5 月高能物理研究所的计算机正式进入了 Internet 网，与此同时，以清华大学为网络中心的中国教育与科研网也于 1994 年 6 月正式联通 Internet 网，1996 年 6 月，中国最大的 Internet 互联子网 CHINAnet 也正式开通并投入营运，在中国兴起了一种研究、学习和使用 Internet 的浪潮，中国的用户已经越来越走近 Internet，而 Internet 则已经越来越成为中国人科研工作甚至日常生活的一个重要组成部分。

4.1.2 Internet 的概念和特点

从概念上讲，因特网是由多个网络互联而成的一个单一而庞大的网络集合，即它是建立在计算机网络之上的网络。在组织结构上，因特网是基于共同通信协议(TCP/IP)，通过路由器(Router)将多个网络联结起来所构成的一个新网络，它将位于不同地区、不同环境、不同类型的网络互联成为一个整体。在逻辑上，它是独立的和统一的，也就是说，对用户而言，因特网是一个统一的网络。

2004 年，因特网已与 180 多个国家和地区的 8.75 亿用户连通，从而形成了世界范围的通信网络。相对于其他网络，因特网有许多鲜明的特点。

(1) 全球信息传播。因特网为世界各地的人们提供了双向信息交换的途径，既可以从网上即时获得社会生活各方面的最新信息，也可以实现针对某一问题的远程讨论。因特网通信的高效率和低成本，为企业在因特网上寻找新的市场，进行商品交易，开展产品调查和用户调查提供了极大的方便。

(2) 信息容量大、时效长。由于计算机存储技术的发展提供了近乎无限的信息存储空间，因特网现已成为一个涉及政治、经济、科研、文化、教育、体育、娱乐、企业产品广告、招商引资信息等各个方面内容的全球最大的信息资源库。信息一旦进入发布平台，即可长期存储，长效发布。

(3) 检索使用便捷。与一般媒体相比，因特网上的信息检索更为方便，传输速度也极为迅速。通过网络检索引擎，可以容易地检索出全球大部分生产销售某种产品的厂商，并实现与厂商的直接接触。光纤技术的运用使得信息的发布与检索瞬间即可完成。

(4) 灵活多样的入网方式。灵活多样的入网方式是因特网获得高速发展的重要原因，任何计算机只要采用 TCP/IP 协议与因特网中的任何一台主机通信就可以成为因特网的一部分。因特网所采用的 TCP/IP 协议成功地解决了不同硬件平台、不同网络产品和不同操作系统之间的兼容性问题。因此，无论是大型主机、小型机，还是微型机、工作站都可以运行 TCP/IP 协议并与因特网进行通信，这是网络技术的一个重大进步。目前 TCP/IP 已经成为事实上的国际标准。

4.1.3　计算机网络的分类

根据分类标准的不同，计算机网络也有多种分类方式。下面我们分别介绍按网络覆盖范围分类和按拓扑结构分类的计算机网络。

1. 按网络覆盖范围分类

按网络覆盖范围分类是目前常用的一种分类方式，可以分为局域网、城域网和广域网。

(1) 局域网(Local Area Network)

局域网(简称 LAN)是一种在小范围内实现的计算机网络，一般在一个建筑物内，或一个工厂、一个事业单位内部，为单位独有，用来共享资源和交换信息，在计算机数量配置上没有太多的限制，少的可以只有两台，多的可达几百台，分布范围一般在几米到几公里之间，最大不超过十几公里。随着整个计算机网络技术的发展和提高，局域网得到充分的应用和普及，几乎每个单位都有自己的局域网，有的甚至学生寝室、家庭中都有自己的小型局域网。由于局域网具有作用范围小、传输速率高、延迟小、可靠性高、组网方便、使用灵活等特点，是目前发展最活跃的一种网络。局域网的种类很多，主要有以太网、令牌环网、光纤分布式接口网络、异步传输模式网以及最新的无线局域网。如图 4.1 所示是一个小型局域网结构图。

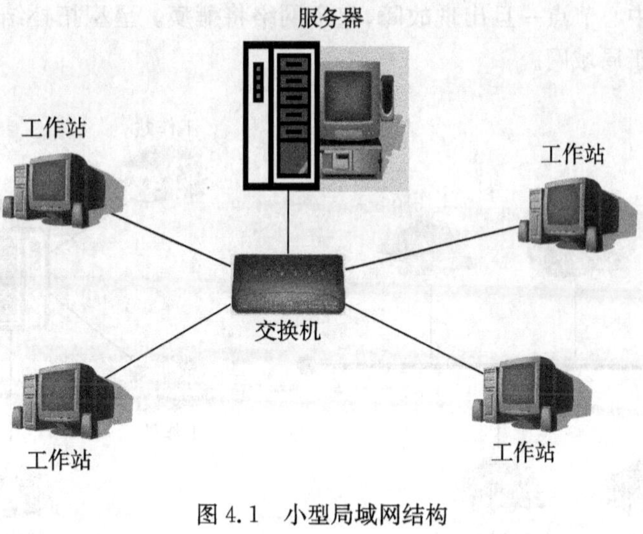

图 4.1　小型局域网结构

(2) 城域网(Metropolitan Area Network)

城域网(简称 MAN)是一种在城市内部组建的计算机信息网络，适应于一个地区、一个城市或一个行业系统使用，分布范围一般在十几公里到上百公里，所用技术与局域网相似，可以看成一种大型的局域网。城域网提供单一、通用和公共的网络构架，借以高速有效地传输数据、声音、图像和视频等信息，满足用户日新月异的需求。目前，我国许多城市已经建成或正在建设城域网。

(3) 广域网(Wide Area Network)

广域网(简称 WAN)分布范围很广，可以分布在一个省内、一个国家甚至横跨洲际。广域网具有作用范围大，传输速率较低，结构复杂等特点。计算机一般使用电信运营商提供的设备作为信息传输平台，例如通过公用网，如电话网，连接到广域网。Internet 是目前最流行的广域网。

2. 按拓扑结构分类

将网络中的设备抽象为节点，通信线路抽象为线段，网络就抽象成为由节点和线段组成的几何图形，称之为网络的拓扑结构。按拓扑结构可以把网络分为总线型、星型、环型、树型、网型。

(1) 总线型

总线型拓扑结构是一种共享通路的物理结构，如图 4.2 所示。这种结构中总线具有信息的双向传输功能，网络中各节点都通过总线进行通信，在同一时刻只能允许一对节点占用总线通信。总线型拓扑结构安装容易，扩充或删除一个节点方便，不需停止网络的正常工作，节点的故障不会影响系统的正常运行。由于各个节点共用一条总线作为数据通路，信道的利用率高，但连接的节点不宜过多，总线一旦发生故障将影响整个系统的正常运行。总线型拓扑结构一般适用于局域网。

(2) 星型

星型拓扑结构是一种以中央节点为中心，把若干外用节点连接起来的辐射式互联结构，如图 4.3 所示。网络中两个节点交换信息必须通过中心节点。单个节点的故障不会影响网络的正常运行，但中心节点一旦出现故障，整个网络将瘫痪。星型拓扑结构结构简单，易于维护和管理，适用于局域网。

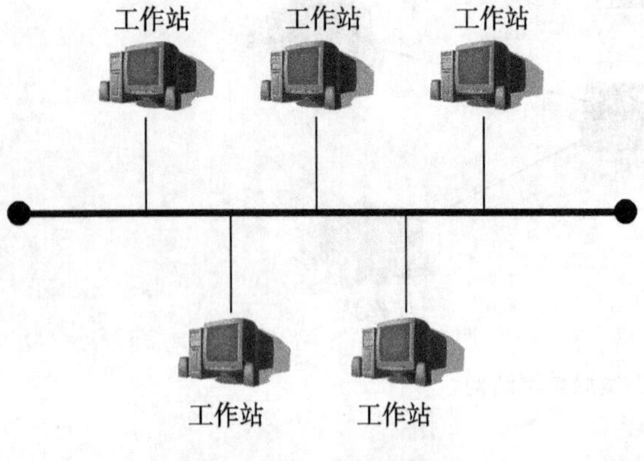

图 4.2 总线型拓扑结构

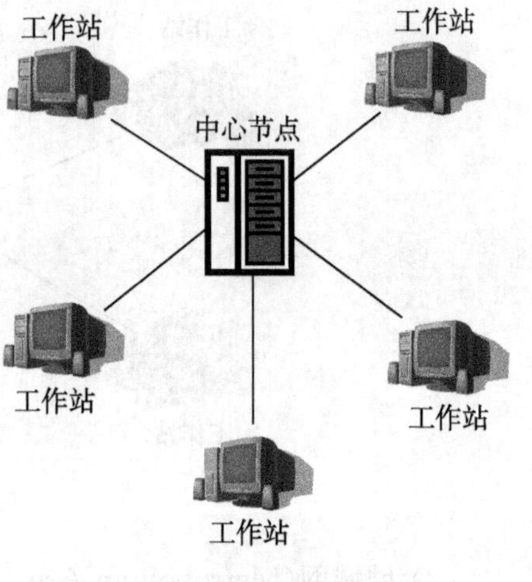

图 4.3 星型拓扑结构

(3) 环型

环型拓扑结构是一种将网络节点连接成环型的闭合结构，如图 4.4 所示。信息顺着一个方向从一个节点传到另一个节点，每个节点都配有一个收发器，网络中一个节点出现故障，整个网络就不能正常工作。环型拓扑结构安装容易，费用较低，信息在每台设备上的延时时间是固定的，特别适用于实时控制的局域网系统。

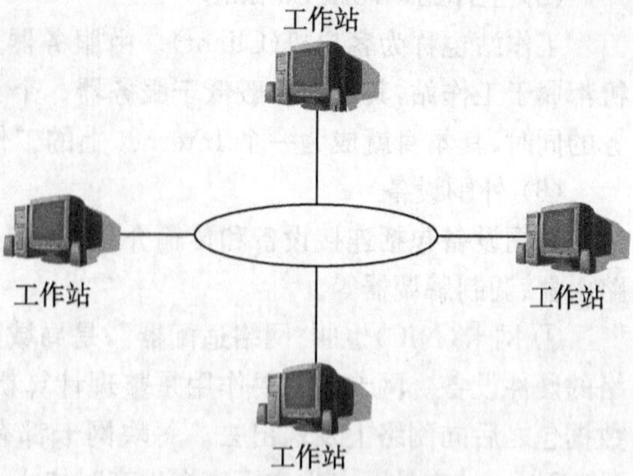

图 4.4　环型拓扑结构

(4) 树型

树型拓扑结构像一棵“根”朝上的树，如图 4.5 所示。网络中的一个节点发送的信息通过根节点向网络中的其他节点传播，一旦根节点发生故障，整个网络就不能正常工作。树型拓扑结构容易扩展，故障也容易分离处理，常用于军事单位、政府部门等上、下界限相当严格和层次分明的部门。

(5) 网型

网型拓扑结构中两个节点间有多条不同线路进行连接，如图 4.6 所示。一条线路的故障不会影响整个网络的正常工作。网型拓扑结构可靠性高，主要用于覆盖范围广、节点较多的广域网。

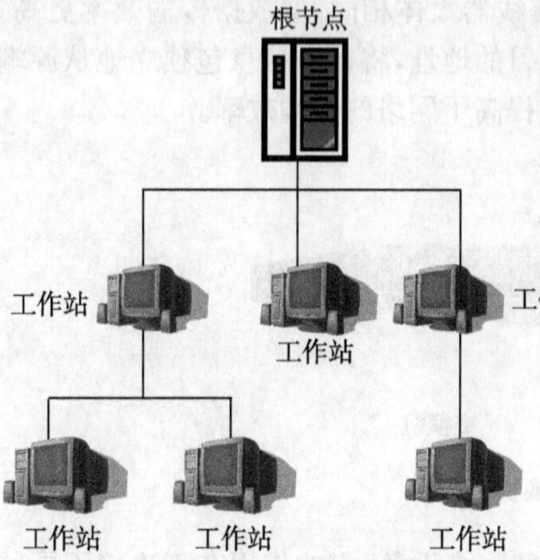

图 4.5　树型拓扑结构

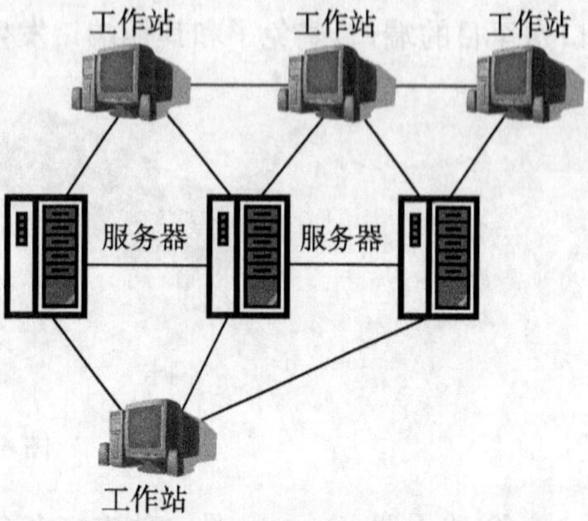

图 4.6　网型拓扑结构

4.1.4　计算机网络的组成

计算机网络由网络硬件和网络软件两部分组成。

1. 网络硬件

计算机网络硬件主要包括服务器、工作站和外围设备。

(1) 服务器(Server)

服务器是在网络中提供资源和特定服务的高性能计算机，主要是运行网络操作系统，为网络提供通信控制，管理和共享资源。根据作用的不同分为文件服务器、应用程序服务器、数据库服务器等。

(2) 工作站(Work Station)

工作站也称为客户机(Client)。由服务器进行管理和提供服务的连入网络的任何计算机都属于工作站,其性能一般低于服务器。个人计算机接入 Internet 后,在获取 Internet 服务的同时,其本身就成为一个 Internet 上的工作站。

(3) 外围设备

外围设备包括连接设备和传输介质两部分。主要的连接设备有网卡、集线器、交换机、路由器、调制解调器等。

① 网卡(NIC)也叫“网络适配器”,是局域网中最基本的部件之一,它是连接计算机与网络的硬件设备。网卡的主要作用是整理计算机上发出的数据,并将数据分解为适当大小的数据包之后向网络上发送出去。每块网卡都有一个唯一的网络节点地址,叫做 MAC 地址(物理地址),它是网卡生产厂家在生产时烧入 ROM(只读存储芯片)中的。目前网卡按其传输速度来分可分为 10M 网卡、10/100M 自适应网卡以及千兆网卡。

② 集线器(Hub)实际就是一种多端口的中继器,是网络中常用的硬件设备。集线器一般有 4、8、16、24、32 等数量的 RJ45(又名 8j 水晶头)接口,通过这些接口,集线器把网络中的计算机集中在以它为中心的节点上,并对接收到的信号进行再生整形放大,以扩大网络的传输距离。

③ 交换机(Switch)又名交换式集线器,作用与集线器大体相同,但数据传输效率更高。交换机具备自动寻址能力,能够根据所传输信息包的目的地址,将每一信息包独立地从源端口送至目的端口,避免了和其他端口发生碰撞,因此,提高了网络的传输效率。

网卡

交换机

图 4.7 网卡和交换机

④ 路由器(Router)是一种连接多个网络或网段的网络设备,它的作用在于连接不同的网段并且找到网络中数据传输最合适的路径,路由器主要克服了交换机不能路由转发数据包的不足。

⑤ 调制解调器(Modem)是计算机与电话线之间进行信号转换的装置,由调制器和解调器两部分组成,调制器是把计算机的数字信号调制成可在电话线上传输的模拟信号的装置,在接收端,解调器再把模拟信号转换成计算机能接收的数字信号。通过调制解调器和电话线就可以实现计算机之间的数据通信。调制解调器的一个重要性能参数是传输速率。

传输介质又分为有形介质和无形介质。有形介质主要有双绞线、同轴电缆、光纤等。无形介质主要有微波、卫星等。不同的传输介质有不同的特性,适用于不同类型的网络。

① 双绞线(Twisted Pair)是由两根相互绝缘的铜导线按照一定的规格互相缠绕在一起而成的网络传输介质。每一根导线在传输中辐射的电波会被另一根线上发出的电波抵消,可降低信号干扰的程度。实际使用时,由多对双绞线一起包在一个绝缘电缆套管里,称为双

绞线电缆,典型的双绞线电缆有四对双绞线。

双绞线可分为非屏蔽双绞线(UTP)和屏蔽双绞线(STP)。屏蔽双绞线内有一层金属隔离膜,可减少电磁干扰,数据传输速率较高,传输距离远,但价格较贵,安装困难。非屏蔽双绞线重量轻,安装简单,使用灵活,价格便宜,在局域网中得到广泛使用,主要用于星型拓扑结构的网络。

② 同轴电缆(Coaxial Cable)由两层同心导体组成,内层是一根实心铜体,铜体外包一层绝缘材料,绝缘材料外套有一层用细金属丝密织的网状导体,网外覆盖一层保护材料,是局域网中最常见的传输介质之一,具有高频损耗低,屏蔽及抗干扰能力强,使用频带宽等显著特点。

同轴电缆根据其直径大小分为粗缆和细缆。粗缆标准距离长,可靠性高,适用于比较大型的局部网络。细缆安装则比较简单,造价低,用于计算机与网络的连接。同轴电缆常用于总线拓扑结构,当一个节点发生故障时,故障会影响到整根缆上的所有节点,故障的诊断和修复都很麻烦,将逐步被非屏蔽双绞线或光缆取代。

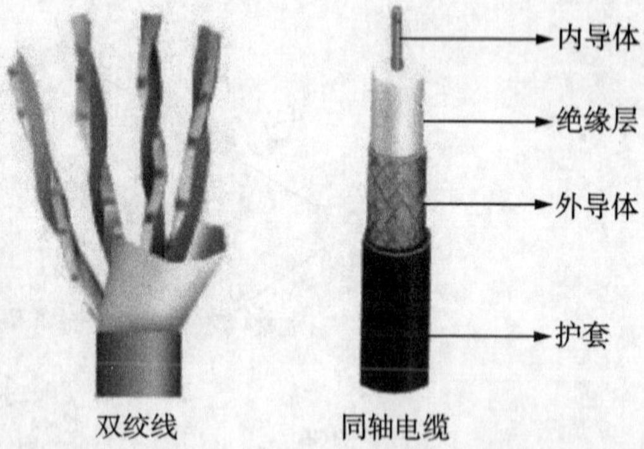

图 4.8　双绞线和同轴电缆

③ 光纤(Fiber Optical Cable)就是光导纤维,是一种利用光在玻璃或塑料制成的纤维中的全反射原理而达成的光传导工具,由于光在光导纤维的传导损耗比电在电线传导的损耗低得多,光纤被用作长距离的信息传递。随着光纤的价格日渐降低,光纤也被用于医疗和娱乐的用途。

④ 微波通信是指利用频率为 0.3～300GHz 的电磁波构成的通信方式。微波同光波一样,是直线传播的,要求两个通信地点之间没有阻挡,信号才能传到对方。如果要进行长距离通信,考虑到地球表面的弯曲,发送端信号必须经若干中间站多次转发,才能到达接收端。微波通信具有容量大、质量好并可传至很远的距离,因此是国家通信网的一种重要通信手段,也普遍适用于各种专用通信网。

⑤ 卫星通信是指地球上的无线电通信站间利用卫星作为中继而进行的通信。卫星通信具有传输距离远,覆盖区域大,灵活,可靠,不受地理环境条件限制等独特优点,易于实现越洋和洲际通信。

2. 网络软件

网络软件主要包括网络协议和网络操作系统。

(1) 网络协议

在网络系统中,为了保证计算机之间能够正确地进行通信,针对通信中的各种问题,制订了一整套约定,称之为通信协议。常用的网络协议有 TCP/IP、IPX、NetBEUI、NWLink 等。其中,最著名、应用最广的是 TCP/IP 协议。

(2) 网络操作系统

网络操作系统(NOS),是网络的心脏和灵魂,是向网络计算机提供网络通信和网络资源共享功能的操作系统。它是负责管理整个网络资源和方便网络用户的软件的集合。常用的网络操作系统有:Novell、NetWare、Windows NT、Unix、Linux 等。

4.1.5 Internet的接入方式

提到接入网，还要涉及一个带宽问题，随着互联网技术的不断发展和完善，接入网的带宽被人们分为窄带和宽带，业内专家普遍认为宽带接入是未来发展方向。

宽带运营商网络结构如图 4.9 所示。整个城市网络由核心层、汇聚层、边缘汇聚层、接入层组成。社区端到末端用户的接入部分就是通常所说的最后一公里，它在整个网络中所处位置如图 4.9 所示。

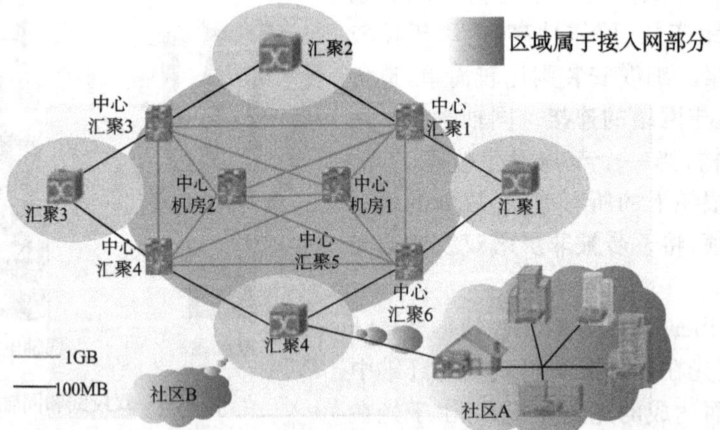

图 4.9　宽带运营商网络结构

在接入网中，目前可供选择的接入方式主要有 PSTN、ISDN、DDN、LAN、ADSL、VDSL、Cable-Modem、PON 和 LMDS 九种，它们各有各的优缺点。

1. PSTN 拨号:(即将淘汰)

PSTN(Published Switched Telephone Network，公用电话交换网)技术是利用 PSTN 通过调制解调器拨号实现用户接入的方式。目前最高的速率为 56kbps，已经达到香农定理确定的信道容量极限。但这种速率远远不能够满足宽带多媒体信息的传输需求，随着宽带的发展和普及，这种接入方式将被淘汰。PSTN 接入方式如图 4.10 所示。

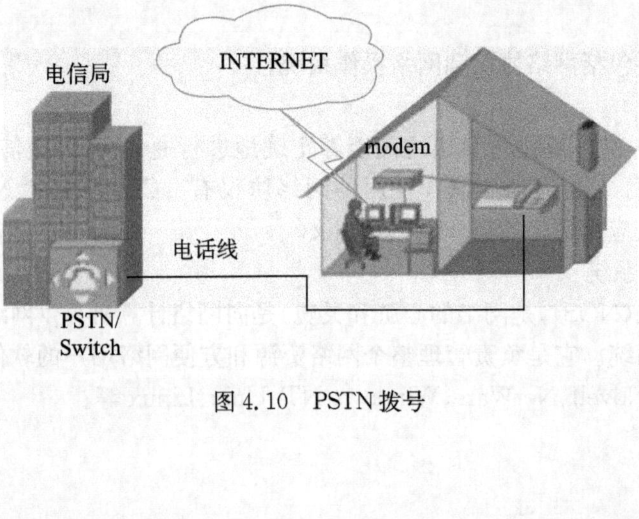

图 4.10　PSTN 拨号

2. ISDN 拨号:通话上网两不误

ISDN(Integrated Service Digital Network,综合业务数字网)接入技术俗称“一线通”,它采用数字传输和数字交换技术,将电话、传真、数据、图像等多种业务综合在一个统一的数字网络中进行传输和处理。用户利用一条 ISDN 用户线路,可以在上网的同时拨打电话、收发传真,就像两条电话线一样。ISDN 基本速率接口有两条 64kbps 的信息通路和一条 16kbps 的信令通路,简称 2B+D,当有电话拨入时,它会自动释放一个 B 信道来进行电话接听。

就像普通拨号上网要使用 Modem 一样,用户使用 ISDN 也需要专用的终端设备,主要由网络终端 NT1 和 ISDN 适配器组成。网络终端 NT1 好像有线电视上的用户接入盒一样必不可少,它为 ISDN 适配器提供接口和接入方式。ISDN 适配器和 Modem 一样又分为内置和外置两类,内置的一般称为 ISDN 内置卡或 ISDN 适配卡;外置的 ISDN 适配器则称之为 TA。ISDN 内置卡价格在 300～400 元左右,而 TA 则在 1 000 元左右。

ISDN 接入技术示意如图 4.11 所示。用户采用 ISDN 拨号方式接入需要申请开户,初装费根据地区不同而会不同,一般开销在几百至 1 000 元不等。ISDN 的极限带宽为 128kbps,各种测试数据表明,双线上网速度并不能翻番,从发展趋势来看,窄带 ISDN 也不能满足高质量的 VOD 等宽带应用。

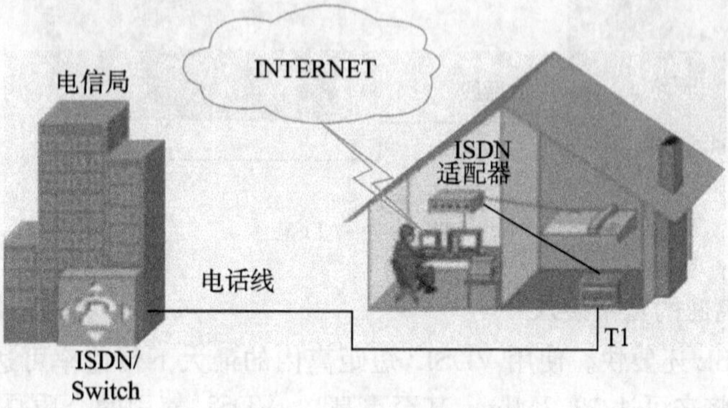

图 4.11　ISDN 拨号

3. DDN 专线:面向集团企业

DDN 是英文 Digital Data Network 的缩写,这是随着数据通信业务发展而迅速发展起来的一种新型网络。DDN 的主干网传输媒介有光纤、数字微波、卫星信道等,用户端多使用普通电缆和双绞线。DDN 将数字通信技术、计算机技术、光纤通信技术以及数字交叉连接技术有机地结合在一起,提供了高速度、高质量的通信环境,可以向用户提供点对点、点对多点透明传输的数据专线出租电路,为用户传输数据、图像、声音等信息。DDN 的通信速率可根据用户需要在 N×64kbps(N=1～32)之间进行选择,当然速度越快租用费用也越高。

用户租用 DDN 业务需要申请开户。DDN 的收费一般可以采用包月制和计流量制,这与一般用户拨号上网的按时计费方式不同。DDN 的租用费较贵,普通个人用户负担不起,DDN 主要面向集团公司等需要综合运用的单位。DDN 按照不同的速率带宽收费也不同,例如在中国电信申请一条 128kbps 的区内 DDN 专线，月租费大约为 1 000 元。因此它不适合社区住户的接入，只对社区商业用户有吸引力。

4. ADSL：个人宽带流行风

ADSL(Asymmetrical Digital Subscriber Line，非对称数字用户环路)是一种能够通过普通电话线提供宽带数据业务的技术，也是目前极具发展前景的一种接入技术。ADSL 素有“网络快车”之美誉，因其下行速率高、频带宽、性能优、安装方便、不需交纳电话费等特点而深受广大用户喜爱，成为继 Modem、ISDN 之后的又一种全新的高效接入方式。

ADSL 接入技术示意如图 4.12 所示。ADSL 方案的最大特点是不需要改造信号传输线路，完全可以利用普通铜质电话线作为传输介质，配上专用的 Modem 即可实现数据高速传输。ADSL 支持上行速率 640kbps～1Mbps，下行速率 1Mbps～8Mbps，其有效的传输距离在 3～5 公里范围以内。在 ADSL 接入方案中，每个用户都有单独的一条线路与 ADSL 局端相连，它的结构可以看作是星形结构，数据传输带宽是由每一个用户独享的。

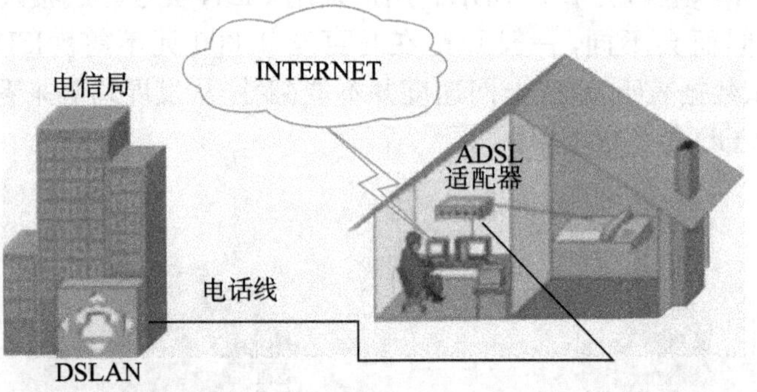

图 4.12 ADSL

5. VDSL：更高速的宽带接入

VDSL 比 ADSL 还要快。使用 VDSL，短距离内的最大下传速率可达 55Mbps，上传速率可达 2.3Mbps(将来可达 19.2Mbps，甚至更高)。VDSL 使用的介质是一对铜线，有效传输距离可超过 1 000 米。但 VDSL 技术仍处于发展初期，长距离应用仍需测试，端点设备的普及也需要时间。

目前有一种基于以太网方式的 VDSL，接入技术使用 QAM 调制方式，它的传输介质也是一对铜线，在 1.5 公里的范围之内能够达到双向对称的 10Mbps 传输，即达到以太网的速率。如果这种技术用于宽带运营商社区的接入，可以大大降低成本。基于以太网的 VDSL 接入方式示意图见图 4.13，方案是在机房端增加 VDSL 交换机，在用户端放置用户端 CPE，两者之间通过室外五类线连接，每栋楼只放置一个 CPE，而室内部分采用综合布线方案。这样做的原因是：近两年宽带建设的社区用户上网率较低，一般在 5%～10%左右，为了节省接入设备和提高端口利用率，故采用此方案。

我们分别测算过采用 VDSL 技术与 LAN 技术的社区建设成本，发现对于一个 1 000 户的社区而言，如果上网率为 8%，采用 VDSL 方案要比 LAN 方案节省 5 万元左右投资。虽然表面上看 VDSL 方案增加了 VDSL 用户端和局端设备，但它比 LAN 方案省去了光电模块，并用室外双绞线替代光缆，从而减少了建设成本。

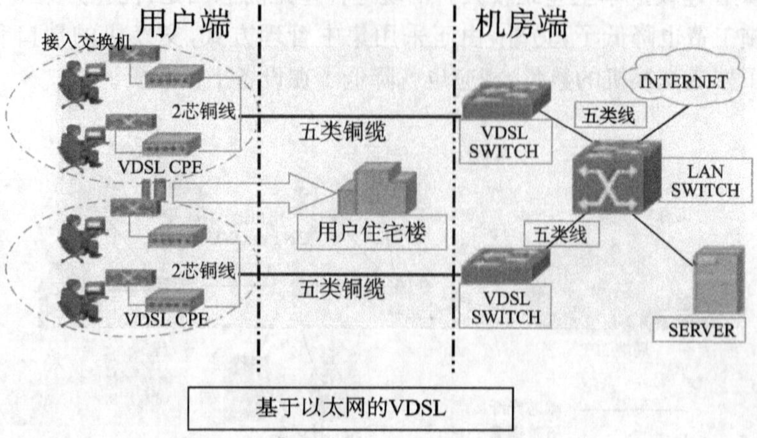

图 4.13　VDSL

6. Cable-Modem:用于有线网络

Cable-Modem(线缆调制解调器)是近两年开始试用的一种超高速 Modem,它利用现成的有线电视(CATV)网进行数据传输,已是比较成熟的一种技术。随着有线电视网的发展壮大和人们生活质量的不断提高,通过 Cable Modem 利用有线电视网访问 Internet 已成为越来越受业界关注的一种高速接入方式。

Cable Modem 连接方式可分为两种:即对称速率型和非对称速率型。前者的 Data Upload(数据上传)速率和 Data Download(数据下载)速率相同,都在 500kbps～2Mbps 之间;后者的数据上传速率在 500kbps～10Mbps 之间,数据下载速率为 2Mbps～40Mbps。

采用 Cable-Modem 上网的缺点是由于 Cable Modem 模式采用的是相对落后的总线型网络结构,这就意味着网络用户共同分享有限带宽。另外,购买 Cable-Modem 和初装费也都不算很便宜,这些都阻碍了 Cable-Modem 接入方式在国内的普及。但是,它的市场潜力是很大的,毕竟中国 CATV 网已成为世界第一大有线电视网,其用户已达到 8 000 多万。

另外,Cable-Modem 技术主要是在广电部门原有线电视线路上进行改造时采用,此种方案与新兴宽带运营商的社区建设进行成本比较没有意义。

7. PON:光纤入户

PON(无源光网络)技术是一种点对多点的光纤传输和接入技术,下行采用广播方式,上行采用时分多址方式,可以灵活地组成树形、星形、总线形等拓扑结构,在光分支点不需要节点设备,只需要安装一个简单的光分支器即可,具有节省光缆资源、带宽资源共享、节省机房投资、设备安全性高、建网速度快、综合建网成本低等优点。

PON 包括 ATM-PON(APON,即基于 ATM 的无源光网络)和 Ethernet-PON(EPON,即基于以太网的无源光网络)两种。APON 技术发展得比较早,它还具有综合业务接入、QoS 服务质量保证等独有的特点,ITU-T 的 G. 983 建议规范了 ATM-PON 的网络结构、基本组成和物理层接口,我国信息产业部也已制定了完善的 APON 技术标准。

我们分别测算过采用 EPON 技术与 LAN 技术的社区成本投入,发现对于一个 1 000 户的社区,如果上网率为 8%,采用 EPON 方案相比 LAN 方案(室内布线进行了优化)在成本上没有优势,但在以后的维护上会节省维护费用。而室内布线采用优化和没有采用优化的两种 LAN 方案在建设成本上差距较大。出现这种差距的原因是:优化方案节省了室内布线的材料,相对施工费也降低了,另外,由于采用集中管理方式,交换机的端口利用率大大增加,从而减少了楼道交换机的数量,相应也就降低了在设备上的投资。

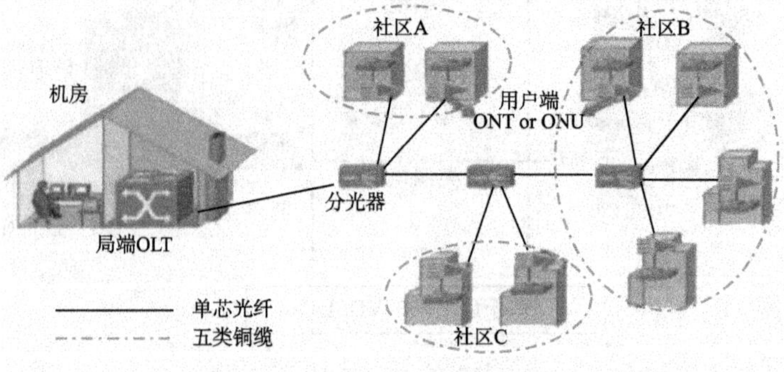

图 4.14　无源光网络接入

8. LMDS:无线通信

这是目前可用于社区宽带接入的一种无线接入技术,它的示意图见图 4.15 所示。

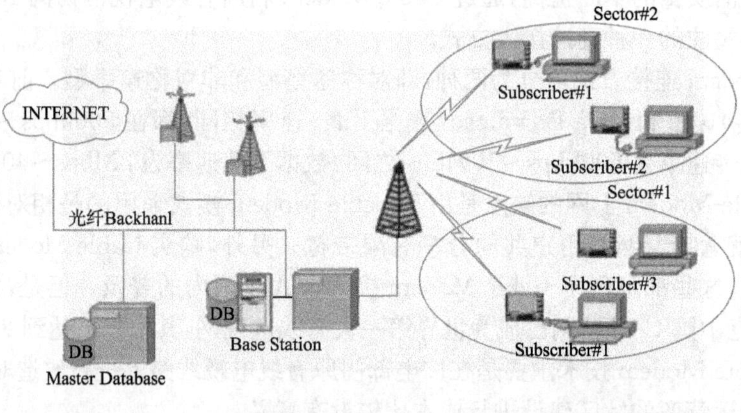

图 4.15　LMDS 接入

在该接入方式中,一个基站可以覆盖直径 20 公里的区域,每个基站可以负载 2.4 万用户,每个终端用户的带宽可达到 25Mbps。但是,它的带宽总容量为 600Mbps,每基站下的用户共享带宽,因此一个基站如果负载用户较多,那么每个用户所分到带宽就很小了。故这种技术对于社区用户的接入是不合适的,但它的用户端设备可以捆绑在一起,可用于宽带运营商的城域网互联。

采用这种方案的好处是可以使已建好的宽带社区迅速开通运营,缩短建设周期。但是目前采用这种技术的产品在中国还没有形成商品市场,无法进行成本评估。

9. LAN:技术成熟成本低

LAN 方式接入是利用以太网技术,采用光缆+双绞线的方式对社区进行综合布线。具体实施方案是:从社区机房敷设光缆至住户单元楼,楼内布线采用五类双绞线敷设至用户家里,双绞线总长度一般不超过 100 米,用户家里的电脑通过五类跳线接入墙上的五类模块就可以实现上网。社区机房的出口是通过光缆或其他介质接入城域网。LAN 方式接入示意图见图 4.16 所示。

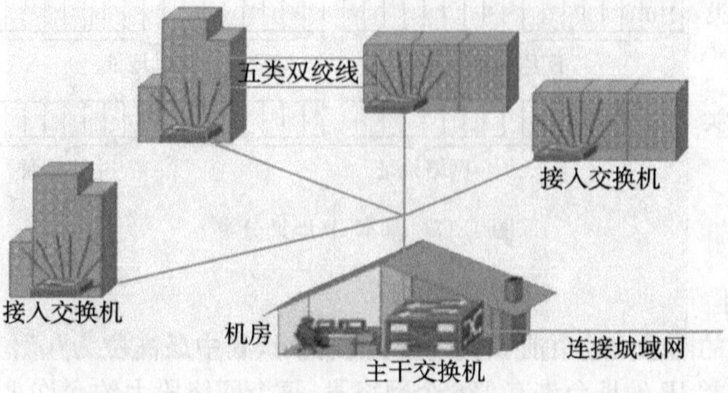

图 4.16 LAN 接入

采用 LAN 方式接入可以充分利用小区局域网的资源优势，为居民提供 10M 以上的共享带宽，这比现在拨号上网速度快 180 多倍，并可根据用户的需求升级到 100M 以上。

以太网技术成熟、成本低、结构简单、稳定性好、可扩充性好，便于网络升级，同时可实现实时监控、智能化物业管理、小区/大楼/家庭保安、家庭自动化（如远程遥控家电、可视门铃等）、远程抄表等，可提供智能化、信息化的办公与家居环境，满足不同层次的人们对信息化的需求。根据统计，社区采用以太网方式接入，每户的线路成本可以控制在 200～300 元之间，而对于用户来说，开户费为 500 元，每月的上网费则在 100～150 元，这比其他的入网方式要经济许多。

4.1.6 Internet 的 IP 地址与域名

为了在 Internet 上实现计算机之间的通信，需要通过 IP 地址和域名来正确地标识和区分每一台计算机。下面我们介绍关于 IP 地址和域名的一些相关知识。

1. IP 地址

就像每一部电话都有一个电话号码一样，为了使接入 Internet 的众多计算机在通信时能够相互识别，Internet 中的每一台计算机都分配有一个专门的“地址”作为标识，称为 IP 地址。IP 地址分为两个部分，一部分标识计算机所在的网络段，称为网络地址；另一部分标识某网络段中的具体的某台计算机，称为主机地址。

IP 地址由 32 位二进制数表示，每 8 位用圆点分隔，如：11000000.10101000.00000000.00000011 就是某台计算机的 IP 地址。为了便于阅读和记忆，IP 地址常用 4 个十进制数表示，其中每 8 位为 1 组，用一个十进制数表示。上面的 IP 地址即可表示为 192.168.0.3。其中，192.168.0 为网络地址，3 为主机地址。

2. IP 地址的分类

为了便于寻址和层次化的构造网络，IP 地址被分为 A、B、C、D、E 五类，其中 A 类、B 类、C 类为基本 IP 地址，如图 4.17 所示。

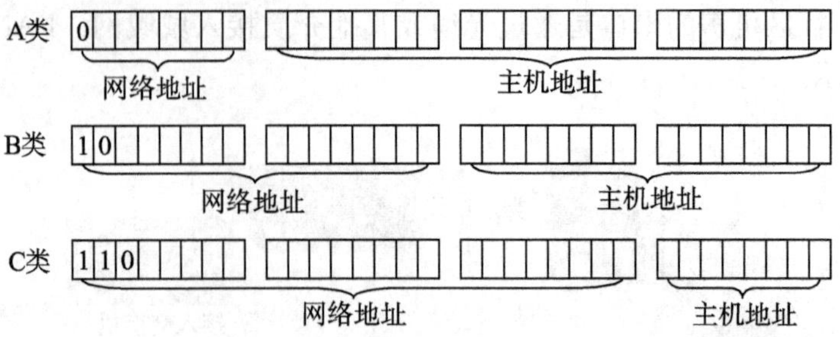

图 4.17　基本 IP 地址分类

(1) A 类地址

A 类 IP 地址的网络地址由前 8 位二进制数表示，其中最高位为“0”，其余 24 位表示主机地址。因此，A 类 IP 地址允许有 126 个网络段，每个网络段大约允许 1 670 万台主机，IP 地址的范围为 1.0.0.0～127.255.255.255，通常分配给拥有大量主机的网络。

(2) B 类地址

B 类 IP 地址的网络地址由前 16 位二制数表示，其中前两位为“10”，其余 16 位表示主机地址。因此，B 类 IP 地址允许有 16 384 个网络段，每个网络允许有 65 536 台主机，IP 地址的范围为 128.0.0.0～191.255.255.255，适用各地区的网络管理中心等中等规模的网络。

(3) C 类地址

C 类地址的网络地址由前 24 位二进制数表示，其中前三位为“110”，其余 8 位表示主机地址。因此，C 类 IP 地址允许有 200 万个网络段，每个网络允许有 256 台主机，IP 地址的范围为 192.0.0.0～223.255.255.255，适用于校园网等小型网络。

3. 域名系统

用 IP 地址来标识网络上的主机对用户而言难以记忆，人们更加习惯用符号化的标识方法来标识一台主机，于是，TCP/IP 协议专门设计了一种字符型的主机命名机制，即以容易为人所识别并记忆的一些符号，按照一定的规则进行组合，作为网络主机的名称，也就是“域名”，如：cdut.edu.cn，其中 cn 代表中国(China)，edu 代表教育网(education)，cdut 代表成都理工大学(Chengdu University of Technology)，整个域名就代表中国教育网上的成都理工大学站点。

在访问一个站点时，可以输入这个站点的 IP 地址或者是域名，域名和对应的 IP 地址有个相互转换的关系，这些信息存放在称为域名服务器(DNS)的系统上，当输入一个域名时，域名服务器就会搜索其对应的 IP 地址，然后访问到该地址所表示的站点。Internet 的域名系统就是为了解析 IP 地址而设立的。表 4.1 给出了部分域名与 IP 地址的对应关系。

表 4.1　部分域名与 IP 地址的对应关系

站　点	域　名	IP 地址	IP 地址类别
清华大学	tsinghua.edu.cn	166.111.250.2	B
中国科学院图书馆	apt.eas.ac.cn	159.226.100.1	B
东南大学	njnet.edu.cn	202.112.24.161	C
美国伊利诺伊大学	uxl.cso.uiuc.edu	128.124.5.59	B
美国密执安州立大学	gopher.msu.edu	35.8.2.61	A

域名系统采用层次结构，按地理域或机构域进行分层。书写中采用圆点将各个层次隔开，分成层次字段。在主机的地址表示中，从右到左依次为最高域名段、次高域名段等，最左的一个字段为主机名。例如，在 bbs. cdut. edu. cn 中，最高域名为 cn，次高域名为 edu，最后一个域为 cdut，主机名为 bbs。域名系统采用层次机构，使每个组织可以在各自的域内再划分域，保证了组织内域名的唯一性。表 4.2 是最高域名的含义，前八个域名是按组织管理的层次机构划分所产生的组织性最高域名，由三个字母组成。最后一个域名是按国家地理区域划分所产生的地理性最高域名，由两个字母组成，表示世界各国和地区的名称，见表 4.3。

表 4.2　最高层域名

域　　名	含　义
COM	商业组织
EDU	教育机构
GOV	政府部门
MIL	军事部门
NET	主要网络支持中心
ORG	其他组织
ARPA	临时 ARPANET(未用)
INT	国际组织
	国家代码(地理性最高域名)

表 4.3　部分地理性最高域名

地理性最高域名	国家或地区
CN	中国
US	美国
UK	英国
CA	加拿大
FR	法国
HK	中国香港

4. 域名的商业价值

从技术上讲，域名只是一个因特网中用于解决地址对应问题的一种方法，是一个技术名词。但是，由于因特网已经成为世界性的网络，因此域名也演变成为一个社会科学名词。为了更便于人们认识自己，大部分企业都是用自己名称或商标来定义域名。域名虽然与公司、商标和产品名称无直接关系，但由于域名在因特网上是唯一的，一个域名注册后，其他任何企业就不能再注册相同的域名了，这就使域名与商标、企业标识物有了类似的作用，通过网络就可以被全球用户随时访问和查询，从而建立起广泛的业务联系，为自己赢得更多的商业机会。域名在商业竞争中不只是一个网络地址，还包含着企业的信誉。以企业名称或产品名称为域名的企业，一般是这一行业的佼佼者，至少在那里会有这个行业的重要信息。麦当劳不惜花费 800 万美元买回被别人抢注的域名，阿里巴巴公司利用法律手段极力保护自己的域名权，都说明域名具有重要的商业价值。

5. 域名申请策略

企业开展电子商务的第一步都是从申请域名开始。域名申请时可以考虑分散域名策略、单一域名策略和三级域名策略。

(1) 分散域名策略

当一个生产规模大、产品多样化的公司的某种产品具有非常独特的个性，并拥有了相对较大规模市场忠诚度的时候，必须有分散域名。同一公司生产的商品，不一定都能得到市场的统一认同，所以把某一个商品独立出来的时候，这个域名所代表的品牌站点可以很快被其他消费者找到。一般说来，品牌消费者并不一定都知道这个品牌是哪个公司的，而且往往他们并不关心。还有，一些公司多数生产的不同品牌的商品是为了满足不同的消费喜好，不同的消费群体。

分散域名也有其弊端。最明显的就是网站建设的投入很大，管理力度分散，造成网站建设与维护的成本增加。在一定程度上还影响了公司的整体形象。所以，要采取分散域名注册的决策，必须要具有三个基本的要素——产品多样化、独特个性品牌、特定市场的消费忠诚度。三者必具其二。

(2) 单一域名策略

把产品以目录的形式放在同一个域名之下是目前企业采用最多的域名运用决策。这样的网站首页一般不是很好看，可是很有效，容易吸引人，能唤起人们定期浏览的欲望。所以这样的网站在内容上一般及时更新。

单一域名策略最大的好处是使公司有很强的整体感，容易以公司整体的信誉去推动产品的市场占有率。作为一个网站，因为在同一个域名下面，不用考虑不同定位和不同风格的主页制作，可以节省站点建设开支，既便于管理，又便于统一推广和宣传。这就是为什么企业大都采用单一域名策略的原因。

单一域名策略的缺点在于缺乏个性，难以强调某一独立品牌，难以细分不同层次的市场。而且，当公司的某一品牌商品在市场上搞砸了以后，这一网站上其他产品会因为这个产品的坏名誉而受到连累。

在决策适应方面，如果企业都采取单一域名策略，难以达到出奇制胜的目的。而且如果企业最终产品是由多个企业完成的话，会在统一风格和整体规划方面造成混乱。所以，单一域名策略较适合稳步发展的企业、较长市场历史的企业和单一实体的企业。但是，任何刚开始进入网络市场的企业，网站建设初期一定要围绕单一域名来进行：一是快速充实内容，集中宣传效应；二是适应市场需求，试探消费反应。

(3) 三级域名策略

企业域名的一般形式为："产品名. 企业名. com"，即所谓的"三级域名"。"三级域名"最适合于公司推出新产品时使用，既可以借助公司信誉推动新产品的市场推广，又可以表示产品的特殊性，以试探市场的反应，然后再确定是否应该把产品品牌独立出去。

就消费者接受心理方面而言，采用三级域名(产品名. 企业名. com)对消费者的记忆要求高，既要求消费者知道企业名称，又必须知道产品名称。如果用的是目录结构(企业名称. com/产品名)，那么消费者一般只需记忆企业名。

6. 域名的申请步骤

(1) 域名查询

在注册之前我们必须先检索一下，我们选择的域名是否已经被注册。查询的方式有很多种，最简单的方式就是上网查询。查询国际顶级域名可到国际互联网络信息中心（InterNIC，www. internic. net）；查询国内顶级域名可到中国互联网络信息中心（CNNIC，www. cnnic. net. cn）。

例如，我们首先登录中国互联网络信息中心查询一下，我们选择的国内顶级域名。在域名查询框内输入想要查询的域名，如 dianyigroup. com. cn 单击提交。如果已经被人注册，将会出现包括域名、域名注册单位、管理联系人、技术联系人等提示信息。如果没有被人注册，将会出现“在 CNNIC 的已注册域名库中没有找到这个条目”的提示信息。这时你就可以开始注册了。

(2) 申请注册

可以通过两种方式填写注册申请表：

① Web 方式　可以在 CNNIC 的网站直接联机填写域名注册申请表并提交。CNNIC 会对你提交的申请表进行在线的检查。填写完毕后单击“注册”即可。

② E-mail 方式　可以从 CNNIC 网站下载纯文本的注册申请表，填好后用 E-mail 发到 hostmaster@cnnic. net. cn 进行注册。

4.2　网络通信协议

4.2.1　TCP/IP

TCP/IP(传输控制协议/网际协议)是互联网中的基本通信语言或协议。在私网中，它也被用作通信协议。当你直接进行网络连接时，你的计算机应提供一个 TCP/IP 程序的副本，此时接收你所发送的信息的计算机也应有一个 TCP/IP 程序的副本。

1. 整体架构

TCP/IP 协议并不完全符合 OSI 的七层参考模型。传统的开放式系统互联参考模型，是一种通信协议的 7 层抽象的参考模型，其中每一层执行某一特定任务。该模型的目的是使各种硬件在相同的层次上相互通信。这 7 层是：物理层、数据链路层、网络层、传输层、会话层、表示层和应用层。而 TCP/IP 通讯协议采用了 4 层的层级结构，每一层都呼叫它的下一层所提供的网络来完成自己的需求。这 4 层分别为：

应用层：应用程序间沟通的层，如简单电子邮件传输（SMTP）、文件传输协议（FTP）、网络远程访问协议（Telnet）等。

传输层：在此层中，它提供了节点间的数据传送，应用程序之间的通信服务，主要功能是数据格式化、数据确认和丢失重传等。如传输控制协议（TCP）、用户数据报包议（UDP）等，TCP 和 UDP 给数据包加入传输数据并把它传输到下一层中，这一层负责传送数据，并且确定数据已被送达并接收。

互联网络层：负责提供基本的数据封包传送功能，让每一块数据包都能够到达目的主机（但不检查是否被正确接收），如网际协议（IP）。

网络接口层（主机-网络层）：接收 IP 数据报并进行传输，从网络上接收物理帧，抽取 IP 数据报转交给下一层，对实际的网络媒体的管理，定义如何使用实际网络（如 Ethernet、Serial Line 等）来传送数据。

2. TCP/IP 模型主要优点

(1) 开放的协议标准，可以免费使用，并且独立于特定的计算机硬件与操作系统；

(2) 独立于特定的网络硬件，可以运行在局域网、广域网，更适用于互联网中；

(3) 统一的网络地址分配方案，使得整个 TCP/IP 设备在网中都具有唯一的地址；

(4) 标准化的高层协议，可以提供多种可靠的用户服务。

3. TCP/IP 模型的主要缺点

首先，该模型没有清楚地区分哪些是规范、哪些是实现；其次，TCP/IP 模型的主机-网络层定义了网络层与数据链路层的接口，并不是常规意义上的一层，接口和层的区别是非常重要的，TCP/IP 模型没有将它们区分开来。

4.2.2 WLAN

通信网络随着 Internet 的飞速发展，从传统的布线网络发展到了无线网络，作为无线网络之一的无线局域网 WLAN(Wireless Local Area Network)，满足了人们实现移动办公的梦想，为我们创造了一个丰富多彩的自由天空。

1. WLAN 的概念

WLAN 是利用无线通信技术在一定的局部范围内建立的网络，是计算机网络与无线通信技术相结合的产物，它以无线多址信道作为传输媒介，提供传统有线局域网 LAN(Local Area Network)的功能，能够使用户真正实现随时、随地、随意的宽带网络接入。

2. WLAN 的特点

WLAN 开始是作为有线局域网络的延伸而存在的，各团体、企事业单位广泛地采用了 WLAN 技术来构建其办公网络。但随着应用的进一步发展，WLAN 正逐渐从传统意义上的局域网技术发展成为“公共无线局域网”，成为国际互联网 Internet 宽带接入手段。WLAN 具有易安装、易扩展、易管理、易维护、高移动性、保密性强、抗干扰等特点。

3. WLAN 的标准

由于 WLAN 是基于计算机网络与无线通信技术，在计算机网络结构中，逻辑链路控制(LLC)层及其之上的应用层对不同的物理层的要求可以是相同的，也可以是不同的，因此，WLAN 标准主要是针对物理层和媒质访问控制层(MAC)，涉及所使用的无线频率范围、空中接口通信协议等技术规范与技术标准。

4. WLAN 网络结构

一般地，WLAN 有两种网络类型：对等网络和基础结构网络。对等网络：由一组有无线接口卡的计算机组成。这些计算机以相同的工作组名、ESSID 和密码等对等的方式相互直接连接，在 WLAN 的覆盖范围的之内，进行点对点与点对多点之间的通信。

5. WLAN 应用

(1) 销售行业应用

对于大型超市来讲，商品的流通量非常大，接货的日常工作包括订单处理、送货单、入库等需要在不同地点的现场将数据录入数据库中。仓库的入库和出库管理，物品的搬动较多，数据在变化，目前，很多的做法是手工做好记录，然后再将数据录入数据库中，这样费时而且易错，采用 WLAN，即可轻松解决上面两个问题，在超市的各个角落，在接货区、在发货区、货架、仓库中利用 WLAN，可以现场处理各种单据。

(2) 物流行业应用

随着我国 WTO 的加入，各个港口、储存区对物流业务的数字化提出了较高的要求。一个物流公司一般都有一个网络处理中心，还有些办公地点分布在比较偏僻的地方，对于那些运输车辆、装卸装箱机组等的工作状况，物品统计等，需要及时将数据录入并传输到中心机房。部署 WLAN 是物流业的一项现代化必不可少的基础设施。

(3) 电力行业应用

如何对遥远的变电站进行遥测、遥控、遥调，这是摆在电力系统的一个老问题。WLAN 能监测并记录变电站的运行情况，给中心监控机房提供实时的监测数据，也能够将中心机房的调控命令传入到各个变电站。这是 WLAN 在电力系统遍布到千家万户，但又无法完全用有线网络来检测与控制的一个潜在应用。

(4) 服务行业应用

由于 PC 机的移动终端化、小型化，一个旅客在进入一个酒店的大厅要及时处理邮件，这时酒店大堂的 WLAN 接入是必不可少的；客房 Internet 无线上网服务也是需要的，尤其是星级比较高的酒店，客人可能在床上躺着上网，客人无线上网的需求无处不在，由于 WLAN 的移动性、便捷性等特点，更是受到了一些大中型酒店的青睐。

在机场和车站是旅客候机、候车的一段等待时光，这时打开笔记本电脑来上上网，何尝不是高兴的事儿，目前，在北美和欧洲的大部分机场和车站，都部署了 WLAN，在我国，也在逐步实施和建设中。

(5) 教育行业应用

WLAN 可以让教师和学生对教与学时时互动。学生可以在教室、宿舍、图书馆利用移动终端机向老师提问、提交作业；老师可以随时给学生上辅导课。学生可以利用 WLAN 在校园的任何一个角落访问校园网。WLAN 可以成为一种多媒体教学的辅助手段。

(6) 证券行业应用

有了 WLAN，股市就有了菜市场般的普及和活跃。原来，很多炒股者利用股票机看行情，现在不用了，WLAN 能够让你实现实时看行情，随时交易。股市大户室也可以不去了，不用再为大户室交纳任何费用。

(7) 展厅应用

一些大型展览的展厅内，一般都布有 WLAN，服务商、参展商、客户走入大厅内可以随时接入 Internet。WLAN 的可移动性、可重组性、灵活性为会议厅和展会中心等具有临时租用性质的服务行业提供了盈利的无限空间。

(8) 中小型办公室/家庭办公应用

WLAN 可以让人们在中小型办公室或者在家里任意的地方上网办公,收发邮件,随时随地可以连接上 Internet,上网资费与有线网络一样,有了 WLAN,我们的自由空间增大了。

(9) 企业办公楼之间办公应用

对于一些中大型企业,有一个主办公楼,还有其他附属的办公楼,楼与楼之间、部门与部门之间需要通信,如果搭建有线网络,需要支付昂贵的月租费和维护费,而 WLAN 不需要综合布线,一样能够实现有线网络的功能。

总之,作为有线网络的无线延伸,WLAN 可以广泛应用在生活、办公、学习、医疗、金融证券等多个方面。对于难于布线的环境,如老式建筑、沙漠区域等,对于频繁变化的环境,如各种展览大楼,对于临时需要的宽带接入、流动工作站等,建立 WLAN 都是理想的选择。

4.3 常用 Internet 服务

人们使用 Internet 实际上就是使用 Internet 提供的各种服务,Internet 之所以发展这么迅速,就是它恰好满足了人们对网络信息服务的需求。Internet 提供的服务有电子邮件服务、文件传输服务、BBS 服务、远程登录服务、WWW 服务、新闻组服务等。

4.3.1 电子邮件服务

1. 电子邮件基本原理

电子邮件(简称 E-mail)又称电子信箱,它是一种以电子格式通过 Internet 为世界各地的 Internet 用户提供的一种极为快速、简单和经济的通信和交换信息的方法。通过网络上的电子邮件系统,你可以随时与其他电子邮件用户保持联络和交换信息。电子邮件是 Internet 上使用最多的服务之一。使用电子邮件首先要在提供电子邮件服务的网站上申请一个电子信箱,即电子邮件的地址,如:zhaogang85@163. com。在申请成功之后,就可以通过电子信箱发送和接收电子邮件了,这些电子邮件可以是文字、图像、声音等各种方式。

常见的电子邮件协议有以下几种:SMTP(简单邮件传输协议)、POP3(邮局协议)、IMAP(Internet 邮件访问协议)。这几种协议都是由 TCP/IP 协议族定义的。

SMTP(Simple Mail Transfer Protocol):SMTP 主要负责底层的邮件系统如何将邮件从一台机器传至另外一台机器。

POP(Post Office Protocol):目前的版本为 POP3,POP3 是把邮件从电子邮箱中传输到本地计算机的接受协议。

IMAP(Internet Message Access Protocol):目前的版本为 IMAP4,是 POP3 的一种替代协议,提供了邮件检索和邮件处理的新功能,这样用户可以完全不必下载邮件正文就可以看到邮件的标题摘要,从邮件客户端软件就可以对服务器上的邮件和文件夹目录等进行操作。IMAP 协议增强了电子邮件的灵活性,同时也减少了垃圾邮件对本地系统的直接危害,同时相对节省了用户查看电子邮件的时间。除此之外,IMAP 协议可以记忆用户在脱机状态下对邮件的操作(例如移动邮件、删除邮件等)在下一次打开网络连接的时候会自动执行。

当前的两种邮件接收协议和一种邮件发送协议都支持安全的服务器连接。在大多数流行的电子邮件客户端程序里面都集成了对 SSL 连接的支持。

除此之外,很多加密技术也应用到电子邮件的发送接收和阅读过程中。它们可以提供128位到2 048位不等的加密强度。无论是单向加密还是对称密钥加密也都得到广泛支持。

2. 电子邮件相关信息

(1) 垃圾邮件

垃圾邮件(spam)现在还没有一个非常严格的定义。一般来说,凡是未经用户许可就强行发送到用户的邮箱中的任何电子邮件都可以叫做垃圾邮件。

(2) 邮件病毒

邮件病毒是指通过电子邮件传播的病毒。一般是夹在邮件的附件中,在用户运行了附件中的病毒程序后,就会使电脑染毒。需要说明的是,电子邮件本身不会产生病毒,只是病毒的寄生场所。

(3) 电子邮件炸弹

电子邮件炸弹是最古老的匿名攻击之一,通过设置一台机器不断地大量的向同一地址发送电子邮件,攻击者能够耗尽接收者网络的带宽。由于这种攻击方式简单易用,也有很多发匿名邮件的工具,而且只要对方获悉具体电子邮件地址就可以进行攻击,所以这是最值得防范的一个攻击手段。

电子邮件炸弹可以说是目前网络安全中最为"流行"的一种恶作剧方法,而这些用来制作恶作剧的特殊程序也称为 E-mail Bomber。当某人或某公司的所作所为引起了某位好事者的不满时,这位好事者就会通过这种手段来发动进攻,以泄私愤。这种攻击手段不仅会干扰用户的电子邮件系统的正常使用,甚至它还能影响到邮件系统所在的服务器系统的安全,造成整个网络系统全部瘫痪,所以电子邮件炸弹是一种杀伤力极其强大的网络武器。

(4) 电子邮件广告

电子邮件广告是以电子邮件为传播载体的一种网络广告形式,电子邮件广告有可能全部是广告信息,也可能在电子邮件中穿插一些实用的相关信息,可能是一次性的,也可能是多次的或者定期的。通常情况下,网络用户需要事先同意加入到该电子邮件广告邮件列表中,以表示同意接受这类广告信息,他才会接收到电子邮件广告,这是一种许可营销的模式。那些未经许可而收到的电子邮件广告通常被视为垃圾邮件。

(5) 电子邮件过滤器

电子邮件过滤器(E-mail Filter)可以根据电子邮件中包含的信息自动地将收到的电子邮件进行归类并将其收入相应的文件夹或邮件箱的阅读软件。例如,来自一个用户的叔叔Joe的所有邮件可能放在一个名为"Uncle Joe"的文件夹中。过滤器也可用于封锁或接收发自指定来源的电子邮件。

(6) 电子邮件数据库

特殊格式的数据库,包含存储在计算机上的电子邮件。在接收/发送每封邮件后,每封接收/发送的邮件都被保存在数据库中。在全面扫描计算机时,将扫描这个数据库。在实时监控模式中,将扫描所有收到和发出的电子邮件是否有病毒。

4.3.2 FTP服务

文件传输协议(File Transfer Protocol)是 Internet 上一种常用的网络传输协议，其基本功能是实现计算机间的文件传输，简称 FTP。Internet 用户可以通过 FTP 连接到远程计算机，并在该计算机上查看文件以及将自己感兴趣的文件拷贝到自己的计算机中，称为"下载(download)"文件。同时，用户也可以将自己计算机中的文件拷贝到远程计算机中，称为"上传(upload)"文件。使用 FTP 可以传送文本文件、二进制文件、声音文件、图像文件和数据压缩文件等任何类型的文件。

在 Internet 上，有些计算机专门用来存放各种类型的文件，并且免费提供 FTP 服务，用户登录时不记名，这类 FTP 服务器称为匿名 FTP 服务器。另一类服务器需要用户预先注册获得登录账号和密码，才能使用，称为非匿名服务器。

1. FTP 工作原理

与大多数 Internet 服务一样，FTP 也是一个客户机/服务器系统。用户通过一个支持 FTP 协议的客户机程序，连接到在远程主机上的 FTP 服务器程序。用户通过客户机程序向服务器程序发出命令，服务器程序执行用户所发出的命令，并将执行的结果返回到客户机。比如，用户发出一条命令，要求服务器向用户传送某一个文件的一份拷贝，服务器会响应这条命令，将指定文件送至用户的机器上。客户机程序代表用户接收到这个文件，将其存放在用户目录中。

使用 FTP 时必须首先登录，在远程主机上获得相应的权限以后，方可下载或上传文件。也就是说，要想向哪一台计算机传送文件，就必须具有那一台计算机的适当授权。换言之，除非有用户 ID 和口令，否则便无法传送文件。这种情况违背了 Internet 的开放性，Internet 上的 FTP 主机何止千万，不可能要求每个用户在每一台主机上都拥有账号。匿名 FTP 就是为解决这个问题而产生的。

2. 匿名 FTP 服务器

匿名 FTP 是这样一种机制，用户可通过它连接到远程主机上，并从其下载文件，而无需成为其注册用户。系统管理员建立了一个特殊的用户 ID，名为 anonymous，Internet 上的任何人在任何地方都可使用该用户 ID。

通过 FTP 程序连接匿名 FTP 主机的方式同连接普通 FTP 主机的方式差不多，只是在要求提供用户标识 ID 时必须输入 anonymous，该用户 ID 的口令可以是任意的字符串。习惯上，用自己的 E-mail 地址作为口令，使系统维护程序能够记录下来谁在存取这些文件。

值得注意的是，匿名 FTP 不适用于所有 Internet 主机，它只适用于那些提供了这项服务的主机。

当远程主机提供匿名 FTP 服务时，会指定某些目录向公众开放，允许匿名存取。系统中的其余目录则处于隐匿状态。作为一种安全措施，大多数匿名 FTP 主机都允许用户从其下载文件，而不允许用户向其上传文件，也就是说，用户可将匿名 FTP 主机上的所有文件全部拷贝到自己的机器上，但不能将自己机器上的任何一个文件拷贝至匿名 FTP 主机上。即使有些匿名 FTP 主机确实允许用户上传文件，用户也只能将文件上传至某一指定上传目录中。随后，系统管理员会去检查这些文件，他会将这些文件移至另一个公共下载目录中，供其他用户下载，利用这种方式，远程主机的用户得到了保护，避免了有人上载有问题的文件，如带病毒的文件。

作为一个 Internet 用户，可通过 FTP 在任何两台 Internet 主机之间拷贝文件。但是，实际上大多数人只有一个 Internet 账户。FTP 主要用于下载公共文件，例如共享软件、各公司技术支持文件等。Internet 上有成千上万台匿名 FTP 主机，这些主机上存放着数不清的文件，供用户免费拷贝。实际上，几乎所有类型的信息，所有类型的计算机程序都可以在 Internet 上找到。这是 Internet 吸引我们的重要原因之一。

匿名 FTP 使用户有机会存取到世界上最大的信息库，这个信息库是日积月累起来的，并且还在不断增长，永不关闭，涉及几乎所有主题。而且，这一切是免费的。

匿名 FTP 是 Internet 网上发布软件的常用方法。Internet 之所以能延续到今天，是因为人们使用通过标准协议提供标准服务的程序。像这样的程序，有许多就是通过匿名 FTP 发布的，任何人都可以存取它们。

4.3.3　BBS 服务

BBS 的英文全称是 Bulletin Board System，中文就是“电子公告板”。BBS 最早是用来公布股市价格等信息的，当时 BBS 连文件传输的功能都没有，而且只能在苹果计算机上运行。

早期的 BBS 与一般街头和校园内的公告板性质相同，只不过是通过电脑来传播或获得消息而已。一直到个人计算机开始普及之后，有些人尝试将苹果计算机上的 BBS 转移到个人计算机上，BBS 才开始渐渐普及开来。近些年来，由于爱好者们的努力，BBS 的功能得到了很大的扩充。

目前，通过 BBS 系统可随时取得国际最新的软件及信息，也可以通过 BBS 系统来和别人讨论计算机软件、硬件、Internet、多媒体、程序设计以及医学等各种有趣的话题，更可以利用 BBS 系统来刊登一些“征友”、“廉价转让”及“公司产品”等启事，而且这个园地就在你我的身旁。只要你拥有 1 台计算机、1 只调制解调器和 1 条电话线，就能够进入这个“超时代”的领域，进而去享用它无比的威力！

Web2.0 的时代已经到来，Web2.0 与传统的万维网之间最主要的区别就是用户和用户、产品供应商和企业之间更大的协作。Web1.0 时代，论坛社区基本满足网民信息生活的需求，Web2.0 时代论坛社区呈现出巨大的商业价值。当社区用户数量达到引爆点后，社区流量将开始飞快成长，远远大于 Web1.0 网站的流量增长速度。伴随着 Web2.0 时代的到来，BBS 将朝着以下两个方面发展：

(1) BBS 论坛系统将朝着即时性方面发展。现在动态网站出现一门新技术 Ajax。在 Ajax 之前，页面的部分数据需要更新时必须刷新整个页面。而使用 Ajax 技术的网站，不需要刷新页面就可以更新数据，这就使 Web 站点看起来是即时响应的。将来可以把 Ajax 技术运用到 BBS 论坛系统当中，使论坛成员在不用刷新页面时就可以看到别人刚刚发的帖子。

(2) BBS 论坛系统也将朝着图形化方向发展。图形虚拟社区可以非常具体和形象化地模拟整个现实社区的生活，并且具备无限的可扩充性。在论坛中你甚至可以找到和现实生活完全对应的建筑。通过一根网线就可以把远在天南海北的朋友聚到一起。试想，你可以通过外形的不同来区分不同社区的朋友而不是通过 ID。你甚至可以通过外形的不同来猜测对方的性格，这些都是传统虚拟社区所不具备的特点。

4.3.4 远程登录服务

远程登录（Telnet）是 Internet 提供的最基本的信息服务之一。用户首先要有远程服务器认可的账号和密码，通过账号和密码登录远程服务器成功后，才能使用远程服务器提供的软件和硬件资源。远程登录使登录到远程服务器的用户在自己的计算机上进行操作，在远程服务器上响应，并且将结果返回到自己的计算机上。

4.3.5 WWW 服务

WWW 是 World Wide Web（环球信息网）的缩写，也可以简称为 Web，中文名字为“万维网”。WWW 是 Internet 的多媒体信息查询工具，是 Internet 上近年才发展起来的服务，也是发展最快和使用最广泛的服务。

WWW 采用的是客户/服务器结构，其作用是整理和存储各种 WWW 资源，并响应客户端软件的请求，把客户所需的资源传送到用户计算机上。

WWW 以超文本技术为基础，用面向文件的阅览方式替代传统的菜单的列表方式，提供具有一定格式的文本、图形、声音、动画等，为 Internet 用户提供了一种友好的信息查询接口。Internet 用户使用网络浏览器就能够轻松地浏览 WWW 上的信息。

4.3.6 新闻组服务

新闻组（News Group）是 Internet 提供的一项重要服务。Internet 上有上千个新闻服务器，分布在世界各地，它能够随时更换消息，任何一条发送到新闻组服务器上的消息，在几分钟后就能传遍全球，最新的资料及动态新闻往往都出自新闻组。

4.4 网络编程技术

4.4.1 标识语言

1. HTML

HTML（Hyper Text Markup Language，超文本语言）是 W3C 公司开发的 Web 语言。由于 HTML 简单易用，而且使用成本低，所以很快就受到人们的关注，并成为 Internet 上的标准 Web 语言，一直沿用至今。

HTML 的受重用程度在当时的 Internet 来说是可以理解的。因为当时的电脑技术较低，浏览器根本不可能解释更为复杂的 Web 语言，在这种情况下，HTML 在功能上基本能很好满足当时的需求。国外的许多大型企业，迅速地建立起自己的网站，展示自己的产品（或服务）、企业管理、企业文化等，然而仅仅是为了展示而已。企业的经理们并没有想到，Internet 的发展会如此之快，更没有想到的是出现“电子商务”浪潮，Internet 走进了经济时代。

HTML 是一种标记语言，也可以说是一种格式化文件（通过标签来格式化文本），因为，HTML 是在 SGML 标准的基础上开发出来应用于 Web 的语言。

当我们浏览（浏览器为微软 IE）一个网页时，通过子菜单栏的查看\源文件可以查看该 Web 页的源代码。源代码中我们可以发现 HTML 是由<HTML>、<TITLE>、<BODY>、<TABLE>等许许多多的标签组成的，浏览器在解释网页时在源代码前部发现<HTML>标签，便会以 HTML 标准解释文件，将 HTML 的内容显示在屏幕上。

```
<HTML>
<HEAD>
<TITLE>这是一个 HTML 文档</HTML>
</HEAD>
<BODY BGCOLOR=“＃FFFFFF”>
<H1>通过标签显示内容</H1>
</BODY>
</HTML>
```

由以上的代码段可知，Web 的内容便是通过 HTML 标签的属性或标签对之间的文字表示出来的，如：<BODY BGCOLOR=“＃FFFFFF”>、<TITLE>这是一个 HTML 文档</TITLE>，浏览器正是通过解释 HTML 这些有限标签的代码，使 Web 变得丰富多彩。

HTML 简单易用，由于它的语法简单，很容易开发 HTML 的编辑软件。但它的最大限制也在于它过于简单的语法及有限的标签机制，使得 HTML 在应用范围内受到限制，主要有：

(1) 可用标签种类有限，不能精确地描述信息；

(2) 数据格式不能表现其内在意义；

(3) 不能表现深层的信息结构，因此不适于大量文档的存储；

(4) 除去电子阅览，将 HTML 用于其他领域应用时，性能欠佳；

(5) HTML 的信息表现形式不适于再利用；

(6) 精细的编排指定不可能；

(7) 全文检索的结果不精确；

(8) HTML 和 Web 浏览器的机能强化的结果，造成了 Web 浏览器间互换机能的部分消失。

2. XML

XML 是以 Web 利用为前提，以解决 HTML 缺陷为目的，对 SGML 进行机能的扩张，删掉和变更了 SGML 中一部分影响其实用化的机能。

XML 主要设计目标是：

(1) 能够在 Web 上直接利用；

(2) 广范围应用程序的可利用性；

(3) 尽量保持和 SGML 的互换性；

(4) 处理 XML 的程序可简单地编写；

(5) XML 的文档要具有较高的可读性；

(6) 严密但并不复杂的规则；

(7) 去掉选定 Option 机能，减轻应用程序的处理负荷；

(8) 不把标签数量的减少作为重要的工作。

XML 中的 X—Extensible 的中文解释为“可扩展的”，这是 XML 优越于 HTML 最大的地方—允许用户建立自己的标签，而不是使用某些固定的有限的标签。

```
<?XML VERSION="1.0" ENCODING="GB2313"?>
<书店>
<图书>
<书名 类型="经济">西方经济学</书名>
<价格 币种="人民币" 单位="元">60</价格>
<作者 国籍="中国">高鸿业</作者>
<ISDN>7-300-00337/F-991</ISDN>
<出版社 年份="2000 年 2 月" 版次="第二版">中国人民大学出版社</出版社>
</图书>
</书店>
```

如上是一个简单的 XML 文件源代码。很明显地可以看出它的变现手段跟 HTML 的不一样，支持用户自由建立标签及其属性，并且支持中文标记。

XML 能够很好地表示电子数据，而且使其很好地于企业间进行交换，它真正流行的另一个原因在于 XML 支持中文标签。

说 XML 支持中文标签，更准确地说是 XML 支持非英语字符集。由于 Internet 使依靠信息技术的贸易真正地全球化，因此新一代 Web 语言支持非英语字符集成为必要。有鉴于此，XML 支持 Unicode(统一字符编码)，该标记包含了全球已知的 50 000 种书写语言的计算机处理的表示文本字符系统。最近的 Unicode3.0 版本符合国际标准字符集 ISO/IEC 10646-1:2000，它使用双字节或 16 位表示字符，这样可以对多数已知的字符集，包括科技和数字符号进行编号，Unicode 提供了超过 65 000 个字符的代码。真正地实现 XML 的全球化。

3. PHP

PHP 是英文超级文本预处理语言 Hypertext Preprocessor 的缩写。PHP 是一种 HTML 内嵌式的语言，是一种在服务器端执行的嵌入 HTML 文档的脚本语言，语言的风格有类似于 C 语言，被广泛的运用。PHP 的另一个含义是：菲律宾比索的标准符号。

PHP 的特性包括：

(1) 开放的源代码：所有的 PHP 源代码事实上都可以得到。

(2) PHP 是免费的。

(3) PHP 的便捷性:PHP 十分便捷,学习简单。

(4) 基于服务器端:由于 PHP 是运行在服务器端的脚本,可以运行在 Unix、Linux、Windows 下。

(5) 嵌入 HTML:因为 PHP 可以嵌入 HTML 语言,所以学习起来并不困难。

(6) 简单的语言:PHP 坚持脚本语言为主,与 Java 和 C++不同。

(7) 效率高:PHP 消耗相当少的系统资源。

(8) 图像处理:用 PHP 动态创建图像。

(9) 面向对象:在 PHP4,PHP5 中,面向对象方面都有了很大的改进,现在 PHP 完全可以用来开发大型商业程序。

(10) PHP 相对于其他语言,编辑简单,实用性强,更适合初学者。

4.4.2　Java

Java 是由 Sun Microsystems 公司于 1995 年 5 月推出的 Java 程序设计语言和 Java 平台的总称。用 Java 实现的 HotJava 浏览器(支持 Java Applet)显示了 Java 的魅力:跨平台、动态的 Web、Internet 计算。从此,Java 被广泛接受并推动了 Web 的迅速发展,常用的浏览器现在均支持 Java Applet。

1. 名字起源

Java 自 1995 年诞生,至今已经 15 年历史。Java 是印度尼西亚爪哇岛的英文名称,因盛产咖啡而闻名。Java 语言中的许多库类名称,多与咖啡有关,如 JavaBeans(咖啡豆)、NetBeans(网络豆)以及 ObjectBeans(对象豆)等。SUN 和 Java 的标识也正是一杯正冒着热气的咖啡。

据 Java 创始人 James Gosling 回忆,最初这个为 TV 机顶盒所设计的语言在 Sun 内部一直称为 Green 项目。最初他们将这个新语言命名为 Oak。但 Oak 是另外一个注册公司的名字,这个名字不可能再用了。

在命名征集会上,大家提出了很多名字。最后按大家的评选次序,将十几个名字排列成表,上报给商标律师。排在第一位的是 Silk(丝绸)。尽管大家都喜欢这个名字,但遭到 James Gosling 的坚决反对。排在第二和第三的都没有通过律师这一关。只有排在第四位的名字、得到了所有人的认可和律师的通过,这个名字就是 Java。

10 多年来,Java 就像爪哇咖啡一样誉满全球,成为实至名归的企业级应用平台的霸主。而 Java 语言也如同咖啡一般醇香动人。

2. 语言特点

Java 是一种简单的,面向对象的,分布式的,解释型的,健壮安全的,结构中立的,可移植的,性能优异、多线程的动态语言。

当 1995 年 SUN 推出 Java 语言之后,全世界的目光都被这个神奇的语言所吸引。那么 Java 到底有何神奇之处呢?

在 Java 出现以前,Internet 上的信息内容都是一些乏味死板的 HTML 文档。这对于那些迷恋于 Web 浏览的人们来说简直不可容忍。他们迫切希望能在 Web 中看到一些交互式的内容，开发人员也极希望能够在 Web 上创建一类无需考虑软硬件平台就可以执行的应用程序，当然这些程序还要有极大的安全保障。对于用户的这种要求，传统的编程语言显得无能为力。SUN 的工程师敏锐地察觉到了这一点，从 1994 年起，他们开始将 Oak 技术应用于 Web 上，并且开发出了 HotJava 的第一个版本。

Java 语言的优良特性使得 Java 应用具有无比的健壮性和可靠性，这也减少了应用系统的维护费用。Java 对对象技术的全面支持和 Java 平台内嵌的 API 能缩短应用系统的开发时间并降低成本。Java 的编译一次，到处可运行的特性使得它能够提供一个随处可用的开放结构和在多平台之间传递信息的低成本方式。特别是 Java 企业应用编程接口（Java Enterprise APIs）为企业计算及电子商务应用系统提供了有关技术和丰富的类库。

4.4.3 .NET

.NET 是 Microsoft XML Web services 平台。XML Web services 允许应用程序通过 Internet 进行通信和共享数据，而不管所采用的是哪种操作系统、设备或编程语言。Microsoft.NET 平台提供创建 XML Web services，并将这些服务集成在一起之所需。对个人用户的好处是无缝的、吸引人的体验。

Web Services 是.NET 的核心技术。那什么是 Web Services 呢？正如 Web 是新一代的用户与应用交互的途径，XML 是新一代的程序之间通信的途径一样，Web Services 是新一代的计算机与计算机之间一种通用的数据传输格式，可让不同运算系统更容易进行数据交换。Web Services 有以下几点特性：Web services 允许应用之间共享数据；Web services 分散了代码单元；基于 XML 这种 Internet 数据交换的通用语言，实现了跨平台、跨操作系统、跨语言。那微软的 ASP 和 Web services 究竟有什么不同呢？ASP 仍然是一个集中式计算模型的产物，只不过是披着一层互联网的外衣。但 Web Services 却是一个迥然不同的精灵，它秉承"软件就是服务"的真言，同时顺应分布式计算模式的潮流。而它的存在形式又与以往软件不同。这种组件模式小巧、单一，对于开发人员来讲，开发成本较低。

在这里指出 Web services 不是微软发明的，同样也不属于微软专有。Web services 是一个开放的标准，和 HTTP、XML、SOAP 一样，它们是一个工业标准而非微软标准。WS－I（网络服务协同组织）是为了促进 Web Services 互通性的联盟组织，最初是由 IBM 和微软所发起，其他的成员包括 BEA System、惠普计算机（HP）、甲骨文（Oracle）、英特尔（Intel）和 SUN 计算机。如今网络上存在的大多 Web services 其实没有使用.NET 构架，Web services 具有互操作属性，你同样可以使用 Windows 开发客户端来调用运行于 Linux 上面的 Web services 的方法。

Microsoft 提供了最佳的服务器构架——Microsoft Windows Server System——便于发布、配置、管理、编排 Web Services。为了满足分布式计算的需要微软构造了一系列的服务器系统，这些内建安全技术的系统全部支持 XML，这样加速了系统、应用程序以及同样使用 Web Services 的伙伴应用之间的集成。

Microsoft Windows Server System 包括：

(1) Microsoft Application Center 2000—配置和管理 Web 应用程序

(2) Microsoft BizTalk Server 2002—建立基于 XML 的跨应用和组织的商业逻辑

(3) Microsoft Commerce Server 2002—能够迅速建立大规模电子商务的解决方案

(4) Microsoft Content Management Server 2002—管理动态电子商务网站的目录

(5) Microsoft Exchange Server 2000—用于进行随时随地的通信协作

(6) Microsoft Host Integration Server 2000—用于和主机系统之间传输数据

(7) Microsoft Internet Security and Acceleration Server 2000 (ISA Server)—Internet 连接

(8) Microsoft Mobile Information Server 2002—用于支持手持设备

(9) Microsoft Operations Manager 2000—描述企业级解决方案的操作管理

(10) Microsoft Project Server 2002—提供项目管理的最佳方案

(11) Microsoft SharePoint Portal Server 2001—查询、共享、发布商业信息

(12) Microsoft SQL Server 2000—企业级数据库

思考练习

1. 阐述域名申请的步骤。
2. 常用的 Internet 服务有哪些？在互联网上尝试使用这些服务。
3. IP 地址分为哪几类？域名又是如何定义的？
4. TCP/IP 通信协议采用了 4 层的层级结构，每层的作用是什么？

第5章 电子商务应用相关技术

上一章我们主要阐述了互联网的技术基础，这也是开展电子商务的基础技术。本章我们则着重介绍电子商务应用中的相关技术。包括网络营销技术、电子商务支付技术、电子商务物流技术及电子商务安全技术。这里面既包括了较为复杂的数据传输、软硬件技术，还包括了较为灵活的营销和物流管理技术。目的是希望站在宏观的角度，总结电子商务实施中用到的各种思路和方法。

5.1 网络营销技术

网络营销是电子商务中的一个重要环节。如前所述，电子商务的内涵很广，其核心是电子化交易，电子商务强调的是交易方式和交易过程的各个环节。而网络营销侧重于企业的营销活动，当然两者使用的主要手段均基于互联网。所以网络营销并不是一个完整的商业交易过程，尽管我们在每一个商业交易中可能都需要网络营销，尤其在商业交易发生之前，网络营销发挥着主要的信息传递作用。电子商务与网络营销的这种关系也表明，在发生电子交易过程中的网上支付和交易之后的商品配送等问题并不是网络营销应包含的内容。同样，电子商务体系中所涉及的安全、法律等问题也不适合全部包括在网络营销中。

本节在对网络营销概念进行描述的基础上，重点介绍网络营销的职能、工具和方法体系，并阐述如何综合利用网络营销工具，使用网络营销方法来实现网络营销的最终职能。最后介绍网络营销在中国发展现状和趋势。

5.1.1 网络营销的基本概念

网络营销最早产生于美国，其在美国以及整个西方社会的发展也远较我国成熟。与许多新兴学科一样，网络营销目前同样不但没有一个公认的、完善的定义，而且在不同时期从不同的角度对网络营销的认识也有一定的差异，这种状况主要是因为网络营销环境在不断发展变化，各种网络营销模式不断出现，并且网络营销涉及多个学科的知识，不同研究人员具有不同的知识背景，因此在对网络营销的研究方法和研究内容方面有一定差异。

为了对网络营销有一个全面的认识，有必要为网络营销下一个比较合理的定义。笼统地说，凡是以互联网为主要手段开展的营销活动，都可称之为网络营销，但实际上并不是每一种手段都合乎网络营销的基本准则，也不是任何一种方法都能发挥网络营销的作用。为了明确网络营销的基本含义，本书以企业经营为背景，以网络营销实践为基础，将网络营销定义为：

网络营销是企业整体营销战略的一个组成部分；是为实现企业总体经营目标所进行的，以互联网为基本手段营造网上经营环境的各种活动。

有必要对该定义中的一些问题给予必要的说明。

1. 网络营销不是孤立存在的

网络营销是企业整体营销战略的一个组成部分，网络营销活动不可能脱离一般营销环境而独立存在，在很多情况下网络营销理论是传统营销理论在互联网环境中的应用和发展。对于不同的企业，网络营销所处的地位有所不同。以经营网络服务产品为主的网络公司，更加注重于网络营销策略，而在传统的工商企业中，网络营销通常只是处于辅助地位。由此也可以看出，网络营销与传统市场营销策略之间并没有冲突，但由于网络营销依赖互联网应用环境而具有自身的特点，因而具有相对独立性。在企业营销实践中，往往是传统营销和网络营销并存的。

2. 网络营销不等于网上销售

网络营销是为最终实现产品销售、提升品牌形象的目的而进行的活动。网上销售是网络营销发展到一定阶段产生的结果，但并不是唯一结果，因此网络营销本身并不等于网络销售。这可以从三个方面来说明：

(1) 网络营销的目的并不仅仅是为了促进网上销售，很多情况下，网络营销活动不一定能实现网上直接销售的目的，但是可能促进网下销售的增加，并且增加顾客的忠诚度。

(2) 网络营销的效果表现在多个方面，例如提升企业的品牌价值、加强与客户之间的沟通、拓展对外信息发布的渠道、改善顾客服务等。

(3) 从网络营销的内容来看，网上销售也只是其中的一部分，并且不是必须具备的内容，许多企业网站根本不具备网上销售产品的条件，网站主要是作为企业发布产品信息的一个渠道，通过一定的网站推广手段，实现产品宣传的目的。

3. 网络营销不等于电子商务

网络营销不等于电子商务，它只是电子商务中的一个重要环节。比如网络支付、商品配送、安全和法律等属于电子商务却不属于网络营销。

4. 网络营销不应被称为“虚拟营销”

“在互联网上，没人知道你是一条狗”，这是一句广泛流传的话，以此来说明互联网的虚拟性。一些文章喜欢用“虚拟营销”来描述网络营销，其实这是不适合的。因为，所有的网络营销手段都是实实在在的，而且比传统营销方法更容易跟踪了解消费者的行为。比如，借助于网站访问统计软件，可以确切知道网站的访问者来自什么地方，在多长的时间内浏览了哪些网页，企业可以知道用户来自什么 IP，也可以知道企业发出的电子邮件有多少用户打开过，有多少用户点击了其中的链接，还可以确切知道下订单的用户的详细资料，利用专用的顾客服务工具，甚至可以同访问者进行实时交流，所以每个用户都是实实在在的。另一方面，尽管传统的商场中顾客熙熙攘攘，但商店的经营者却对顾客一无所知，即使如此，他也并不会将用户当作“狗”，因为经营者了解用户的整个统计特征，顾客是实实在在的，并不会因为不知道每个顾客的详细信息而将顾客看作“狗”。因此，站在网络营销的角度来看，“互联网上根本没有狗”。

5. 网络营销是对网上经营环境的营造

开展网络营销需要一定的网络环境，如网络服务环境、上网用户数量、合作伙伴、供应商、销售商、相关行业的网络环境等。网络营销环境为企业开展网络营销活动提供了潜在用户，以及向用户传递营销信息、建立顾客关系、进行网上市场调研等各种营销活动的手段和渠道。企业的网络营销活动也是整个网络环境的组成部分，开展网络营销的过程，就是与这些环境因素建立关系的过程。这些关系发展好了，网络营销才能取得成效。例如，网站推广常用的搜索引擎营销和网站链接策略的实施，也就是和搜索引擎服务商以及合作伙伴之间建立良好关系的过程，网站访问量的增长以及网上销售得以实现都是对网上经营环境营造的结果。因此，网络营销是对企业网上经营环境的营造过程，也就是综合利用各种网络营销手段、方法和条件并协调之间的相互关系，从而更加有效地实现企业的营销目的。

5.1.2 网络营销的职能

网络营销的职能是指网络营销的作用和网络营销工作的主要内容，即网络营销应该达到的目的和应该实现的效果。竞争力网络营销管理顾问网站（www.jingzhengli.cn）创始人冯英健博士创造和完善了网络营销八项基本职能，并且经过几年时间的验证，本书作者认为至今仍然有较强的指导意义。冯英健博士认为网络营销的基本职能表现在八个方面：网络品牌、网站推广、信息发布、销售促进、网上销售、顾客服务、顾客关系、网上调研。

（1）网络品牌。网络营销的重要任务之一就是在互联网上建立并推广企业的品牌，以及让企业的网下品牌在网上得以延伸和拓展。网络营销为企业利用互联网建立品牌形象提供了有利的条件，无论是大型企业还是中小企业都可以用适合自己企业的方式展现品牌形象。网络品牌建设是以企业网站建设为基础，通过一系列的推广措施，达到顾客和公众对企业的认知和认可。网络品牌价值是网络营销效果的表现形式之一，通过网络品牌的价值转化实现持久的顾客关系和更多的直接收益。

（2）网站推广。获得必要的访问量是网络营销取得成效的基础，尤其对于中小企业，由于经营资源的限制，发布新闻、投放广告、开展大规模促销活动等宣传机会比较少，因此通过互联网手段进行网站推广的意义显得更为重要，这也是中小企业对于网络营销更为热衷的主要原因。即使对于大型企业，网站推广也是非常必要的，事实上许多大型企业虽然有较高的知名度，但网站访问量也不高。因此，网站推广是网络营销最基本的职能之一，是网络营销的基础工作。

（3）信息发布。网络营销的基本思想就是通过各种互联网手段，将企业营销信息以高效的手段向目标用户、合作伙伴、公众等群体传递，因此信息发布就成为网络营销的基本职能之一。互联网为企业发布信息创造了优越的条件，不仅可以将信息发布在企业网站上，还可以利用各种网络营销工具和网络服务商的信息发布渠道向更大的范围传播信息。

（4）销售促进。市场营销的基本目的是为最终增加销售提供支持，网络营销也不例外，各种网络营销方法大都直接或间接具有促进销售的效果，同时还有许多针对性的网上促销手段，这些促销方法并不限于对网上销售的支持，事实上，网络营销对于促进网下销售同样很有价值，这也就是为什么一些没有开展网上销售业务的企业一样有必要开展网络营销的原因。

(5) 网上销售。网上销售是企业销售渠道在网上的延伸,一个具备网上交易功能的企业网站本身就是一个网上交易场所,网上销售渠道建设并不限于企业网站本身,还包括建立在专业电子商务平台上的网上商店,以及与其他电子商务网站不同形式的合作等,因此网上销售并不仅仅是大型企业才能开展,不同规模的企业都有可能拥有适合自己需要的在线销售渠道。

(6) 顾客服务。互联网提供了更加方便的在线顾客服务手段,从形式最简单的FAQ(常见问题解答),到电子邮件、邮件列表,以及在线论坛和各种即时信息服务等,在线顾客服务具有成本低、效率高的优点,在提高顾客服务水平方面具有重要作用,同时也直接影响到网络营销的效果,因此在线顾客服务成为网络营销的基本组成内容。

(7) 顾客关系。顾客关系对于开发顾客的长期价值具有至关重要的作用,以顾客关系为核心的营销方式成为企业创造和保持竞争优势的重要策略,网络营销为建立顾客关系、提高顾客满意度和顾客忠诚度提供了更为有效的手段,通过网络营销的交互性和良好的顾客服务手段,增进顾客关系成为网络营销取得长期效果的必要条件。

(8) 网上调研。网上市场调研具有调查周期短、成本低的特点,网上调研不仅为制订网络营销策略提供支持,也是整个市场研究活动的辅助手段之一,合理利用网上市场调研手段对于市场营销策略具有重要价值。网上市场调研与网络营销的其他职能具有同等地位,既可以依靠其他职能的支持而开展,同时也可以相对独立进行,网上调研的结果反过来又可以为其他职能更好的发挥提供支持。

网络营销的各个职能之间并非相互独立的,而是相互联系、相互促进的,网络营销的最终效果是各项职能共同作用的结果。网络营销的职能是通过各种网络营销方法来实现的,同一个职能可能需要多种网络营销方法的共同作用,而同一种网络营销方法也可能适用于多个网络营销职能。网络营销的八项职能也说明,开展网络营销需要用全面的观点,充分协调和发挥各种职能的作用,让网络营销的整体效益最大化。

5.1.3 网络营销的常用工具和方法

开展网络营销需要一定的网络营销工具和方法,基本的网络营销工具包括企业网站、搜索引擎、电子邮件、即时信息、电子书等,了解这些基本工具及其特性,是认识网络营销的基础。网络营销方法是对网络营销工具和各种网络资源的合理应用。网络营销工具与网络营销方法是相辅相成的,只有工具而没有应用,网络营销的价值就不会自动发挥出来,离开了网络营销工具,网络营销方法也将无所依托。

1. 网络营销的常用工具

(1) 企业网站。企业网站是一个综合性网络营销工具,也是开展网络营销的基础,网站建设是网络营销策略的重要组成部分,有效地开展网络营销离不开企业网站功能的支持,网站建设的专业水平同时也直接影响着网络营销的效果。企业网站有两种基本形式:信息发布型和在线销售型。前者是企业网站的基本形态,后者是企业网站发展到一定阶段的产物。企业网站具有八项主要的网络营销功能,充分理解企业网站的功能,才能把握企业网站与网络营销关系的本质,从而掌握这种内在关系的一般规律,建造适合网络营销需要的企业网站,为有效开展网络营销奠定基础。

(2) 搜索引擎。基于万维网的搜索引擎自1993年出现之后得到了迅速发展，已经成为网络用户获取信息和企业网站推广的重要手段之一。从工作原理来分，常见的搜索引擎有两类：一类是纯技术型的全文检索搜索引擎，其原理是通过机器手(即 Spider 程序)到各个网站收集、存储信息，并建立索引数据库供用户查询；另一类称为分类目录，利用各网站登录信息时填写的关键词和网站描述等资料，经过人工审核编辑后，输入数据库以供查询。搜索引擎无论从技术上，还是在服务方式上都在不断发展变化，这种变化也将直接影响搜索引擎营销的基本思想和操作方法。搜索引擎是互联网上最常用的服务之一，几乎应用于网络营销中的各个方面，主要功能在于信息收集、传递和交流。特别值得一提的是，电子商务与搜索引擎结合越来越紧密，谷歌和百度进军C2C市场就是典型例子。

(3) 电子邮件。电子邮件是最有效、最直接、成本最低的信息传递工具，拥有用户的E-mail地址对企业开展网络营销具有至关重要的意义。电子邮件在网络营销中的作用主要表现在八个方面：企业品牌形象、在线顾客服务、会员通讯与电子刊物、电子邮件广告、网站推广、产品/服务推广、收集市场信息、在线市场调查。

(4) 博客(BLOG)。博客也称为“网志”或“网络日志”。BLOG的全名来源于Web Log，后来缩写为Blog。“博客”既可以作为名词，也可以作为动词。当“博客”以名词形式出现时，通常指在网络上发表博客文章的人(Blogger)或者文章内容；当“博客”作为动词时，则指写博客文章。博客不仅被用于发布个人的网络日志，也成为企业发布信息的工具，因为博客被分为个人博客和企业博客。

严格的说，博客营销是一种基于个人知识资源(包括思想、体验等表现形式)的网络信息传递形式。因此，开展博客营销的基础问题是对某个领域知识的掌握、学习和有效利用，并通过对知识的传播达到营销信息传递的目的。通俗地讲，博客是指利用博客的方式，通过向用户传递有价值的信息而最终实现营销信息的传播。开展博客营销的前提是拥有对用户有价值的、用户感兴趣的知识，而不仅仅是广告宣传。

(5) RSS。RSS为Really Simple Syndication(简易供稿)的缩写，是某一站点用来和其他站点之间共享内容的一种简易方式，也叫聚合内容。RSS，原意是把网站内容如标题、链接、部分内容甚至全文转换为可延伸标示语言(XML：eXtensible MarkupLanguage)的格式，以向其他网站供稿。

简单地说，RSS是网站用来和其他站点之间共享内容的一种简易方法，从RSS阅读者的角度来看，RSS就是一种方便的信息获取工具。在许多新闻信息服务类网站，会有橙色的XML按钮或者蓝色的RSS按钮，这就是典型的提供RSS订阅的标志，这个图标一般链接到订阅RSS信息源的URL。当然，用户要通过RSS来获取信息的前提是先安装一个RSS阅读器(这也许是RSS应用中的一个障碍，特别是在我们已经习惯在线阅读的今天)，然后将提供RSS服务的网站加入到RSS阅读器的频道中，也就意味着你不必打开某个网站也可以实时获得该网站的信息。

(6) 其他网络营销工具。网络实名(或称为通用网址)是一种新兴的网络名称访问技术，通过建立通用网址与网站地址URL的对应关系，实现浏览器访问的一种便捷方式。网络实名允许网站访问者使用自己所熟悉的语言访问网站。网络实名(或通用网址)在网络营销中的作用主要表现在三个方面：有助于网址推广、增加了网站被用户发现的机会、同一网站可以拥有多个网络实名或通用网址。

电子书(E-Book)是一种作为传统印刷品替代技术的数字化出版方式,它在网络营销中发挥了积极的作用,主要用于网站推广、产品推广、顾客服务等。

即时信息(IM)指可以在线实时交流的工具,比如 MSN 和 QQ 等,也就是通常所说的在线聊天工具。IM 在网络营销中的应用主要有五个方面:实时交流增进顾客关系、在线顾客服务、在线销售中的导购服务、网络广告媒体、病毒性营销信息传播工具。

2. 网络营销的常用方法

根据企业是否建立网站,可将网络营销方法分为无站点网络营销和基于企业网站的网络营销。一般来说,凡是未建立企业网站即可采用的网络营销方法,对于已经建立网站的企业同样可以采用,并且营销效果会更好。无站点网络营销常用的方法包括:通过供求信息平台、分类广告、黄页服务、网络社区等渠道的信息发布,以及利用网上商店与网上拍卖等方式开展网上销售。基于企业网站的网络营销方法主要包括:搜索引擎营销、网站资源合作、病毒性营销、网络广告、许可 E-mail 营销、网络会员制营销等。这些基本的网络营销方法成为实现网络营销职能的基础,网络营销的开展就是对各种网络营销工具和方法分别或者相互组合的应用。网络营销是一个综合体,不仅网络营销各项职能之间存在密切的联系,各种网络营销方法之间也是相互关联的。

无线网络营销与网络营销之间存在着必然的联系,不过并不是常规网络营销在无线领域的复制,两者所采用的方法也不相同,无线营销具有一定的独特性。无线营销可以被看作是网络营销工具的一种延伸和补充。目前无线网络营销还没有形成系统的理论和方法,也没有成为网络营销内容体系中的常规策略。无线营销的方式以无线广告为主,尤其基于 GSM 的短信息发送更为成熟。目前无线网络营销应用主要面临的具体问题包括:无线网络营销中的用户许可问题、无线网络营销方法问题、无线网络营销的服务质量问题、用户个人信息保护问题等。

5.1.4　网络营销的发展现状及趋势

2008 年,在奥运会等重大活动的刺激下,中国网络营销规模达到 197.3 亿元,实现 53.0%的增长。可以看出,随着互联网普及率的进一步提升,网络营销已经得到越来越多广告主的重视,因此,市场规模在最近两年保持了快速的增长(图 5.1)。

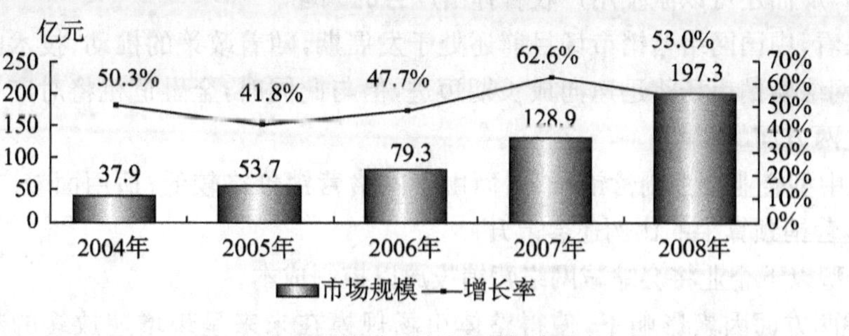

图 5.1　2004—2008 年中国网络营销市场规模(赛迪顾问　2009 年 1 月)

2008 年,中国网络营销市场中,包含品牌图形广告、固定文字链广告、分类广告、富媒体广告等在内的网络广告占据最大的规模,达到 102.7 亿元,占据超过一半的市场份额。搜索引擎以 25.5%的比例占据市场第二的份额(图 5.2)。

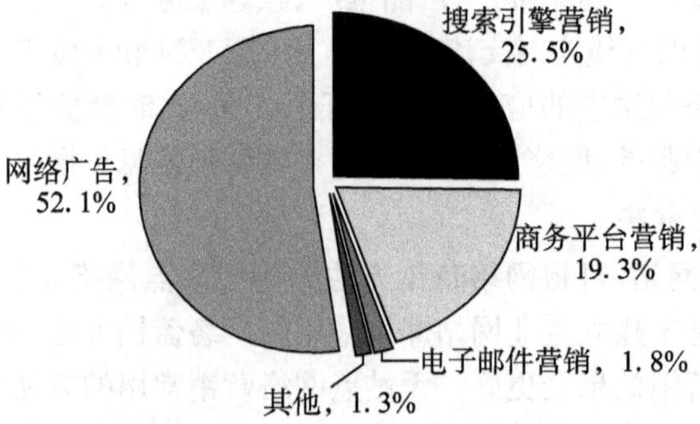

图 5.2　2008 年中国网络营销市场结构(赛迪顾问　2009 年 1 月)

总的来说，2008 年中国网络营销市场呈现以下三大特点：

首先，网络营销已成为企业市场营销的重要选择。随着互联网的普及率日益提高，截至 2008 年底，已经有超过 2.9 亿人群通过互联网来获取信息。利用互联网进行营销已经成为广告主市场营销的必然选择。赛迪顾问统计：2008 年，超过 100 万企业采用过互联网营销，采取的形式丰富多彩，包括在各类型网站投放图形广告 、文字链广告，利用搜索引擎进行竞价排名营销，利用游戏、视频类媒体进行植入式广告，利用社区类网站所进行的互动营销。

其次，网络营销行业价值链日益成熟推动市场快速发展。随着网络营销行业的快速发展，行业的价值链日益成熟，与传统营销业类似，目前，网络营销行业已经形成了比较成熟的价值链，涵盖了包括网络媒体、网络媒体代理、网络广告设计、广告主在内的价值链体系。价值链上各环节紧密合作，共同推动网络营市场保持快速发展。

第三，营销方式丰富多样，提升营销价值得益于互联网技术、网页技术等的快速发展，互联网为广告主提供了越来越多的营销方式，极大地丰富了广告主的选择、提升了互联网营销的价值。为了保证用户具有较好的使用体验，能在不被干扰的情况下、以比较平和的心态接受网络营销，一些视频类媒体，如优酷、土豆、PPLive、暴风影音等开发了“暂停弹出式”广告：即在视频播放过程中不弹出广告，而是在用户暂停视频时，再弹出广告，这样不会影响用户的使用体验，反而还可以激发用户收看弹出广告的兴趣。

总体来看，中国网络营销市场目前还处于发展期，随着政策的推动、技术的发展以及市场的成熟，网络营销市场将迅速向成长期迈进，但与此同时，金融危机将对广告主的网络营销投放产生两方面的影响：

(1) 大中型企业会控制营销预算，而由于网络营销价格较低、适用面较广等优势，网络营销在总体营销预算中的比例还会上升；

(2) 中型以下企业将会缩减网络营销投放以控制成本。

在上述两方面因素影响下，使得整体市场规模在未来呈现增速放缓的趋势。预计到 2010 年，整体市场增速降至最低，为 20.2%，2011 年市场增长速率增加，达到 22.8%；市场规模将达到 375.4 亿元。虽然网络营销市场增长率有所降低，但其增长率高于整体广告市场的增长。

5.2　电子商务的支付技术

5.2.1　传统支付与电子支付

所谓传统支付，主要是以面对面的支付和以现金或纸介质凭证为主的支付方式。目前电子商务网站支持的传统支付方式主要有货到付款、邮局汇款、银行转账以及合作网点支付等方式。

1. 货到付款

货到付款是传统商务中普遍使用的支付方式。这种面对面的现金交易中，买方和卖方处于同一个位置，由于现金本身是有效的，所以卖方不再需要了解买方的真实身份，交易一般是匿名进行。使用现金交易方便灵活，是真正的"一手交钱，一手交货"，交易立刻完成，使买卖双方都感到放心。缺点是，受时间、地点的限制；对于大宗交易，要携带大量现金，不方便不安全；对卖方存在买方拒付或欺诈的风险。

2. 邮局汇款

这种交易方式，主要是指顾客在网上选择好商品，下了订单后要按照商家的要求将货款通过邮局汇到指定银行的指定账号，商家在收到银行的收款通知后就会按订单向顾客发货。这种支付方式，避免了大宗交易带来的风险，同时也可以有效防止卖方收不到货款的危险。但对于买方而言，则又存在以下缺点：汇款需顾客亲自到邮局办理，费时费力；邮局汇款到卖家收到发货需要等待较长时间；顾客需承担卖方不发货或货物质量问题等风险。

3. 银行转账

顾客在使用此支付方式时，需先确定自己的银行卡上有等于或多于发货款额的可用现金，然后通过银行向商家的开户银行转账，并向商家发出款到通知。这时，商家就按订单向顾客发货。这种方式同邮局汇款相同，也保证了卖方能够及时收到资金。但也存在一些缺点：顾客仍需去银行办理手续，受时间、地点的限制；虽比邮局汇款快，但与网上支付相比，仍慢很多；不同银行、不同地点间转账，均需要手续费，一般顾客会感到非常麻烦；顾客需要承担卖方收款不发货的风险。

所谓电子支付，指的是电子交易的当事人(包括消费者、厂商、金融机构)使用安全电子支付手段通过网络进行的货币支付或资金流转。电子支付的目的在于减少交易各方的支付成本、加快处理速度、方便客户等。它彻底改变了传统支付的运作过程，使得消费者可以在任何地点、任何时间，通过互联网获得银行和商家的支付服务，无需再到邮局或银行办理传统的柜台业务。

电子支付的概念最早产生于 20 世纪 70 年代，在电子商务中已经得到了广泛的应用。电子支付的 5 种形式分别代表着电子支付的不同发展阶段(如图 5.3 所示)。

与传统的支付方式相比，电子支付具有以下特征：

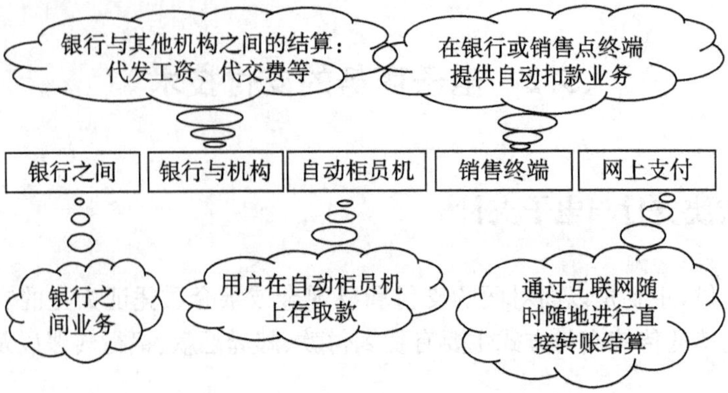

图 5.3　电子支付的 5 种形式

(1) 电子支付是采用先进的技术通过数字流转来完成信息传输的；

(2) 电子支付的工作环境是基于一个开放的系统平台，即互联网；

(3) 电子支付使用的是最先进的通信手段，如 Internet、Extranet，而传统支付使用的则是传统的通信媒介；

(4) 电子支付具有方便、快捷、高效、经济的优势。

在电子商务中，支付过程是整个商贸活动中非常重要的一个环节，同时也是电子商务中准确性、安全性要求最高的业务过程。电子支付的资金流是一种业务过程，而非一种技术。但是在进行电子支付活动的过程中，会涉及很多技术问题。我们接下来会讲到。

5.2.2　电子支付系统

一个完整的电子支付系统不仅仅只包含银行、商家、顾客，而是几乎涉及电子商务活动中的所有实体。这里对电子支付系统的组成(如图 5.4 所示)作一个简单介绍。

其中，电子支付系统的各个部分含义分别如下：

(1) 交易主体　网上支付系统的主体应包含买(消费者或客户)卖(企业或政府)双方。

(2) 法律和诚信体系　属于网上交易与支付的环境的外层，是由国家及国际相关法律法规的支撑来予以实现，另外还要依靠完善的社会诚信体系。

(3) 安全协议　网络支付系统应有安全电子交易协议(Secure Electronic Transaction，简称 SET)或安全套接层协议(Security Socket Layer，简称 SSL)等安全控制协议，这些设计安全的协议构成了网上交易可靠的技术支撑环境。

(4) 金融机构　包括网络金融服务机构，商家银行和用户银行。

(5) 认证体系　公开安全的第三方认证体系，这一体系可以在商家与用户进行网上交易时为他们颁发电

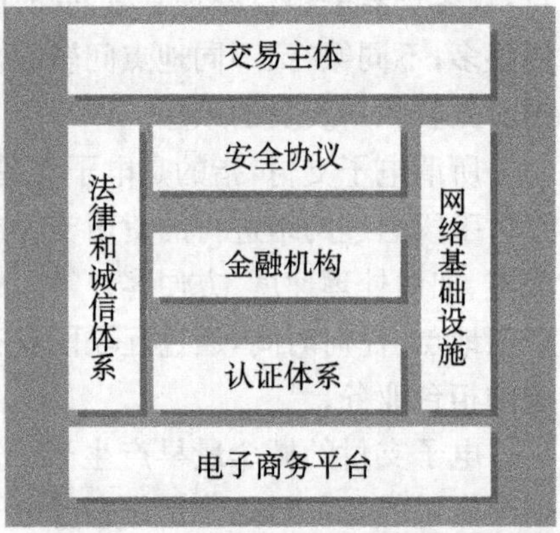

图 5.4　电子支付系统的组成

子证书,在交易行为发生时,对电子证书和数字签名进行验证。

(6) 网络基础设施　电子支付建立在网络平台之上,包括因特网、企业内部专用网,要求运行可靠、接入速度快、安全等。

(7) 电子商务平台　可靠的电子商务网站以及网上支付工具(电子支票、信用卡、电子现金等)。

5.2.3 电子货币

在电子支付系统中,多样的电子支付工具起到了关键的作用。本节就对电子货币做一个简单介绍。

电子货币是以金融电子化网络为基础,以商用电子化设备和各类交易卡为媒介,以电子计算机技术和通信技术为手段,以电子数据(二进制数据)形式存储在银行的计算机系统中,并通过计算机网络系统以电子信息传递形式实现流通和支付功能的货币。

电子货币具有以下特点:

(1) 以电子计算机技术为依托,进行储存,支付和流通;

(2) 可广泛应用于生产、交换、分配和消费领域;

(3) 集储蓄、信贷和非现金结算等多种功能为一体;

(4) 电子货币具有使用简便、安全、迅速、可靠的特征;

(5) 现阶段电子货币的使用通常以银行卡(磁卡、智能卡)为媒体。

目前,我国流行的电子货币主要有 4 种类型。

1. 储值卡型电子货币

储值卡型电子货币就是功能得到进一步提升的储值卡。一般以磁卡或集成电路卡(Integrate Circuit,简称 IC 卡)的形式出现,其发行主体除了商业银行之外,还有通信部门(电话充值卡、IC 磁卡)、IC 企业(上网卡)、商业零售企业(各类购物消费卡)、交通部门(公交卡,地铁 IC 卡)、政府机关(内部消费 IC 卡)和学校(校园 IC 卡)等。

发行主体在预收客户资金后,发行等值储值卡,使储值卡成为独立于银行存款之外新的“存款账户”。但由于储值卡型电子货币通常采用不记名的方式使用,因此,电子货币支付存在一定的风险。

2. 信用卡应用型电子货币

信用卡(Credit Card)应用型电子货币是指商业银行、信用卡公司等发行主体发行的贷记卡或准贷记卡。可在发行主体规定的信用额度内贷款消费,之后于规定时间还款。贷记卡或准贷记卡这两个概念之间有明显的不同。

贷记卡是指发卡银行给予持卡人一定的信用额度,持卡人可在信用额度内先消费,后还款的银行卡,一般可以透支取现。贷记卡是真正意义上的信用卡,不需要担保人,完全根据个人信用而获得透支信用额度。贷记卡存款不计息,也就是说,假如卡上没有一分钱,而你拥有一万元的信用额度,就可以先消费一万元,而后只要在免息还款期内还款,就可以不用支付利息(取现、转账除外)。

准贷记卡介于借记卡和贷记卡之间,需先存入备用金才能消费,存款计息,虽可以透支,但额度不高，从透支之日起按万分之五计算透支利息。

现在所说的信用卡，一般单指贷记卡。

3. 存款利用型电子货币

存款利用型电子货币主要有借记卡、电子支票等，用于对银行存款以电子化方式支取现金、转账结算、划拨资金。

借记卡（Debit Card）是指先存款后消费（或取现），没有透支功能的信用卡。其按功能不同，又可分为转账卡（含储蓄卡）、专用卡及储值卡。是一种具有转账结算、存取现金、购物消费等功能的信用工具，它还附加了转账、缴费、买基金、炒股等众多理财等功能，提供了大量增值服务。

电子支票（Electronic Check）是纸质支票的电子替代物，它与纸质支票一样是用于支付的一种合法方式，它使用数字签名和自动验证技术来确定其合法性。监视器的屏幕上显示出来的电子支票样子十分像纸质支票，填写方式也相同，支票上除了必须的收款人姓名、账号、金额和日期外，还隐含了加密信息。电子支票通过电子函件直接发送给收款方，收款人从电子邮箱中取出电子支票，并用电子签名签署收到的证实信息，再通过电子函件将电子支票送到银行，把款项存入自己的账户，如图 5.5 所示。

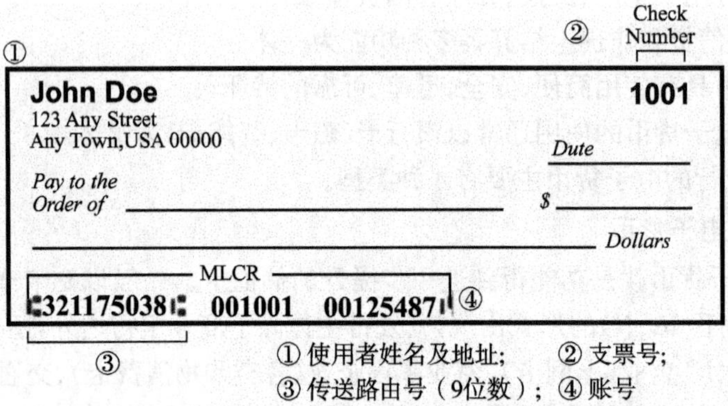

图 5.5　电子支票样本

电子支票交易的过程可以分以下几个步骤（如图 5.6 所示）：

(1) 消费者和商家达成购销协议并选择用电子支票支付。

(2) 消费者通过网络向商家发出电子支票，同时向银行发出付款通知单。

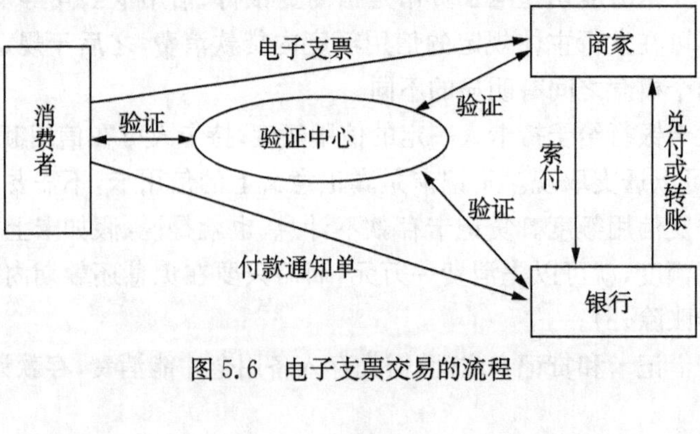

图 5.6　电子支票交易的流程

(3) 商家通过验证中心对消费者提供的电子支票进行验证,验证无误后将电子支票送交银行索付。

(4) 银行在商家索付时通过验证中心对消费者提供的电子支票进行验证,验证无误后即向商家兑付或转账。

4. 现金模拟型电子货币

主要有两种:一种是基于 Internet 网络环境使用的且将代表货币价值的二进制数据保管在微机终端硬盘内的电子现金(E-cash,E-money 或者 Digital Cash);一种是将货币价值保存在 IC 卡内并可脱离银行支付系统流通的电子钱包(Electronic Wallet,简称 E-Wallet)。该类电子货币具备现金的匿名性,可用于个人间支付、并可多次转手等特性,是以代替实体现金为目的而开发的,一旦得到普及,则对国家的货币体系影响很大。

电子现金是一种以数据形式流通的货币。它把现金数值转换成为一系列的加密序列数,通过这些序列数来表示现实中各种金额的币值。用户在开展电子现金业务的银行开设账户,并在账户内存钱后就可以在接受电子现金的商店购物了。

当用户拨号进入互联网网上银行,使用一个口令(Password)和个人识别码(PTN)来验明自身,直接从其账户中下载成包的低额电子“硬币”时,这时候电子现金才起作用。然后,这些电子现金被存放在用户的硬盘当中,直到用户从网上商家进行购买为止。为了保证交易安全,计算机还为每个“硬币”建立随时选择的序号,并把这个号码隐藏在一个加密的信封中,这样就没有人可以搞清是谁提取或使用了这些电子现金。按这种方式购买实际上可以让买主无迹可寻,提倡个人隐私权的人对此很欢迎。

总部设在荷兰的 Digicash 公司是目前唯一一家在商业上提供真正的电子现金系统的公司,数字设备公司(DEC)也紧随其后。Digicash 公司于 1995 年 10 月就开始在美国圣路易 Mark Twain 银行试验一种名为 CyberrBucks 的电子现金系统,目前大约有 50 家 Internet 厂商和 1 000 名客户使用这种电子现金。据 Mark Twain 银行的高级副行长兼国际市场主管 Frank Trottert 称:“第一阶段是零售商业系统,然而真正的潜力在第二阶段,我认为这一阶段将形成一个全球性的面向商业的支付网络。”他还说,用户一直认为电子现金使用起来非常方便。目前使用该系统发布 E-Cash 的银行有 10 多家,包括 Mark Twain、Eunet Deutsche、Advance 等世界著名银行。IBM 公司的 Mini-pay 系统提供了另一种 E-Cash 模式,该产品使用 RSA 公司密匙数字签名,交易各方的身份认证是通过证书来完成的,电子货币的证书当天有效,该产品主要用于网上的小额交易。

电子现金具有以下特点:

(1) 银行和商家之间应有协议和授权关系。

(2) 用户、商家和 E-Cash 银行都需使用 E-Cash 软件。

(3) E-Cash 银行负责用户和商家之间资金的转移。

(4) 身份验证是由 E-Cash 本身完成的。

(5) 匿名性。

(6) 具有现金特点,可以存、取、转让,适用于小的交易量。

电子现金支付方式存在的一些问题:

(1) 只有少数商家接受电子现金,而且只有少数几家银行提供电子现金开户服务。

(2) 成本较高。

(3) 存在货币兑换问题。

(4) 风险较大。

电子现金的支付过程可以分为四步：

(1) 用户在 E-Cash 发布银行开立 E-Cash 账号，用现金服务器账号中预先存入的现金来购买电子现金证书，这些电子现金就有了价值，并被分成若干成包的“硬币”，可以在商业领域中进行流通。

(2) 使用计算机电子现金终端软件从 E-Cash 银行取出一定数量的电子现金存在硬盘上，通常少于 100 美元。

(3) 用户与同意接收电子现金的厂商洽谈，签订订货合同，使用电子现金支付所购商品的费用。

(4) 接收电子现金的厂商与电子现金发放银行之间进行清算，E-Cash 银行将用户购买商品的钱支付给厂商。

电子钱包是电子商务购物活动中常用的一种支付工具，其适于小额购物。在电子钱包内存放的电子货币，如电子现金、电子零钱、电子信用卡等。使用电子钱包购物，通常需要在电子钱包服务系统中进行。电子商务活动中电子钱包的软件通常都是免费提供的。目前世界上有 VISA Cash 和 Mondex 两大电子钱包服务系统。全球已有很多国家正在建立电子钱包系统以便取代现金交易的模式，目前，我国也正在开发和研制电子钱包服务系统。

电子钱包的主要功能有：

(1) 个人资料管理

消费者成功申请钱包后，系统将在电子钱包服务器为其开立一个属于个人的电子钱包档案，消费者可在此档案中增加、修改、删除个人资料。

(2) 网上付款

消费者在网上选择商品后，登录到电子钱包，选择入网银行卡，向“金融联”支付网关发出付款指令来进行支付。

(3) 交易记录查询

消费者可对通过“金融联”电子钱包完成支付的所有历史交易记录进行查询。

(4) 银行卡余额查询

消费者可通过“金融联”电子钱包查询个人银行卡余额。

(5) 商户站点链接

“金融联”电子钱包内设众多商户站点链接，用户可通过链接直接登录商户站点进行购物。

电子钱包具有以下特点：

(1) 安全：电子钱包用户的个人资料存储在服务器端，通过技术手段确保安全，不在个人电脑上存储任何个人资料，从而避免了资料泄露的危险。

(2) 个性：消费者在申请钱包成功后，即在服务器端拥有了自己的档案，当外出旅游或公务时，不用再随身携带电子钱包资料，即可进行网上支付。

(3) 方便：电子钱包内设众多商户站点链接，消费者可通过链接直接进入商户站点进行购物。

(4) 快速：通过电子钱包，完成一笔支付指令的正常处理，只需 10～20 秒（视网络及通信情况而定)。

电子钱包的支付过程如下:

(1) 在提供电子钱包业务的银行创建电子钱包用户。在相应的“电子钱包管理”选项中,添加可用来支付的信用卡或借记卡,并获取客户端证书。

(2) 客户使用计算机通过Internet连接商家网站,如在淘宝网查找购买物品。顾客检查且确认自己的购物清单后,利用电子钱包进行网络支付(实际选择对应的信用卡,如长城借记卡)。

(3) 如经发卡银行确认后被拒绝且不予授权,则说明此卡不够钱或没有钱,可换卡再次付款。

(4) 发卡银行证实此卡有效且授权后,后台网络平台将资金转移到商家收单银行的资金账号,完成结算,回复商家和客户。

(5) 商家按订单发货,与此同时,商家或银行服务器端记录整个过程中发生的财务与物品数据,供客户电子钱包管理软件查询。

5.2.4　网上支付

我们在5.2.1节中提到,电子支付指的是电子交易的当事人(包括消费者、厂商、金融机构)使用安全电子支付手段通过网络进行的货币支付或资金流转。而安全的电子支付手段有很多种,例如通过银行自助终端设备进行的电子支付,通过IC卡进行公交地铁的客票支付,通过移动设备、电视、互联网络进行的网上支付等,凡是涉及电子设备,并通过某种网络进行安全的货币支付或资金流转的支付,我们都可以把它归结为电子支付的活动。因此,电子支付的概念是一个泛指,我们此节仅以典型的网上支付为例,简单介绍网上支付以及第三方支付系统。有关于移动支付的概念特征,将会在第9章中具体说明。

1. 网上支付的概念及流程

网上支付是基于电子支付发展起来的,它是电子支付的一个最新发展阶段。网上支付,又称网上支付与结算(Net Payment 或 Internet Payment),它是以金融电子化网络为基础,以商用电子化工具和各类交易卡为媒介,采用现代计算机技术和通信技术作为手段,通过计算机网络系统,以电子信息传递的形式来实现资金的流通和支付。

网上支付与结算的过程涉及客户、商家、银行或其他金融机构、商务认证管理部门。可以说,这个体系是融购物流程、支付与结算、安全技术、认证体系、信用体系以及现有的金融体系为一体的综合性大系统。

一般的网上支付流程可用图5.7表示。

(1) 消费者利用自己的PC机通过因特网选定所要购买的物品,并在计算机上输入订货单,订货单上需包括在线商店、购买物品名称及数量、交货时间及地点等相关信息。

(2) 通过电子商务服务器与有关在线商店联系,在线商店做出应答,告诉消费者所填订货单的货物单价、应付款数、交货方式等信息是否准确,是否有变化。

(3) 消费者选择付款方式(如信用卡、电子钱包、电子现金、电子支票或网络银行账号等),核对确认订单,签发付款指令。

(4) 商家服务器对客户的订购信息进行检查、确认，并把相关的、经过加密的客户支付信息等转发给支付网关，直至银行专用网络的银行后台业务服务器确认，以期从银行等电子货币发行机构验证获得支付资金的授权。

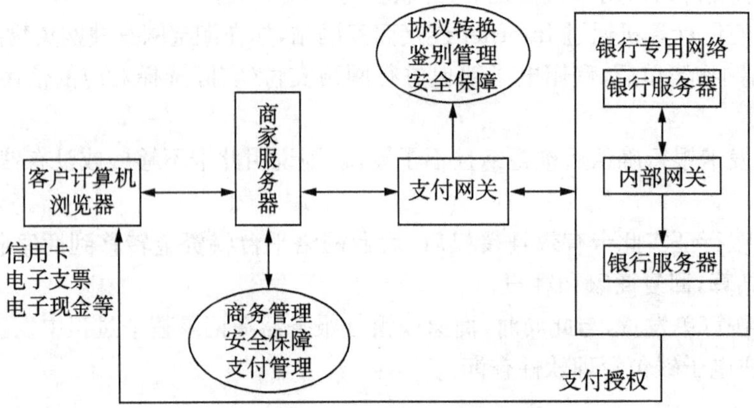

图 5.7　网上支付的一般流程

(5) 银行验证确认后，通过建立起来的经由支付网关的加密通信通道，给商家服务器发送确认及支付结算信息。

(6) 银行得到客户传来的进一步授权结算信息后，把资金从客户账号转拨至开展电子商务的商家银行账号上，借助金融专用网进行结算，并分别给商家、客户发送支付结算成功信息。

(7) 商家服务器收到银行发来的结算成功信息后，给客户发送网络付款成功信息和发货通知。至此，一个典型的网上支付结算流程结束。商家和客户可以分别借助网络查询自己的资金余额信息，进行核对。

图 5.7 所示的网上支付一般流程只是对目前各种网上支付结算方式的普遍归纳，并不表示每一种网上支付方式的应用流程都要和图 5.7 所示一模一样，像信用卡、电子现金、网络银行账号的网上支付结算流程就有所差别，但大致遵守图 5.7 所示流程。

2. 第三方支付

电子商务建立在一个虚拟的平台之上，通过电子通信技术克服时间和空间上的障碍，传递商家和消费者之间的信息，使交易的效率大大的提高，但同时也带来了相应的风险。由于商家与消费者之间的交易不是面对面进行的，而且物流与资金流在时间和空间上都是分离的，这就会存在着信息的不对称，如果没有信用电子商务将无法进行。正是由于这种原因才导致了商家与消费者之间的博弈：商家不愿先发货，怕货发出后不能收回货款；消费者不愿先支付，怕支付后拿不到商品。博弈的最终的结果是双方都不愿意先冒险，网上购物无法进行。而第三方支付平台正是在商家与消费者之间建立了一个公共的、可以信任的中介，由于消费者上网，长期的交往使他对第三方支付建立了信任，而商家看到网上市场的商机，他也愿意与第三方建立签约的合同关系，以期待这个市场能给他带来潜在的利润。

中国互联网络信息中心（CNNIC）发布的《2008 年中国网络购物调查研究报告》中指

出，从网购用户总体来看，使用电子支付手段的网民比例达到71.3%，而在电子支付种类方面，目前比例最大的是支付宝，2007年交易总额达到500亿元。可见第三方支付已经在电子支付方面占据主要地位。

“第三方支付”是具有信誉保障、采用与相应各银行签约方式、提供与银行支付结算系统接口和通道服务的能实现资金转移和网上支付结算服务的机构。作为双方交易的支付结算服务中间商，它具有“提供服务通道”，并通过第三方支付平台实现交易和资金转移结算安排的功能。

它们一般运行的模式为：买方选购商品后，使用第三方平台提供的账户进行货款支付，第三方在收到代为保管的货款后，通知卖家货款到账，要求商家发货；卖方发货后，买方收到货物，并检验商品进行确认，再通知第三方，然后，第三方将其款项转划至卖家账户上。这种交易完成的过程其实质是一种提供结算信用担保的中介服务方式。

第三方支付作为目前主要的网络交易手段和信用中介，最重要的是起到在网上商家和银行之间建立起连接，实现第三方监管和技术保障的作用。采用第三方支付，可以安全实现从消费者、金融机构到商家的在线货币支付、现金流转、资金清算、查询统计等流程；为商家开展B2B、B2C交易等电子商务服务和其他增值服务提供完善的支持。

第三方支付的特点：

(1) 第三方支付平台提供一系列的应用接口程序，将多种银行卡支付方式整合到一个界面上，负责交易结算中与银行的对接，使网上购物更加快捷、便利。消费者和商家不需要在不同的银行开设不同的账户，可以帮助消费者降低网上购物的成本，帮助商家降低运营成本；同时，还可以帮助银行节省网关开发费用，并为银行带来一定的潜在利润。

(2) 较之SSL、SET等支付协议，利用第三方支付平台进行支付操作更加简单而易于接受。SSL是现在应用比较广泛的安全协议，在SSL中只需要验证商家的身份。SET协议是目前发展的基于信用卡支付系统的比较成熟的技术。但在SET中，各方的身份都需要通过CA进行认证，程序复杂，手续繁多，速度慢且实现成本高。有了第三方支付平台，商家和客户之间的交涉由第三方来完成，使网上交易变得更加简单。

下面我们以支付宝为例，简单描述第三方支付平台的一般功能。

支付宝(中国)网络技术有限公司是国内领先的独立第三方支付平台，由阿里巴巴集团创办(见图5.8)。目前除淘宝和阿里巴巴外，支持使用支付宝交易服务的商家已经超过46万家；涵盖了虚拟游戏、数码通信、商业服务、航空机票等行业。

支付宝面向不同的用户，分别开展了多种针对性的支付业务。对于个人，可通过支付宝卡、各种银行卡、邮政储蓄以及线下合作网点等进行支付。对于企业，同时提供批量付款，协助推广平台，网站集成支付宝，行业支付解决方案等服务，极大地方便了企业和个人的电子支付需求。

另外，支付宝在支付安全性能方面，除了采用独立的支付密码、网站SSL加密技术等安全措施外，它还采用了目前最为安全的安全技术手段——数字证书技术，使用了数字证书技术后，即使用户发送的信息在网上被他人截获，甚至丢失了个人的账户、密码等信息，仍可以保证自己的账户、资金安全。可以说，使用数字证书技术，可以有效地保证账户及支付的安全。

图 5.8　支付宝平台

5.3　电子商务物流技术

电子商务运作必须有物流的支持。本节首先介绍物流及物流管理的含义，然后介绍物流配送及配送中心的定义和功能，分析电子商务物流配送模式和影响企业选择模式的因素，指出电子商务环境下物流业的特点和发展方向。

5.3.1　物流概述

1. 物流的概念

“物的流通”(Physical Distribution)这一术语，在日本始见于 1955—1964 年。1956 年 10—11 月，日本生产效益本部派“流通技术专门考察团”赴美考察。该考察团回国后，发表了《流通技术》(日本生产效益本部 Productivity Report 第 33 号)的考察报告。报告中首次将 Physical Distribution 译为“物的流通”。而生产物流为人们广泛使用则是在 1964—1965 年。1964 年通产省产业构造审议会流通部会，设立流通委员会。1965 年 1 月内阁会议在所制订的中期经济计划中，强调指出加速“物的流通”的现代化。1965 年运输省发表的《运输白皮书》副题即为《近代化过程的物的流通》。这一时期“物的流通”受到极大的关注。其后，“物的流通”简称为“物流”，它具有了更为广泛的内涵。

不少组织和学者为物流下过定义，本书作者认为，物流是为消除商品从生产者到消费者之间的场所间隔和时间间隔的物理性经流活动。具体地说，包括运输、保管、搬运、包装、流通加工、信息活动等。由此可知物流不只是物品的机械性流动，还包括物流过程中的信息处理过程。

2. 物流的分类

物流的分类有多种。如果按照从事物流的主体进行划分,可分为第一、二、三、四方物流等;按物流的行业划分,可分为生产、批发、零售、邮政物流等;按物流活动的地域划分,可分为国内、国际、沿海、内地等;按物流活动的范围划分,可分为水路、公路、铁路、管道运输物流等;按照物流的作用划分可分为运输、储存、包装、加工、分捡等;按照物流活动的性质划分,可分为专业物流、综合物流、内贸物流和外贸物流。

例如按从事物流主体具体划分如下:

(1) 第一方物流

第一方物流是指需求方(生产企业或流通企业)为满足自己企业在物流方面的需求,由自己完成或运作的物流业务。

(2) 第二方物流

第二方物流是指供应方(生产厂家或原材料供应商)专业物流企业,提供运输、仓储等单一或某种物流服务的物流业务。

(3) 第三方物流

第三方物流(Third Party logistics 缩写 TPL)是指由物流的供应方与需求方以外的物流企业提供的物流服务。即由第三方专业物流企业以签订合同的方式为其委托人提供所有的或一部分的物流服务。所以第三方物流也称之为合同制物流。

(4) 第四方物流

第四方物流(Fourth party logistics)是一个供应链的集成商,是供需双方及第三方的领导力量。它不是物流的利益方,而是通过拥有的信息技术、整合能力以及其他资源提供一套完整的供应链解决方案,以此获取一定的利润。它是帮助企业实现降低成本和有效整合资源,并且依靠优秀的第三方物流供应商、技术供应商、管理咨询以及其他增值服务商,为客户提供独特的和广泛的供应链解决方案。

3. 物流的功能

物流的功能涉及运输、仓储、包装、装卸搬运、流通加工、配送、信息服务等。

(1) 运输功能

运输是物流的核心业务之一,也是物流系统的一个重要功能。选择何种运输手段对于物流效率具有十分重要的意义,在决定运输手段时,必须权衡运输系统要求的运输服务和运输成本,可以以运输机具的服务特性作为判断的基准:运费、运输时间、频度、运输能力、货物的安全性、时间的准确性、适用性、伸缩性、网络性和信息等。

(2) 仓储功能

在物流系统中,仓储和运输是同样重要的构成因素。仓储功能包括了对进入物流系统的货物进行堆存、管理、保管、保养、维护等一系列活动。仓储的作用主要表现在两个方面:一是完好地保证货物的使用价值,二是为将货物配送给用户,在物流中心进行必要的加工活动而进行的保存。随着经济的发展,物流由少品种、大批量物流进入到多品种、小批量或多批次、小批量物流时代,仓储功能从重视保管效率逐渐变为重视如何才能顺利地进行发货和配送作业。流通仓库作为物流仓储功能的服务据点,在流通作业中发挥着重要的作用,它将不再以储存保管为其主要目的。流通仓库包括拣选、配货、检验、分类等作业并具有多品种、小批量，多批次、小批量等收货配送功能以及附加标签，重新包装等流通加工功能。根据使用目的，仓库的形式可分为：

配送中心（流通中心）型仓库　具有发货，配送和流通加工的功能；

存储中心型仓库　以存储为主的仓库；

物流中心型仓库　具有存储、发货、配送、流通加工功能的仓库。

物流系统现代化仓储功能的设置，以生产支持仓库的形式，为有关企业提供稳定的零部件和材料供给，将企业独自承担的安全储备逐步转为社会承担的公共储备，减少企业经营的风险，降低物流成本，促使企业逐步形成零库存的生产物资管理模式。

（3）包装功能

为使物流过程中的货物完好地运送到用户手中，并满足用户和服务对象的要求，需要对大多数商品进行不同方式、不同程度的包装。包装分工业包装和商品包装两种。工业包装的作用是按单位分开产品，便于运输，并保护在途货物。商品包装的目的是便于最后的销售。因此，包装的功能体现在保护商品、单位化、便利化和商品广告等几个方面。前三项属物流功能，最后一项属营销功能。

（4）装卸搬运功能

装卸搬运是随运输和保管而产生的必要物流活动，是对运输、保管、包装、流通加工等物流活动进行衔接的中间环节，以及在保管等活动中为进行检验、维护、保养所进行的装卸活动，如货物的装上卸下、移送、拣选、分类等。装卸作业的代表形式是集装箱化和托盘化，使用的装卸机械设备有吊车、叉车、传送带和各种台车等。在物流活动的全过程中，装卸搬运活动是频繁发生的。因而是产品损坏的重要原因之一。对装卸搬运的管理，主要是对装卸搬运方式、装卸搬运机械设备的选择和合理配置与使用以及装卸搬运合理化，尽可能减少装卸搬运次数，以节约物流费用，获得较好的经济效益。

（5）流通加工功能

流通加工功能是在物品从生产领域向消费领域流动的过程中，为了促进产品销售、维护产品质量和实现物流效率化，对物品进行加工处理，使物品发生物理或化学性变化的功能。这种在流通过程中对商品进一步的辅助性加工，可以弥补企业、物资部门、商业部门生产过程中加工程度的不足，更有效地满足用户的需求，更好地衔接生产和需求环节，使流通过程更加合理化，是物流活动中的一项重要增值服务，也是现代物流发展的一个重要趋势。

流通加工的内容有装袋、定量化小包装、拴牌子、贴标签、配货、挑选、混装、刷标记等。流通加工功能其主要作用表现在：进行初级加工，方便用户；提高原材料利用率；提高加工效率及设备利用率；充分发挥各种运输手段的最高效率；改变品质，提高收益。

（6）配送功能

配送功能的设置，可采取物流中心集中库存、共同配货的形式，使用户或服务对象实现零库存，依靠物流中心的准时配送，而无需保持自己的库存或只需保持少量的保险储备，减少物流成本的投入。配送是现代物流的一个最重要的特征。

（7）信息服务功能

现代物流是需要依靠信息技术来保证物流体系正常运作的。物流系统的信息服务功能，包括进行与上述各项功能有关的计划、预测、动态（运量、收、发、存数）的情报及有关的费用情报、生产情报、市场情报活动。物流情报活动的管理，要求建立情报系统和情报渠道，正确选定情报科目和情报的收集、汇总、统计、使用方式，以保证其可靠性和及时性。

从信息的载体及服务对象来看，该功能还可分成物流信息服务功能和商流信息服务功能。商流信息主要包括进行交易的有关信息，如货源信息、物价信息、市场信息、资金信息、合同信息、付款结算信息等。商流中交易、合同等信息，不但提供了交易的结果，也提供了物流的依据，是两种信息流主要的交汇处；物流信息主要是物流数量、物流地区、物流费用等信息。物流信息中库存量信息不但是物流的结果，也是商流的依据。

物流系统的信息服务功能必须建立在计算机网络技术和国际通用的 EDI 信息技术基础之上，才能高效地实现物流活动一系列环节的准确对接，真正创造“场所效用”及“时间效用”。可以说，信息服务是物流活动的中枢神经，该功能在物流系统中处于不可或缺的重要地位。

信息服务功能的主要作用表现为：缩短从接受订货到发货的时间；库存适量化；提高搬运作业效率；提高运输效率；使接受订货和发出订货更为省力；提高订单处理的精度；防止发货，配送出现差错；调整需求和供给；提供信息咨询等。

4. 物流管理的概念

物流管理(Logistics Management)是指在社会再生产过程中，根据物质资料实体流动的规律，应用管理的基本原理和科学方法，对物流活动进行计划、组织、指挥、协调、控制和监督，使各项物流活动实现最佳的协调与配合，以降低物流成本，提高物流效率和经济效益。现代物流管理是建立在系统论、信息论和控制论的基础上的。

5. 物流配送中心

(1) 物流配送中心概念

日本《市场用语词典》对物流配送中心的解释是：“是一种物流节点，它不以贮藏仓库的这种单一的形式出现，而是发挥配送职能的流通仓库。也称作基地、据点或流通中心。配送中心的目的是降低运输成本、减少销售机会的损失，为此建立设施、设备并开展经营、管理工作。”

《物流手册》对物流配送中心的定义是：“物流配送中心是从供应者手中接受多种大量的货物，进行倒装、分类、保管、流通加工和情报处理等作业，然后按照众多需要者的订货要求备齐货物，以令人满意的服务水平进行配送的设施。”

本书作者比较认可王之泰在《物流学》中的定义：“配送中心是从事货物配备(集货、加工、分货、拣选、配送)和组织对用户的送货，以高水平实现销售或供应的现代流通设施。”

可以从四个方面理解该定义。首先，配送中心的“货物配备”工作是其主要的、独特的工作，是全部由配送中心完成的；第二，配送中心有的是完全承担送货，有的是利用社会运输企业完成送货，从我国国情来看，在开展配送的初期，用户自提的可能性是不小的，所以，对于送货而言，配送中心主要是组织者而不是承担者；第三，定义中强调了配送活动和销售或供应等经营活动的结合，是经营的一种手段，以此排除了这是单纯的物流活动的看法；最后，定义中强调了配送中心的“现代流通设施”着意于和以前的诸如商场、贸易中心、仓库等流通设施的区别。在这个流通设施中以现代装备和工艺为基础，不但处理商流而且处理物流，是兼有商流、物流全功能的流通设施。

(2) 物流配送中心类型

物流配送中心类型的划分有很多方式，比如可以按运营主体、地域等的不同来划分。本书总结了已在实际运转的配送中心作为类型划分：

① 专业配送中心。专业配送中心大体上有两个含义，一是配送对象、配送技术是属于某一专业范畴，在某一专业范畴有一定的综合性，综合这一专业的多种物资进行配送，例如多数制造业的销售配送中心，我国目前在石家庄、上海等地建的配送中心大多采用这一形式。专业配送中心第二个含义是，以配送为专业化职能。基本不从事经营的服务型配送中心，如《国外物资管理》杂志介绍的“蒙克斯帕配送中心”。

② 柔性配送中心。在某种程度上和第二种专业配送中心对立的配送中心，这种配送中心不向固定化、专业化方向发展，而向能随时变化，对用户要求有很强适应性，不固定供需关系，不断向发展配送用户和改变配送用户的方向发展。

③ 供应配送中心。专门为某个或某些用户（例如联营商店、联合公司）组织供应的配送中心。例如，为大型连锁超级市场组织供应的配送中心；代替零件加工厂送货的零件配送中心，使零件加工厂对装配厂的供应合理化；我国上海地区六家造船厂的配送钢板中心，也属于供应型配送中心。

④ 销售配送中心。以销售经营为目的，以配送为手段的配送中心。销售配送中心大体有三种类型：一种是生产企业为本身产品直接销售给消费者的配送中心，在国外，这种类型的配送中心很多；另一种是流通企业作为本身经营的一种方式，建立配送中心以扩大销售，我国目前拟建的配送中心大多属于这种类型，国外的例证也很多；第三种，是流通企业和生产企业联合的协作性配送中心。比较起来看，国外和我国的发展趋向，都向以销售配送中心为主的方向发展。

⑤ 城市配送中心。以城市范围为配送范围的配送中心，由于城市范围一般处于汽车运输的经济里程之内，这种配送中心可直接配送到最终用户，且采用汽车进行配送。所以，这种配送中心往往和零售经营相结合，由于运距短，反应能力强。因而从事多品种、少批量、多用户的配送较有优势。《物流手册》中介绍的“仙台批发商共同配送中心”便是属于这种类型。我国已建的“北京食品配送中心”也属于这种类型。

⑥ 区域配送中心。以较强的辐射能力和库存准备，向省（州）际、全国乃至国际范围的用户配送的配送中心。这种配送中心配送规模较大，一般而言，用户也较大，配送批量也较大，而且，往往是配送给下一级的城市配送中心，也配送给营业所、商店、批发商和企业用户，虽然也从事零星的配送，但不是主体形式。这种类型的配送中心在国外十分普遍，《国外物资管理》杂志曾介绍过的“阪神配送中心”、“美国马特公司的配送中心”、“蒙克斯帕配送中心”等就属于这种类型。

⑦ 储存型配送中心。有很强储存功能的配送中心，一般来讲，在买方市场下，企业成品销售需要有较大库存支持，其配送中心可能有较强储存功能；在卖方市场下，企业原材料，零部件供应需要有较大库存支持，这种供应配送中心也有较强的储存功能。大范围配送的配送中心，需要有较大库存，也可能是储存型配送中心。我国目前拟建的配送中心，都采用集中库存形式，库存量较大，多为储存型。瑞士 GIBA - GEIGY 公司的配送中心拥有世界上规模居于前列的储存库，可储存 4 万个托盘；美国赫马克配送中心拥有一个有 163 000 个货位的储存区，可见存储能力之大。

⑧ 流通型配送中心。基本上没有长期储存功能，仅以暂存或随进随出方式进行配货、送货的配送中心。这种配送中心的典型方式是，大量货物整批进并按一定批量拆零出，采用

大型分货机，进货时直接进入分货机传送带，分送到各用户货位或直接分送到配送汽车上，货物在配送中心里仅做少许停滞。前面介绍的阪神配送中心，中心内只有暂存，大量储存则依靠一个大型补给仓库。

⑨ 加工配送中心。许多材料都指出配送中心的加工职能，但是加工配送中心的实例，目前见到不多。我国上海市和其他城市已开展的配煤配送，配送点中进行了配煤加工，上海六家船厂联建的船板处理配送中心，原物资部北京剪板厂都属于这一类型的中心。

(3) 物流配送中心的功能

物流配送中心的作业工艺流程，一般如图5.9所示。

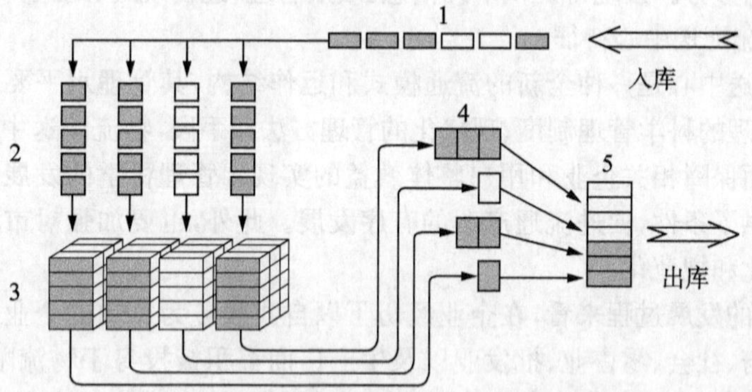

图5.9　物流配送中心的工艺流程

入库时：① 随机、无序的入库商品首先要验收，倒装成集装单元货物。② 按保管区进行分类。③ 在各保管区分类保管。

出库时：① 按提货单进行拣选、汇合。② 验收、装车、配送。

物流配送中心的具体功能如下：

① 保管功能。保管功能是配送中心的主要内容之一，但它与一般的仓库不同，其仓库形式、平面布置、设备组成等，首先要有利于拣选作业、拣选顺序、拣选路线、拣选方法等。为了充分利用仓库的面积和空间，提高保管商品的入出库频率，随着科技和生产的进步，货架向高层化发展，作业向机械化、自动化发展。保管机械向小通道或无通道发展。库存账目管理和货位管理向计算机化(WMS，MRP-2)发展，配送中心与相关企业的信息交换向网络化(ERP)发展。

② 倒装功能。配送中心采购时为了降低运输成本，一般采用大包装或散装；此外，商品来自不同的制造厂或流通企业，运输包装的形式也各不相同。但为了有利于配送中心的机械化和自动化作业，必须进行商品的集装单元化，即进行倒装作业。倒装作业一般在入库区和出库区的商品整理、检验作业时进行。

③ 拣选功能。商品在配送中心保管时，一般是按保管单元的形式来分区域存放。但出库时，首先是按客户订单商品目录来进行拣选的，同一张订单的商品可能只有一种，但通常是若干种；同一订单的商品可能在一个区域内存放，但通常是在不同的区域内存放。所需商品的数量可能是一个整保管单元，但有时不是一个整保管单元，例如：

P=托盘单元　C=盒箱单元　B=单件

应根据具体情况，采用一张订单，顺序到有关保管区去一一拣选；还是先分解若干张订单，指令有关保管区分别拣选有关商品及其数量，然后再按订单一一汇总。这些都增加了配送中心设计的复杂性。

④ 流通加工功能。经济高效的运输、装卸、保管一般需要大的包装形式。但在配送中心下位的零售商、最终客户，一般需要小的包装。为解决这一矛盾，有的配送中心设有流通加工功能。流通加工与制造加工不同，它对商品不作性能和功能的改变，仅仅是商品尺寸、数量和包装形式的改变。例如：粮油配送中心是将大筒包装加工成瓶状小包装；饲料配送中心，则是将多种饲料的大包装，加工成混合包装的小包装。

⑤ 信息提供功能。为配送中心经营管理政策制定、商品路线开发和商品销售促销政策的制订，提供信息参考。系统可提供下列信息：绩效管理、经营规划、配送资源计划。

(4) 新型物流配送中心特征

新型物流配送中心是一种全新的流通模式和运作结构，其管理水平要求达到科学化和现代化。通过合理的科学管理制度、现代化的管理方法和手段，物流配送中心可以充分发挥其基本功能，从而保障相关企业和用户整体效益的实现。管理科学的发展为流通管理的现代化、科学化提供了条件，促进流通产业的有序发展。此外，也要加强对市场的监管和调控力度，使之有序化和规范化。

从物流配送的发展过程来看，在企业经历了以自我服务为目的的企业内部配送中心的发展阶段后，政府、社会、零售业、批发业以及生产厂商都积极投身于物流配送中心的建设。专业化、社会化、国际化的物流配送中心显示了巨大优势，有着强大的生命力，代表了现代物流配送的发展方向，新型物流配送中心将是未来物流配送中心发展的必然趋势。

在电子商务时代，信息化、现代化、社会化的新型物流配送中心可归纳为以下几个特征：

① 配送反应速度快。新型物流配送中心对上、下游物流配送需求的反应速度越来越快，前置时间越来越短。在物流信息化时代，速度就是金钱，速度就是效益，速度就是竞争力。

② 配送功能集成化。主要是将物流与供应链的其他环节进行集成，如物流渠道与商流渠道集成、物流功能集成、物流环节与制造环节集成、物流渠道之间的集成。

③ 配送作业规范化。强调物流配送作业流程和运作的标准化、程序化和规范化，使复杂的作业简单化，从而大规模地提高物流作业的效率和效益。

④ 配送服务系列化。强调物流配送服务的正确定位与完善化、系列化，除传统的配送服务外，在外延上扩展物流的市场调查与预测、物流订单处理、物流配送咨询、物流配送方案、物流库存控制策略建议、物流货款回收、物流教育培训等系列的服务。

⑤ 配送目标系统化。从系统的角度统筹规划的一个整体物流配送活动，不求单个物流最佳化，而求整体物流活动最优化，使整个物流配送达到最优化。

⑥ 配送手段现代化。使用先进的物流技术、物流设备与管理为物流配送提供支撑，生产、流通和配送规模越大，物流配送技术、物流设备与管理就越需要现代化。

⑦ 配送组织网络化。有完善、健全的物流配送网络体系，物流配送中心、物流节点等网络设施星罗棋布，并运转正常。

⑧ 配送经营市场化。物流配送经营采用市场机制，无论是企业自己组织物流配送还是社会物流配送，都实行市场化。只有利用市场化这只看不见的手指挥调节物流配送，才能取得好的经济效益和社会效益。

5.3.2　电子商务物流

1. 电子商务与物流的关系

电子商务与物流之间有着密切的关系，笔者认为从电子商务与物流的关系去理解电子商务物流比较科学合理。

(1) 物流是电子商务的重要组成部分。

物流对电子商务的影响可从以下几个方面去理解：

① 物流是电子商务不可或缺的部分。电子商务可以用下面的等式来表示：电子商务＝网上信息传递＋网上交易＋网上支付＋物流配送。一个完整的商务活动，必然要涉及信息流、商流、资金流和物流等四个流动过程。在一定意义上说，物流是电子商务的重要组成部分，是信息流和资金流的基础和载体。

② 物流是电子商务优势正常发挥的基础。在电子商务下，商品生产和交换的全过程，都需要物流活动的支持，没有现代化的物流运作模式支持，没有一个高效的、合理的、畅通的物流系统，电子商务所具有的优势就难以发挥。

③ 物流支持电子商务的快速发展。随着电子商务的不断扩大发展，对物流的需求越来越高，而作为实体流动的物流活动发展相对滞后，从而在某种程度上来说，物流成为电子商务发展的瓶颈，物流业直接影响着电子商务，其发展壮大对电子商务的快速发展起到支撑作用。

(2) 电子商务对物流也将产生重要影响。

电子商务对物流的影响可以从以下几个方面去理解：

① 电子商务为物流创造了一个虚拟性的运动空间。在电子商务状态下，人们在进行物流活动时，物流的各项职能及功能可以通过虚拟化的方式表现出来，在这种虚拟化的过程当中，人们通过各种的组合方式，寻求物流的合理化，使商品实体在实际的运动过程中，达到效率最高、费用最省、距离最短、时间最少的目的。

电子商务可以对物流网络进行实时控制。在电子商务下，物流的运作以信息为中心，信息不仅决定了物流的运动方向，而且决定着物流的运作方式。在实际运作当中，网络的信息传递，可以有效地实现对物流的实施控制，实现物流的合理化。

② 电子商务将改变物流企业对物流的组织和管理。在传统条件下，物流往往是从某一个企业进行组织和管理的，而电子商务则要求物流以社会的角度来实行系统地组织和管理，以打破传统物流分散的状态。这就要求企业在组织物流的过程中，不仅考虑本企业的物流组织和管理，而且更重要的是要考虑全社会的整体系统。

③ 电子商务将改变物流企业的竞争状态。在电子商务时代，物流企业之间依靠本企业提供优质服务、降低物流费用等方面来进行的竞争内容依然存在，但是有效性却大大降低了。原因在于电子商务需要一个全球性的物流系统来保证商品实体的合理流动，对于一个企业来说，即使其规模再大，也是难以达到这一要求的。这就要求物流企业应相互联合起来，在竞争中形成一种协同合作的状态 ，以实现物流高效化、合理化和系统化。

④ 电子商务促进物流基础设施的改善。电子商务高效率和全球性的特点，要求物流也必须达到这一目标。而物流要达到这一目标，良好的交通运输网络、通信网络等基础设施则

是最基本的保证。除此之外,相关的法律条文、政策、观念等都要不断地得到提高。

⑤ 电子商务促进物流技术的进步。物流技术主要包括物流硬技术和软技术。物流技术水平的高低是实现物流效率高低的一个重要因素,要建立一个适合电子商务运作的高效率的物流系统,加快提高物流的技术水平则有着重要的作用。

2. 电子商务物流配送模式及选择

电子商务配送模式是企业电子商务战略的基本组成部分。本节先分析典型电子商务物流配送模式,再介绍电子商务物流配送模式的选择方法。

(1) 根据国内外的发展经验以及我国配送理论与实践,目前主要形成了以下几种电子商务配送模式:

① 自营配送模式。企业建立自己的配送渠道和设施,依靠自己的能力搞配送。这是具有雄厚实力的电子商务公司常采取的物流策略。

② 第三方代理模式。此种模式由一家在物流综合管理经验、人才、技术、理念上均有一定优势的企业对电子商务交易中供求双方的所有物流活动进行全权代理的业务活动。通过利用计算机和网络通信技术,该代理系统在互联网上建立了一个多对多的虚拟市场,根据物流一体化的原则,有效地对供应链上下游企业进行管理。

③ 自营与外包相结合的配送模式。这类电子商务公司一般来说拥有一部分物流资源,但是不能满足商务扩展的需要。由于建立自己的配送体系投资太大,资金不足;对市场估计不足而害怕承担太大的风险;配送体系建设周期太长,不能满足自己的盈利期望等是导致采取此配送模式的主要原因。

④ 共同配送模式。此种配送模式企业需要利用电子商务物流配送联合体。这意味着企业需要把企业的所有物流环节分段外包给在该环节有绝对竞争优势的电子商务物流企业。

⑤ 互用配送模式。该模式是几个企业为了各自利益,以契约的方式达到某种协议,互用对方配送系统而进行的配送模式。

除了以上5种电子商务配送方式,还有特殊但适合中国企业的电子商务物流方式,就是企业可以选择利用百货商店、连锁店、邮政快递等原有配送网络来实现物流配送。

(2) 企业如何选择电子商务物流模式,取决于以下几个方面的因素:配送对企业的重要性、企业自身的配送能力、市场规模与地理范围、保证的服务以及配送成本等。一般来说,电子商务物流配送模式的选择主要有以下两种方法。

① 矩阵图决策法。矩阵图决策法是通过两个不同因素的组合,利用矩阵图来选择配送模式的一种决策方法。其基本思想是选择决策因素,然后通过其组合形成不同区域或象限,企业根据企业实际情况选择在不同区域与象限的配送方式。一般选择的决策因素为配送对企业的重要性和企业配送能力,如图5.10所示。

② 比较选择法。比较选择法是企业对配送活动的成本和收益等进行比较而选择配送模式的一种方法。一般有确定型决策、非确定型决策和风险性决策等。

a. 确定型决策。确定型决策是指一种配送模式只有一种确定的结果,只要比较各个方案的结果,即可做出选择配送模式的决策。

b. 非确定型决策。非确定型决策是一种配送模式可能出现几种结果,而又无法知其概率时所进行的决策。这种决策方法虽然带有较大的主观随意性,但也有一些公认的决策准则可供企业在选择模式时参考。

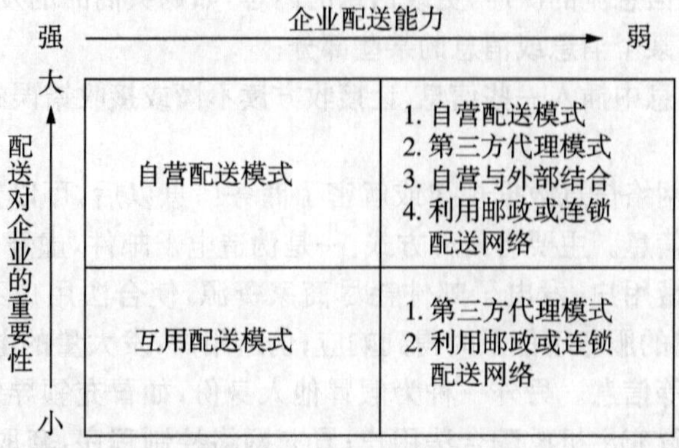

图 5.10　矩阵图决策法

c. 风险性决策。风险性决策是根据几种不同的自然状态可能发生的概率来进行决策的，自然状态的概率值一般是对历史资料进行统计分析求得的，或者来自决策者主观经验的判断。

5.4　电子商务安全技术

5.4.1　电子商务安全现状及需求

Internet 的产生源于计算机资源共享的需求。由于它良好的开放性、信息资源的丰富性以及与传统贸易方式和专业增值网络（VAN）相比相对低廉的费用，使企业越来越青睐 Internet。现在，通过 Intranet（企业内部网）、Extranet（企业外部网）和 Internet 把贸易合作伙伴联系起来进行商务活动已经成为一种时尚。正是由于 Internet 的开放性，使它产生了更严重的安全问题。虽然互联网起源于军事网络，但是美国国防高级研究项目中心建造网络的主要目的不是为安全传输，而是提供多条路径来传输关键的军事信息。互联网发展到今天，在有力地推动社会发展的同时，面临着越来越严重的威胁和攻击，通过 Internet 非法获取信息的次数和数量与 Internet 本身一样都在快速增长，病毒、黑客等成为与 Internet 一样流行的词汇。据统计，网络数据被窃取和破坏造成的直接经济损失每年至少有几十亿美元。

电子商务中的安全隐患主要体现在下列几方面。

(1) 信息的窃取

如果没有采取加密措施或加密强度不够，攻击者在数据包经过的网关或路由器上可以截获传送的信息。通过多次窃取和分析，可以找到信息的规律和格式，进而得到传输信息的内容，造成网上传输信息泄密。

(2) 信息的篡改

当攻击者掌握了网络信息格式和规律以后，通过各种技术方法和手段对网络传输的信息在中途修改，然后发往目的地，从而破坏信息的完整性。这种破坏手段主要有三个方面：

① 篡改——改变信息流的次序，更改信息的内容，如购买商品的发货地址；

② 删除——删除某个消息或消息的某些部分；

③ 插入——在消息中插入一些信息，让接收方读不懂或接收错误的信息。

(3) 信息的假冒

当攻击者掌握了网络信息数据规律或解密了商务信息以后，可以冒充合法用户发送假冒的信息或主动窃取信息。主要有两种方式：一是伪造电子邮件，虚开网站给用户发电子邮件，收订货单；伪造大量用户，发电子邮件耗尽商家资源，使合法用户不能正常访问网络资源，使有严格时间要求的服务不能及时得到响应；伪造用户，发大量的电子邮件，窃取商家的商品信息和用户信用等信息。另外一种为假冒他人身份，如冒充领导发布命令、调阅密件；冒充他人消费、栽赃；冒充主机欺骗合法用户；冒充网络控制程序，套取或修改使用权限、密钥等信息；接管合法用户，欺骗系统，占用合法用户的资源。

(4) 交易的抵赖

交易抵赖包括多个方面，如发送方事后否认曾经发送过某条信息或内容；接收方事后否认曾经收到过某条消息或内容；购买者做了订货单不承认；商家卖出的商品因价格差而不承认原有的交易等。

由于电子商务是在开放的网络上进行的，支付信息、订货信息、谈判信息、机密的商务往来文件等大量商务信息在计算机系统中存放、传输和处理，因此，产生了对电子商务安全的需求，保证商务信息的安全是进行电子商务的前提。

要保证电子商务活动的安全可靠，真正实现一个安全的电子商务系统，一般来说，电子商务安全有以下需求。

(1) 保密性

商务信息直接代表着个人、企业或国家的商业秘密，传统的纸面贸易都是通过邮寄封装的信件，或通过可靠的通信渠道发送商业报文来达到保守机密的目的。电子商务是建立在一个开放的网络环境上的，维护商业机密是电子商务全面推广应用的重要保障。因此要预防非法的信息存取和信息在传输过程中被非法窃取。

保密性主要是使信息发送和接收在安全的通道进行，保证通信双方的信息保密；交易的参与方在信息交换过程中没有被窃听的危险；非参与方不能获取交易的信息。信息加密和防火墙技术主要解决这方面的问题。

(2) 正确性和完整性

信息的正确性和完整性问题要从两方面来考虑。一方面是非人为因素，如因传输介质损坏而引起的信息丢失、错误等。这类问题通常通过校验来解决，一旦校验出错误，接收方可向发送方请求重发。另一方面则是人为因素，主要是指非法用户对信息的恶意篡改。这方面的安全性也是由信息加密和提取信息的数字摘要来保证的，因为如果无法破译信息，也就很难篡改。

(3) 身份的确定性

由于电子商务交易系统的特殊性，交易通常都是在虚拟的网络环境中进行的，要使交易成功，首先要能确认对方的身份，所以对各主体进行身份认证成了电子商务中十分重要的一个环节，这意味着当交易主体在不见面的情况下声称具有某个特定的身份时，需要有身份鉴别服务提供一种方法来验证其声明的正确性，一般通过认证机构和数字证书来实现。

(4) 不可抵赖性

在传统贸易中,贸易双方通过在合同或贸易单据等书面文件上手写签名或印章来鉴别对方身份,确定合同、单据的可靠性,并预防抵赖行为的发生。采用电子商务后,用电子方式谈判、签约、结算,因此要在交易信息的传输过程中为交易主体提供可靠的标识,防止抵赖行为的发生。可通过对发送的消息进行数字签名来解决这个问题。

因此,要安全地开展电子商务活动,针对信息的真实性、完整性、保密性和身份的认证,以及交易的不可抵赖性,必须采取一系列的网络安全和交易安全措施和技术。

5.4.2 防火墙技术

1. 防火墙的概念

防火墙(Firewall)是 Internet 上广泛应用的一种安全措施的形象说法。它是指两个网络之间执行访问控制策略(允许、拒绝、检测)的一系列部件的组合,包含硬件和软件,目的是保护网络不被他人侵扰,如图 5.11 所示。

防火墙是不同网络之间信息的唯一出口,能根据企业网络安全策略控制出入网络的信息流且本身具有较强的抗攻击能力。防火墙可通过检测、限制、更改跨越防火墙的数据流,尽可能地对外部屏蔽内部的信息、结构和运行状况,以此来实现网络的安全。它作为一种访问控制机制,通常采用两种准则进行设计:

图 5.11　防火墙的概念

一切未被允许的就是禁止的。

一切未被禁止的就是允许的。

前者是在默认情况下禁止所有服务,后者是在默认情况下允许所有服务。

在逻辑上,防火墙是一个分离器、一个限制器、一个分析器,有效地监控了内部网和 Internet 之间的任何活动,保证了内部网络的安全。

2. 防火墙技术的优缺点

防火墙技术有助于提高计算机系统总体的安全性,其优点体现在以下几个方面:

(1) 防火墙是网络安全的屏障。防火墙能极大地提高内部网络的安全性,并能通过过滤不安全的服务而降低风险。由于只有经过精心选择的应用协议才能通过防火墙,所以网络环境变得更安全。如防火墙可以禁止诸如众所周知的不安全的 NFS 协议进出受保护的网络,保护网络免受基于路由的攻击,如 IP 选项中的源路由攻击和 ICMP 重定向中的重定向路径。

(2) 控制对主机系统的访问。防火墙有能力控制对主机系统的访问。例如,某些主机系统可以由外部网络访问,而其他主机系统则被有效地封闭起来,防止有害的访问。通过配置防火墙,允许外部主机访问 WWW 服务器和 FTP 服务器,而禁止外部主机对内部网络上其他系统的访问。

(3) 监控和设计网络访问。如果所有的访问都经过防火墙,那么防火墙就能记录下这些访问并做出日志记录,同时也能提供网络使用情况的统计数据。当发生可疑动作时,防火墙能进行适当的报警,并提示网络是否收到监测和攻击的详细信息。

(4) 防止内部信息的外泄。通过利用防火墙对内部网络的划分,可实现内部网重点网段的隔离,从而限制了局部重点或敏感网络安全问题对全局网络造成的影响。另外,使用防火墙可以隐蔽那些会泄露内部细节的服务,如 Finger、DNS 等。

(5) 部署 NAT 机制。防火墙可以部署 NAT 机制,用来缓解地址空间短缺的问题,也可以隐藏内部网络的结构。

尽管防火墙有上述这些优点,但它不一定是 Internet 安全问题的灵丹妙药,因为其本身也存在许多缺点:

(1) 限制使用合乎需要的服务。防火墙最明显的缺点是它可能封锁用户所需的某些服务,如 TELNET、FTP、NFS 等。但这一缺点并不是防火墙所独有的。对主系统的多级限制也会产生这个问题。

(2) 后门访问的广泛可能性。防火墙不能防护从后门进入网点。例如,如果对调制解调器不加限制,仍然许可访问由防火墙保护的网点,那么攻击者可以有效地跳过防火墙。调制解调器的速度现在快到足以使 SLIP(串行线 IP)和 PPP(点对点协议)切实可行。在受保护子网内 SLIP 和 PPP 连接在本质上是另一个网络连接点和潜在的后门。如果允许调制解调器从后门访问,那么前门的防火墙又有什么用呢?

(3) 几乎不能防护来自内部的攻击。虽然防火墙可以用来防护局外人获取敏感的数据,但它不能防止内部人员将数据拷贝到磁盘上,并把数据带出。因此,如果忽略其他窃取数据或攻击系统的手段,把大量资源存放在防火墙上也是不明智的。

(4) 其他问题。

病毒:防火墙不能防止用户从 Internet 中下载受病毒感染的程序,或把这些程序附加到电子邮件上传输出去。由于这些程序可能以各种方法编码或压缩,因而防火墙不能精确地对这些程序进行扫描来搜寻病毒特征,必须用其他政策和抗病毒控制措施进行处理。

吞吐量:防火墙是一种潜在的瓶颈,所有的连接都必须通过防火墙,许多信息都要经过检查,信息的传递可能要受到传输速率的影响。

集中性:防火墙系统把安全性集中在一点上,而不是把它分布在各系统间,防火墙受损可能会对子网上其他保护不力的系统造成巨大的损害。

5.4.3 病毒防范措施

1. 计算机病毒的概念

计算机病毒是指编制或者在计算机程序中插入的破坏计算机功能或者毁坏数据,影响计算机使用,并能自我复制的一组计算机指令或者程序代码。计算机病毒一般具有以下特征。

(1) 传染性。病毒程序一进入计算机系统,就开始寻找准备感染的其他程序或文件。它通过自我复制,很快地会在其他文件中添加自己的病毒代码,使其带有这种病毒,并成为一个新的传染源,甚至通过网络传播到其他的计算机上。这是病毒的最基本特征。

(2) 隐蔽性。计算机病毒都是一些可以直接或间接运行、具有高超技巧的程序,它可以隐藏在操作系统、可执行程序或数据文件中,病毒的存在、传染和对数据的破坏过程不易被计算机操作人员发现。

(3) 触发性。病毒的发作一般都有一个激发条件，即一个条件控制。这个条件根据病毒编制者的要求可以是日期、时间、特定程序的运行或程序的运行次数条件等。

(4) 破坏性。病毒在触发条件满足时，立即对计算机系统运行进行干扰或对数据进行恶意的修改。如发一些恶意邮件或破坏硬盘上的文件，造成数据丢失，有的甚至会损坏计算机硬件，造成系统瘫痪。

2. 计算机病毒的防治

计算机病毒可以说是无孔不入，因此，对于计算机病毒的防范可以从以下几个方面进行。

(1) 用户的角度

计算机病毒防治要采取"预防为主，防治结合"的方针，关键是做好预防工作。预防工作从宏观上来讲是一个系统工程，国家应当健全法律法规来惩治病毒制造者，这样可减少病毒的产生；各级单位应当制订出一套具体措施，以防止病毒的相互传播；个人不仅要遵守病毒防治的有关规定，还应不断增长知识，积累防治病毒的经验，不制造病毒，不传播病毒。

要有效地阻止病毒的危害，用户要及早发现病毒，并将其消除，堵塞传播途径是防止计算机病毒侵入的有效方法。根据病毒传染途径，做一些经常性的病毒检测工作，既可将病毒的入侵率降低到最低限度，同时也可将病毒造成的危害减少到最低限度。

(2) 技术的角度

病毒的防治技术总是在与病毒的较量中得到发展的。总的来讲，计算机病毒的防治技术分成四个方面，即预防、检测、清除和免疫。

① 病毒预防技术：是指通过一定的技术手段防止病毒对系统进行传染和破坏，它通过自身常驻系统内存优先获得系统的控制权，监视和判断系统中是否有病毒存在，进而阻止计算机病毒进入系统内存或阻止计算机病毒对磁盘的操作尤其是写操作，以达到保护系统的目的。计算机病毒的预防技术主要包括磁盘引导区保护、加密可执行程序、读写控制技术和系统监控技术等。

② 病毒检测技术：是指通过一定的技术手段判定出病毒的一种技术。病毒检测技术主要有两种，一种是根据计算机病毒程序中的关键字、特征程序段内容、病毒特征及传染方式、文件长度的变化，在特征分类的基础上建立的病毒检测技术；另一种是不针对具体病毒程序的自身检验技术，即对某个文件或数据段进行检验和计算并保存其结果，以后定期或不定期地根据保存的结果对该文件或数据段进行检验，若出现差异，即表示该文件或数据段的完整性已遭到破坏，从而检测到病毒的存在。

③ 病毒清除技术：计算机病毒的清除是计算机病毒检测的延伸，是在检测发现特定的病毒基础上，根据具体病毒的清除方法从感染的程序中除去计算机病毒代码并恢复文件的原有结构信息。现在很多杀病毒软件是把检测和杀毒同时进行了，目前常用的杀病毒软件有：诺顿、卡巴斯基、金山毒霸、瑞星等。

④ 病毒免疫技术：这一技术目前没有很大发展。针对某一种病毒的免疫方法已没有人再用了，而目前还没有出现通用的能对各种病毒都有免疫作用的技术，也许根本就不存在这样一种技术。现在，某些反病毒程序使用给可执行程序增加保护性外壳的方法，能在一定程度上起保护作用。

5.4.4 加密技术

电子商务信息的保密性、真实性和完整性可以通过加密技术来实现。加密技术是一种主动的信息安全防范措施，其原理是将数据进行编码，使它成为一种难以识别的形式，从而阻止非法用户获取和理解原始数据。

加密技术从原理上可分为两类：对称密钥加密技术和非对称密钥加密技术。它们的主要区别在于所使用的加密和解密的密钥是否相同。

1. 对称密钥加密技术

对称密钥也称私钥、单钥或专有密钥，在这种技术中，加密方和解密方使用同一种加密算法和同一个密钥。

对称加密算法在电子商务交易过程中存在几个问题：

(1) 要求提供一条安全的渠道使通信双方在首次通信时协商一个共同的密钥。直接的面对面协商可能是不现实而且难于实施的，所以双方可能需要借助于邮件和电话等其他相对不够安全的手段来进行协商。

(2) 密钥的数目难于管理。因为对于每一个合作者都需要使用不同的密钥，很难适应开放社会中大量的信息交流。

(3) 对称加密算法一般不能提供信息完整性的鉴别。它无法验证发送者和接受者的身份。

对称密钥的管理和分发工作是一件具有潜在危险的和烦琐的过程。对称加密是基于共同保守秘密来实现的，采用对称加密技术的贸易双方必须保证采用的是相同的密钥，保证彼此密钥的交换是安全可靠的，同时还要设定防止密钥泄密和更改密钥的程序。

2. 非对称密钥加密技术

非对称密钥加密技术也称为公开密钥加密技术，是由安全问题专家 WitefieldDiffre 和 MartinHellman 于 1976 年首次提出的。这种技术需要使用一对密钥来分别完成加密和解密操作，每个用户都有一对密钥、一个私钥(PrivateKey)和一个公钥(PublicKey)，它们在数学上相关、在功能上不同。私钥由所有者秘密持有，而公钥则由所有者给出或者张贴在可以自由获取的公钥服务器上，就像用户的姓名、电话、E-mail 地址一样向他人公开。如果其他用户希望与该用户通信，就可以使用该用户公开的密钥进行加密，而只有该用户才能用自己的私钥解开此密文。当然，用户的私钥不能透露给自己不信任的任何人。

非对称密钥加密技术实现机密信息交换的基本过程是：

(1) 用户生成一对密钥并将其中的一个作为公钥向其他用户公开。

(2) 发送方使用该用户的公钥对信息进行加密后发送给接收方。

(3) 接收方利用自己保存的私钥对加密信息进行解密，接收方只能用自己的私钥解密由其公钥加密后的任何信息。

公钥加密技术较对称密钥技术处理速度慢，因此，通常把两种技术结合起来实现最佳性能，即用公钥技术在通信双方之间传送专用密钥，而用专用密钥来对实际传输的数据加密解密。

3. 加密技术的应用

(1) 数字签名

传统的书信或文件是根据亲笔签名或印章来证明其真实性,防止其抵赖行为的。在网络中传送的报文又如何签名盖章呢?这就是数字签名所要解决的问题。数字签名技术是实现交易安全的核心技术之一,它的实现基础就是公开密钥加密技术。

数字签名的原理及发送方和接收方的加密解密处理过程如下:

① 报文的发送方从报文文本中用 HASH 编码加密生成一个 128 位的报文摘要。

② 发送方用自己的私有密钥对这个报文摘要进行加密,形成发送方的数字签名。

③ 这个数字签名作为报文的附件和报文一起发送给报文的接收方。

④ 报文的接收方从接收到的原始报文中用同样的 HASH 算法加密得到一个报文摘要。

⑤ 再用发送方的公开密钥来对报文附加的数字签名进行解密。

⑥ 将解密后的摘要和接收方重新加密产生的摘要进行对比,如果相同,那么接收方就能确认该数字签名是发送方的,传送过程中信息没有被破坏、篡改。

数字签名原理的过程如图 5.12 所示。

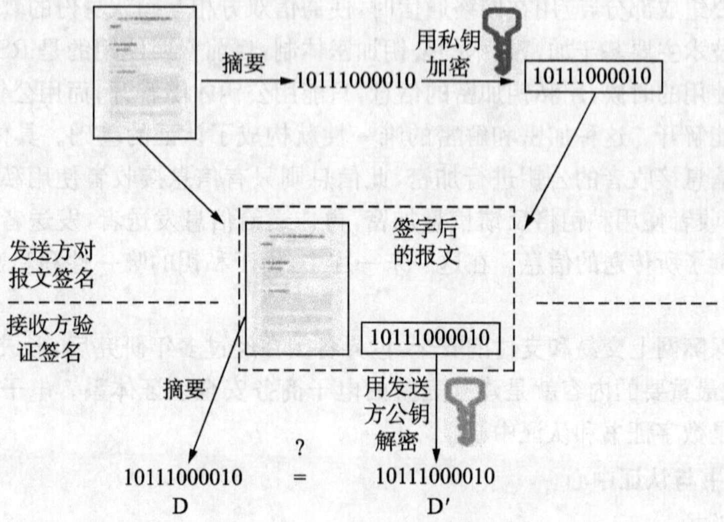

图 5.12　数字签名原理示意图

(2) 数字时间戳

数字时间戳技术是数字签名技术的一种变种应用。在电子商务交易文件中,时间是十分重要的信息。在书面合同中,文件签署的日期和签名一样均是十分重要的防止文件被伪造和篡改的关键性内容。而在电子交易中,同样需要对交易文件的日期和时间信息采取安全措施。数字时间戳服务(Digital Time Stamp Service,DTS)就能提供电子文件的日期和时间信息的安全保护,是由专门的机构提供的网上电子商务安全服务项目之一。

时间戳(Time-Stamp)是一个经加密后形成的凭证文档,它包括三个部分:

① 需加时间戳的文件的摘要(Digest)。

② DTS 收到文件的日期和时间。

③ DTS 的数字签名。

时间戳产生的过程为:用户首先将需要加时间戳的文件用 HASH 编码加密形成摘要,然后将该摘要发送到 DTS,DTS 在加入了收到文件摘要的日期和时间信息后再对该文件用其私钥加密形成 DTS 的数字签名,然后送回用户。

值得注意的是,书面签署文件的时间是由签署人自己写上的,而数字时间戳则不然,它是由认证单位 DTS 来加的,以 DTS 收到文件的时间为依据。

5.4.5 认证技术

1. 认证技术概述

电子商务交易安全在技术上要解决两大问题:安全传输和身份认证。数据加密能够解决网络通信中的信息保密问题,但是不能够验证网络通信对方身份的真实性。因此,数据加密仅解决了网络安全问题的一半,另一半需要身份认证解决。

认证指的是证实被认证对象是否属实与是否有效的一个过程,其基本思想是通过验证被认证对象的属性,达到确认被认证对象是否真实有效的目的。认证技术是电子商务安全技术的一个重要组成部分,应用在网络通信时,使通信双方相互确认身份的真实性。

身份认证技术主要基于加密技术的公钥加密体制,目前普遍使用的是 RSA 算法。用户的一对密钥在使用的时候,用私钥加密的信息,只能用公钥才能解开;而用公钥加密的信息,只能用私钥才能解开。这种加密和解密的唯一性就构成了认证的基础。具体的做法是:信息发送者使用信息接收者的公钥进行加密,此信息则只有信息接收者使用私钥才能解开阅读;然后信息接收者使用私钥将反馈信息加密,再传送给信息发送者,发送者也就知道信息接收者已经阅读了所传送的信息。在这一来一往中,由于私钥的唯一性和私密性,身份认证得以实现。

为了切实保障网上交易和支付的安全,世界各国在经过多年研究后,形成了一套完整的解决方案,其中最重要的内容就是建立完整的电子商务安全认证体系。电子商务安全认证体系的核心就是数字证书和认证中心。

2. 数字证书与认证中心

(1) 数字证书

数字证书(Digital ID)又称为数字凭证、数字标识,是一个经证书认证机构数字签名的包含用户身份信息以及公开密钥信息的电子文件。在网上进行信息交流及商务活动时,数字证书可以证实一个用户的身份,以确定其在网络中各种行为的权限。在网上交易中,若双方出示了各自的数字证书,并用它来进行交易操作,那么双方都可不必为对方的身份真伪担心。数字证书可用于安全电子邮件、网上缴费、网上炒股、网上招标、网上购物、网上企业购销、网上办公、软件产品、电子资金移动等安全电子商务活动。

目前数字证书的内部格式一般采用 X. 509 国际标准,一个标准的 X. 509 数字证书包含以下一些内容:证书的版本信息,证书的序列号,证书所使用的签名算法,证书的发行机构,证书的有效期,证书所有人的名称,证书所有人的公开密钥,证书发行者对证书的签名。

数字证书采用公钥体制,用户可以使用数字证书,通过运用加密技术建立起一套严密的身份认证系统，从而保证：信息除发送方和接收方外不被其他人窃取，信息在传输过程中不被篡改，发送方能够通过数字证书来确认接收方的身份，发送方对于自己的信息不能抵赖。

数字证书有以下三种类型：

个人证书：个人证书属于个人所有，帮助个人用户在网上进行安全交易和安全的网络行为。个人的数字证书安装在客户端的浏览器中，通过安全电子邮件进行操作。

企业（服务器）证书：企业如果拥有Web服务器，即可申请一个企业证书，用具有证书的服务器进行电子交易，而且有证书的Web服务器会自动加密和客户端通信的所有信息。

软件（开发者）证书：是为网络上下载的软件提供凭证，用来和软件的开发方进行信息交流，使用户在下载软件时可以获得所需的信息。

(2) 数字证书的申请

数字证书的申请可以在网上进行，网上交易的各方，包括持卡人、商户与网关，都必须在自己的计算机里安装一套网上交易专用软件，这套软件包括了申请数字证书的功能。

用户将交易软件安装完毕后，首要任务是向认证机构申请数字证书，其申请过程如下：(以持卡人证书申请为例)

① 持卡人首先生成一对密钥对，将私钥保存在安全的地方，将公钥连同自己的基本情况表格一起发送到认证中心。

② 认证中心根据持卡人所填表格，与发卡银行联系，对持卡人进行认证。

③ 生成持卡人的数字证书，并将持卡人送来的公钥放入数字证书中。

④ 对证书进行HASH运算，生成消息摘要。

⑤ 用认证中心的私钥对消息摘要加密，对证书进行数字签名。

⑥ 将带有认证中心数字签名的证书发给持卡人。

商户、网关及各级认证中心证书的申请过程与此类似。

(3) 数字证书的用途

① 网上办公。网上办公系统综合国内政府、企事业单位的办公特点，提供了一个虚拟的办公环境，并在该系统中嵌入数字认证技术，展开网上公文的上传下达，通过网络连接各个岗位的工作人员，通过数字安全证书进行数字加密和数字签名，实行跨部门运作，实现安全便捷的网上办公。网上办公主要涉及的问题是安全传输、身份识别和权限管理。数字证书的使用可以完美地解决这些问题，使网上办公顺畅实现。

② 电子政务。随着网上政务各类应用的增多，原来必须指定人员到政府各部门窗口办理的手续都可以在网上实现，如网上注册申请、申报、注册、网上纳税、网上社保、网上审批、指派任务等。数字证书可以保证网上政务应用中身份识别和文档安全传输的实现。

③ 网上交易。网上交易主要包括网上谈判、网上采购、网上销售、网上支付等方面。网上交易极大地提高了交易效率，降低了交易成本，但也受到了网上身份无法识别、网上信用难以保证等难题的困扰。数字证书可以解决网上交易的这些难题。利用数字安全证书的认证技术，对交易双方进行身份确认以及资质的审核，确保交易者身份信息的唯一性和不可抵赖性，保护了交易各方的利益，实现安全交易。

④ 安全电子邮件。邮件的发送方利用接收方的公开密钥对邮件进行加密，邮件接收方用自己的私有密钥解密，确保了邮件在传输过程中信息的安全性、完整性和唯一性。

⑤ 网上招标。利用数字安全证书对招投标企业进行身份确认，从而确保了招投标企业

的安全性和合法性，双方企业通过安全网络通道了解和确认对方的信息，选择符合自己条件的合作伙伴，确保网上的招投标在一种安全、透明、信任、合法、高效的环境下进行。

⑥ 其他应用。各软件开发商根据自己或者软件使用者的实际情况，探索数字证书的其他网上应用，保证用户网上操作的安全性。

(4) 认证中心

认证中心 CA(Certification Authority)承担网上安全电子交易的认证服务，主要负责产生、分配并管理用户的数字证书。创建证书的时候，CA 系统首先获取用户的请求信息，其中包括用户公钥(公钥一般由用户端产生，如电子邮件程序或浏览器等)，CA 将根据用户的请求信息产生证书，并用自己的私钥对证书进行签名。其他用户、应用程序或实体将使用 CA 的公钥对证书进行验证。对于一个大型的应用环境，CA 往往采用一种多层次的分级机构，各级的 CA 类似于各级行政机关，上级 CA 负责签发和管理下级 CA 的证书，最下一级的 CA 直接面向最终用户。

CA 是一个负责发放和管理数字证书的权威机构，主要有以下几种功能：

① 证书的颁发。CA 接收、验证用户的数字证书的申请，将申请的内容进行备案，并根据申请的内容确定是否受理该数字证书申请。如果 CA 接受该数字证书申请，则进一步确定给用户颁发何种类型的证书。新证书用 CA 的私钥签名以后，发送到目录服务器供用户下载和查询。为了保证信息的完整性，返回给用户的所有应答信息都要使用 CA 的签名。

② 证书的更新。CA 可以定期更新所有用户的证书，或者根据用户的请求来更新用户的证书。

③ 证书的查询。证书的查询可以分为两类，其一是证书申请的查询，CA 根据用户的查询请求返回当前用户证书申请的处理过程；其二是用户证书的查询，这类查询由目录服务器来完成，目录服务器根据用户的请求返回适当的证书。

④ 证书的作废。当用户的私钥由于泄密等原因造成用户证书需要申请作废时，用户需要向 CA 提出证书作废请求，认证中心根据用户的请求确定是否将该证书作废。另外一种情况是证书已经过了有效期，CA 自动将该证书作废。CA 通过维护证书作废列表(Certificate Revocation List，CRL)来完成上述功能。

⑤ 证书的归档。证书具有一定的有效期，过了有效期之后就将被作废，但是不能将作废的证书简单地丢弃，因为有时可能需要验证以前的某个交易过程中产生的数字签名，这时就需要查询作废的证书。基于此类考虑，认证中心还应当具备管理作废证书和作废私钥的功能。

5.4.6 电子商务安全协议

电子商务的一个主要特征是在线支付，为了保证在线支付的安全，需要采用数据加密和身份认证技术，以便营造一个可信赖的电子交易环境。在现实中，不同企业会采用不同的手段来实现，这就在客观上要求有一种统一的标准来支持。

目前电子商务中有两种安全协议被广泛采用，即安全套接层 SSL(Secure Socket Layer)协议和安全电子交易 SET(Secure Electronic Transaction)协议。

1. 安全套接层 SSL 协议

SSL 协议是由网景(Netscape)公司 1994 年推出的一种安全通信协议，其主要目的就是要解决 Web 上信息传输的安全问题。它是在 Internet 基础上提供的一种保证私密性的安全协议，能使客户/服务器应用之间的通信不被攻击者窃听。SSL 协议位于 TCP/IP 协议与各种应用层协议之间，在应用层协议通信之前就已经完成加密算法、通信密钥和认证工作，在此之后应用层协议所传送的数据都会被加密，从而保证通信的保密性。SSL 采用 TCP 作为传输协议，提供数据的可靠传送和接收。

SSL 协议主要提供三方面的服务：

(1) 用户和服务器的合法性认证。它使得用户和服务器能够确信数据将被发送到正确的客户机和服务器上。客户机和服务器都有各自的识别号，由公开密钥进行编排，为了验证用户是否合法，SSL 要求在握手交换数据时进行数字认证，以此来确保用户的合法性。

(2) 加密数据以隐藏被传送的数据。SSL 协议所采用的加密技术既有对称密钥技术，也有公开密钥技术。具体而言，在客户机与服务器进行数据交换之前，交换 SSL 初始握手信息，在 SSL 握手信息中采用了各种加密技术对其加密，以保证其机密性和数据的完整性，并且用数字证书进行鉴别。这样就可以防止非法用户进行破译。

(3) 保护数据的完整性。SSL 协议采用 Hash 函数和机密共享的方法来提供信息的完整性服务，建立客户机与服务器之间的安全通道，使所有经过 SSL 处理的业务在传输过程中都能完整准确地到达目的地。

SSL 协议包括两个子协议：SSL 记录协议和 SSL 握手协议。SSL 记录协议定制了传输数据的格式，所有的传输数据都被封装在记录中。所有的 SSL 通信包括握手信息、安全空白记录和应用数据都使用 SSL 记录层。

SSL 握手协议利用 SSL 记录协议，在支持 SSL 的客户端和服务器之间建立安全传输通道之后提供一系列消息，一个 SSL 传输过程需要先握手，这个过程通过以下步骤进行：

① 接通阶段。客户通过网络向服务商打招呼，服务商回应；

② 密码交换阶段。客户与服务器之间交换双方认可的密码，一般选用 RSA 密码算法；

③ 会谈密码阶段。客户与服务商间产生彼此交谈的会谈密码；

④ 检验阶段。检验服务商取得的密码；

⑤ 客户认证阶段。验证客户的可信度；

⑥ 结束阶段。客户与服务商之间相互交换结束的信息。

当上述动作完成之后，两者间传送资料就会被加密后再传输，另外一方收到资料后再解密。

在电子商务交易过程中，由于有银行参与，按照 SSL 协议，客户购买的信息首先发往商家，商家再将信息转发银行，银行验证客户信息的合法性后，通知商家付款成功，商家再通知客户购买成功，将商品寄送客户。在流程中可以看到，SSL 协议有利于商家而不利于客户。客户的信息首先传到商家，商家阅读后再传至银行，这样客户资料的安全性便受到威胁。在电子商务的开始阶段，由于参与电子商务的公司大都是一些大公司，信誉较高，这个问题没有引起人们的重视。随着电子商务参与的厂商迅速增加，SSL 协议的缺点完全暴露出来。SSL 协议逐渐被新的电子商务协议(如 SET)所取代。

2. 安全电子交易 SET 协议

SET 协议是一个在互联网上实现安全电子交易的协议标准，是由 VISA 和 MasterCard 共同制定，1997 年 5 月联合推出的。其主要目的是解决通过互联网使用信用卡付款结算的安全保障性问题。

SET 协议是在应用层的网络标准协议,它规定了交易各方进行交易结算时的具体流程和安全控制策略。SET 协议主要使用的技术包括:对称密钥加密、公共密钥加密、HASH 算法、数字签名以及公共密钥授权机制等。SET 通过使用公钥和对称密钥方式加密保证了数据的保密性,通过使用数字签名来确定数据是否被篡改,保证数据的一致性和完整性,并可以防止交易抵赖。

SET 协议运行的目标主要有五个:

(1) 信息在互联网上安全传输。防止数据被黑客或被内部人员窃取。

(2) 保证电子商务参与者信息的相互隔离。客户的资料加密或打包后通过商家到达银行,但是商家不能看到客户的账户和密码信息。

(3) 解决网上认证问题。不仅要对消费者的银行卡认证,而且要对在线商店的信誉程度认证,同时还有消费者、在线商店与银行间的认证。

(4) 保证网上交易的实时性。使所有的支付过程都是在线的。

(5) 仿效 EDI 贸易的形式。规范协议和消息格式,使不同厂家开发的软件具有兼容性和互操作功能,并且可以运行在不同的硬件和操作系统平台上。

电子商务的工作流程与实际的购物流程非常接近。从顾客通过浏览器进入在线商店开始,一直到所定货物送货上门或所定服务完成,然后账户上的资金转移,所有这些都是通过 Internet 完成的。SET 所要解决的最主要的问题是保证网上传输数据的安全和交易对方的身份确认。一个完整的基于 SET 的购物处理流程如图 5.13 所示:

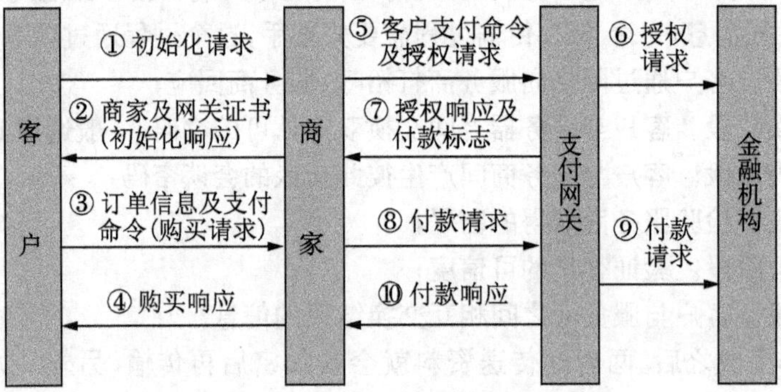

图 5.13　SET 工作流程

(1) 支付初始化请求和响应阶段。当客户决定要购买商家的商品并使用 SET 钱夹付款时,商家服务器上 POS 软件发 SET 钱夹报文给客户的浏览器,SET 钱夹则要求客户输入口令然后与商家服务器交换握手信息,使客户和商家相互确认,即客户确认商家被授权可以接受信用卡,同时商家也确认客户是合法的持卡人。

(2) 支付请求阶段。客户发报文,包括订单和支付命令,其中必须有客户的数字签名,同时利用双重签名技术保证商家看不到客户的账号信息。只有位于商家开户行的被称为支付网关的另外一个服务器可以处理支付命令中的信息。

(3) 授权请求阶段。商家收到订单后,POS 组织一个授权请求报文其中包括客户的支付命令,发送给支付网关。支付网关是一个 Internet 服务器,是连接 Internet 和银行内部网络的接口。授权请求报文通过到达收单银行后，收单银行再到发卡银行确认。

(4) 授权响应阶段。收单银行得到发卡银行的批准后，通过支付网关发给商家授权响应报文。

(5) 支付响应阶段。商家发送订单确认信息给顾客，顾客端软件可记录交易日志，以备将来查询。同时商家给客户装运货物，或完成订购的服务。到此为止，一个购买过程已经结束。商家可以立即请求银行将款项从购物者的账号转移到商家账号，也可以等到某一时间，请求成批划账处理。

在上述的处理过程中，通信协议、请求信息的格式、数据类型的定义等，SET都有明确的规定。在操作的每一步，持卡人、商家和支付网关都通过CA来验证通信主体的身份，以确保通信的对方不是冒名顶替。

SET标准更适合于消费者、商家和银行三方进行网上交易的国际安全标准。网上银行采用SET，确保交易各方身份的合法性和交易的不可否认性，使商家只能得到消费者的订购信息而银行只能获得有关支付信息，确保了交易数据的安全、完整和可靠，从而为人们提供了一个快捷、方便、安全的网上购物环境。

案例　DHC的经营之道

DHC是日本的一个化妆品品牌，DHC目前是通过网络联盟在国内推广的最成功企业之一。它进入中国市场的时间相比其他欧美品牌要晚很多，而对于化妆品营销而言，想在一个新市场当中抢得一席之地，即使大量的营销投入，也未必完全可以实现目标。相比DHC的营销策略，应该说他们很懂市场。

生产企业做自己的网络营销、销售网站，需要解决以下几个问题：

(1) 让用户知道你；

(2) 让用户找到你；

(3) 让用户想买你；

(4) 让用户回头再买。

DHC更愿意将自己的销售模式归结为化妆品里面的“戴尔模式”——定制生产和直接销售。为了实现从公司到消费者的无中间环节的直接销售，戴尔公司为用户提供电话订购一对一咨询服务，帮助用户了解产品性能，选择最适合自己的机型；并设立了非常详细的用户档案；价格完全透明公开化；用户可通过网站或免费电话下单购买；产品直接出厂，质量能够得到完全保证；戴尔的客户中心拥有精通多种语言的技术支持工程师，通过电话解决客户技术问题成功率非常高，为销售的快捷便利提供了有力保障。

与戴尔相似的是，DHC的模式是“通讯销售”——DHC采用网络销售、电话销售、目录销售为主的模式运行，没有进驻卖场和开设独立专卖店，产品直接到达消费者，节省了中间许多不必要的环节，把更多的实惠带给购买DHC产品的消费者。

DHC的产品覆盖基础护理、特别护理、彩妆、香水、化妆用具和特别套装在内的六大产品系列百余种产品。由于采用通讯销售模式，DHC得以将节约的中间环节费用用于市场调研和产品研发，保证产品的优质，同时提供完善的产品线，保证消费者有选择的空间和个性化需求的满足；由于通讯销售模式省去了代理商经销费用和物流费用，DHC 也得以提供比同类产品更低的价格。DHC 的口号是："相同质量，价格最低；相同价格，质量最好。绝不生产劣于其他公司的产品"。这一点也是其几十年来的基本理念，并成为 DHC 吸引精明的女性消费者的利器；由于实行了通讯销售模式，DHC 为顾客提供了便捷和快速的服务，使她们足不出户就可以享受到自己喜爱的产品。而这种通讯销售模式的实施，使顾客用自己的感觉去判断，避免了在商场导购人员劝诱下的购物压迫感和非理性消费。同时，DHC 的通讯销售模式杜绝了假货的流通，获得了顾客的信任。

● 立体传播

为使自己的化妆品系列产品能够迅速深入目标受众，DHC 启动了立体式的传播。充分利用电视广告、报纸广告、车身广告等宣传方式，迅速让中国市场的消费者了解这一品牌。同时，DHC 提供体验式的消费，通过免费试用等方式让消费者体验 DHC 产品的高品质。这一人性化的服务在使顾客更为青睐 DHC 的同时也为 DHC 自己的营销创造了机会。

● 会员制

会员制是 DHC 通讯销售模式的一大特色。而加入 DHC 会员的程序非常简单，只需通过电话或上网索取 DHC 免费试用装，以及订购 DHC 商品的同时自动就成为 DHC 会员，无需缴纳任何入会费与年会费。新品上市时，会员可优先获赠试用装。同时，DHC 会员还可获赠《橄榄俱乐部》杂志，这一杂志由 DHC 主办，包含了产品目录与信息、美容体验信息、美容化妆技巧课堂等内容，成为 DHC 与会员之间传递信息、双向沟通的纽带。此外，DHC 会员还享有积分换礼品等多项优惠。采用会员制大大提高了 DHC 消费者的归属感，拉近了 DHC 与消费者之间的距离，也让更多人对 DHC 给予更高的关注度。

● 多渠道

DHC 拓展多种销售渠道，为消费者提供了产品获得的便利性。在这一点上，DHC 和戴尔可以说是异曲同工。DHC 在自己的网站为会员和非会员提供了操作非常简易的电子商务平台，消费者可以通过网站输入自己的用户名和密码，选择自己需要的产品代码和数量，就可以进行轻松购物；800 免费电话的开通，使消费者不仅可以咨询美容信息和产品信息，也可以电话下订单购物。在北京、上海等十几个城市，DHC 实行速递配送，货到付款；同时，DHC 还开通了邮购服务，消费者可以在邮局通过邮购获得自己需要的产品。

● 强供应链

戴尔销售模式为人们所熟知却并不容易被模仿。在戴尔灵活有效的销售模式背后是其卓越的供应链管理。高效运转的供应链体系既保证了戴尔有效的库存控制，也使戴尔的供货及时准确，服务到位。与戴尔一样，DHC 强有力的供应链策略、有效的信息系统和到位的执行力度，使 DHC 在最短时间内响应顾客的需要，及时供货，让消费者能够在第一时间拿到自己想要的商品。

截至 2007 年 5 月，DHC 已拥有会员 450 万人，在日本已经成为通讯销售化妆品 No. 1 品牌，在洁面、卸妆、保湿品领域长年保持日本市场占有率第一。在韩国、美国、瑞士和中国香港、中国台湾地区等，DHC 都取得了良好的销售业绩。尽管 DHC2004 年 1 月才正式登陆中国大陆市场，但是在短时间内，DHC 就已经拥有较高的知名度，成为职业女性们津津乐道的话题，掀起了一个又一个的 DHC 销售热潮。

思考练习

1. 什么是网络营销？网络营销的常用工具有哪些？
2. 与传统的支付方式相比较，电子支付具有哪些特征？
3. 目前电子支付系统存在哪些问题？应采取哪些措施？
4. 什么是物流？该如何选择电子商务物流配送模式？
5. 我们是如何保证电子商务实施的安全性的？
6. 请到当地的银行申请数字证书，并察看该数字证书的详细信息。

第3篇 应用篇

第6章 B2C电子商务应用

在目前大力推进B2B市场的情况下，B2C市场作为在电子商务市场中一个重要的组成部分，我们有必要了解B2C市场的组成以及在该市场的盈利模式、网络营销策略、物流配送模式等问题。本章将重点向大家分析B2C电子商务模式下的各个环节的运作模式。

6.1 B2C盈利模式分析

6.1.1 电子商务盈利模式概述

1. 电子商务盈利模式的定义

电子商务盈利模式可以概括为一个系统，它由不同部分、各部分之间的联系及其互动机制组成。它是指企业能为客户提供价值，同时企业和其他参与者又能分享利益的有机体系。它包括产品及服务流、信息流和资金流的结构，以及不同参与者及其角色的描述，还包括不同参与者收益及其分配的划分等。它是一个企业核心竞争力的来源，任何企业把赚取利润作为其企业的目标之一。

目前，详细阐述电子商务企业的盈利模式的文献还不是很多。国外有些学者在有关电子商务的文章中，提出过有关盈利模式的概念，并有着不同的理解。有人认为盈利模式是创造价值组织的核心逻辑；也有人认为盈利模式是一个通过一系列业务过程创造价值的商业系统。

还有一部分研究者从盈利模式的主要元素以及相互关系的角度出发，来界定盈利模式。有专家把盈利模式定义为一个集合了产品、服务和信息流的体系结构，包括了对于不同商业活动参与者以及他们所扮演的角色的描述，以及对于每一个参与者能带来的潜在收益和收入源的描述。它包含三个要素：① 商务参与者的状态及其作用；② 企业在商务运作中获得的利益和收入来源；③ 企业在商务模式中创造和体现的价值。

MIT信息系统研究中心主任Well和Vitale把盈利模式定义为对于企业的消费者、用户、同盟者和供应商的职责和关系的描述，能够识别主要的产品流、信息流、现金流和参与者的主要收益。

美国学者Gary P. Scheneider认为，盈利模式是公司从客户那里获得现金流的策略与技术。Elliot 则侧重于贸易关系和成本、收入流。他的定义如下：盈利模式详细说明了一个商业实体中不同参与者之间的关系，每一个参与者的成本和利益。所有的盈利模式都试图解决一个简单的方程：利润＝收入－成本。

盈利模式是一个企业建立和有效使用自己资源的方法。企业能够向客户提供比竞争对手更大的价值，并以此来盈利。简单地来说，盈利模式就是对于企业现在如何赚钱、将来如何规划的描述。贝卡州立大学知名教授 Michael. Rappa 从网络经济学的角度阐述了盈利模式的概念，认为盈利模式就其最基本的意义而言，是指做生意的方法，是一个公司赖以生存的模式——一种能够为企业带来收益的模式。盈利模式规定了公司在价值链中的位置，并指导其如何赚钱。

以上定义虽各有不同，但有一点可以明确，一个好的盈利模式可以为企业带来持续的利润和竞争力。它能够清楚地描述企业的利润来源和价值创造过程。就这一点来说，任何企业都适用，当然也包括在因特网环境下运作的电子商务企业。

需要指出的是，电子商务盈利模式可以分为纯电子商务模式和混合模式。如果一个企业不存在旧有的传统盈利模式，则称之为纯电子商务的盈利模式，或者说纯电子商务企业的盈利模式。这种模式不存在原有企业从事商务活动时所需的一切环节，著名的亚马逊、卓越等都是这种模式的代表。而另一种企业原本就从事某一领域的商务活动，并在此基础上开展了电子商务，它们需要解决的是在开展电子商务活动之后如何盈利的问题，这种在某一领域原来已有的模式基础上建立起来的电子商务盈利模式是混合型盈利模式，具有这种模式的企业必须改造旧有模式中的一切缺陷。采用这种模式的企业有海尔、思科等。但是不管是纯电子商务型的还是混合型的盈利模式，都存在于具体的形式之中。它们的共同目标都是获利。

2. 电子商务盈利模式的构成要素

前面在探讨盈利模式定义的时候曾指出，盈利模式可以归结为一个系统，它由不同部分、各部分之间的联系及其互动机制组成。尽管各个产业中都存在着大量变化的盈利模式，但所有这些模式的设计，都是为了使其所有者能够长久获得利润。所有这些模式都有着共同的赖以获利的因素。一个好的盈利模式必须能够解决以下一系列问题：向客户提供什么样的价值，向哪些用户提供价值，如何提供这些价值，能够提供价值的关键活动有哪些，收入来源有哪些，如何保持优势等。一个好的盈利模式还必须是使其各个组成部分都能盈利的模式，而且具有持久盈利的方法，这样，即使有新的竞争者进入，也不会受到很大的威胁。

因此，不管什么企业，其盈利模式都是由一个核心和五个基本点组成。一个核心就是价值创造结构。五个基本点指的是五个基本构成要素，它们是：利润点、利润对象、利润源、利润杠杆和利润屏障。几乎所有企业的盈利模式都是包含这些要素的不同形式的组合。① 利润点是指企业可以获取利润的产品或服务，好的利润点一要针对目标客户的清晰的需求偏好，二要为构成利润源的客户创造价值，三要为企业创造价值。它解决的是向用户提供什么样的价值。② 利润对象是指企业提供的商品或服务的购买者和使用者群体，他们是企业利润的唯一源泉。它解决的是向哪些用户提供价值。③ 利润源指的是企业的收入来源，即从哪些渠道获取利润，解决的是收入来源有哪些。④ 利润杠杆是企业生产产品或服务以及吸引客户购买和使用企业产品或服务的一系列相关活动，必须与企业的价值结构相关，它回答了企业能够提供的关键活动有哪些。⑤ 利润屏障是指企业为防止竞争者掠夺本企业的利润而采取的防范措施，它与利润杠杆同样表现为企业投入，但利润杠杆是撬动"奶酪"为我所有，利润屏障是保护"奶酪"不为他人所动。它解决的是如何保持持久盈利的方法。因特网的广泛应用给新经济时代下的电子商务企业盈利模式的这五个构成要素赋予了新的内容。

3. 电子商务盈利模式的分类

(1) 在线销售商品模式

在线销售商品模式在形式上可以分为 B2B、B2C、C2C 和 C2B 等多种。后两种模式微乎其微，电子贸易所占比例很小，这里不予讨论。目前蓬勃发展的是第一种 B2B 模式，其表现为一条产业链中上下游企业之间供应、采购活动的网络化。这种模式都为传统生产型企业所采用，其网站的核心竞争能力表现在如何利用网络为企业更多地降低库存、采购成本和管理成本，从而获取更大的盈利空间。如美国戴尔公司的网站就是这种模式的成功典范。

第二种 B2C 模式，虽然成交额比例远远不如 B2B 模式，但目前也有很好的发展。传统企业商务模式的网上迁移，去掉了"迂回经济"的非经济性，使企业进入了"直接经济"时代，生产直达消费。和传统商务模式相比，B2C 商务模式可以实现 24 小时在线服务，可以为企业降低销售成本和内部管理成本，从而为企业带来更大的盈利空间。如上述戴尔公司，在顾客方面，戴尔与顾客保持互动，通过戴尔网站实行直销，不仅可以更深入地了解顾客需求，更能获取传统模式中留给中间商的利润空间，降低了销售成本。在中国，由于物流配送水平还不高，配送更多的还是借助于传统物流，如邮寄等，这在一定程度上阻碍了中国 B2C 商务模式的快速发展。因此如能有效解决物流问题，B2C 商务模式在中国现阶段也能得到较好的应用。如在网上销售对时间不敏感的商品，或实现小区域范围内的快速配送都能较好地解决配送难题。电子商务的发展与现代物流的发展是相辅相成的。

(2) 在线销售数字内容模式

面对信息量急剧膨胀的网上数据资源，用户对特定信息的查询往往会产生两种结果：信息过载和信息迷向。信息过载是指找到的信息太多，没法有效消化和应用。信息迷向是指基于目前技术，难以有效地表达需求和准确寻找到所需资源。鉴于此，能有效解决信息分类、深入加工和提供专业检索的网站，必然存在巨大的市场。原来做信息的传统企业，在向互联网迁移的过程中，利用其自身的信息优势，依托互联网来提供更好更方便的检索手段，必然会赢得越来越多的受众。这种网站盈利模式的核心竞争能力不在于信息技术，而在于它能提供给用户高质量的信息内容。这样的网站大多数信息是以免费的形态出现的，网站的拥有者利用网络的聚集效应把网民聚集起来，通过吸引更多的广告商在网站上做广告和收取会员费来获取利润。

如中经网，作为国家的一个信息中心，网站定位在为政府、为企业提供高质量的经济信息服务。中经网提供的是对整体经济环境可靠、准确、系统、连续的描述，有利于政府的宏观决策，也有利于企业经营者减少经营风险，提高经济活动的有效性。中经网提供的信息对政府现在免费，对企业是收费的，也许随着政府职能的转变和进一步深化改革，将来也可对政府收费。目前，中经网的主要收入来源是企业信息收费。

又如 CNKI(中国知识基础设施工程)把国内 6 600 多种学术期刊搬到网上进行信息资源共享。其市场细分非常明确，为高校和学术团体进行信息查询和学术研究提供服务。CNKI. NET 自 1999 年开通以来已有 100 多个定向站点，所有的高校都是它的用户，包括一些省市级的图书馆。CNKI 的专业检索技术极大地方便了高校和学术团体进行信息查询和学术研究。现在 CNKI 还只是把期刊、部分报纸、博硕士论文、学术会议信息放在网上,还有很多信息没有进行数字化,没有进行深入加工,即还有很好的市场前景。

(3) 在线提供服务模式

在线能提供的服务是多样的,如网络游戏、广告收费、在线交流、在线音乐、在线电影、电子邮箱、虚拟空间等。有的盈利模式目前是明晰的,如网络游戏,2003 年度福布斯中国富豪排行中,第二名的盛大网络和第十七名的第九城市都是依赖网络游戏盈利。广告支持模式也是盈利的,中国的几大综合网站,如网易、搜狐、新浪,还有著名的搜索网站,如百度、雅虎、Google 等,很大一部分收入都来自广告业务。但广告支持模式只适合有很大用户群的网站,对一般网站并没有多大的盈利支持。目前,很多网站的收费邮箱也能带来一些收入,但免费邮箱的并存使得收费邮箱业务增长缓慢。提供虚拟空间的网站也能盈利,但要靠规模经济。

在线提供服务模式的网站应该坚持一个原则,坚持做"离不开"的网站。如果提供的服务能给用户带来效用且离不开,那就是成功的服务网站模式。如在线游戏,为众多年轻人,甚至众多小孩所痴迷,这就是一种离不开的模式,所以它能盈利。而在线音乐和在线电影却不能获此殊荣,因为人们可以通过其他途径得到音乐和电影带来的娱乐和享受,目前还是一种离得开的模式,其盈利模式有待进一步深入思考。再如新闻网站,虽然它能提供比其他媒体更快捷的新闻报道,但由于报纸、广播、电视的存在,还是离得开的,只能靠它来吸引眼球,而以其他的方式盈利。

(4) 交易费用模式

交易费用模式是指网站为交易的双方提供一个交易的平台,从中收取佣金。这类网站在网上大量存在,如很多的行业网站、招商网站、旅游代理网站等。但做得最好的往往都有自己的核心竞争能力,如先入优势、行业优势或者是其他方面的优势。

如拍卖网站,拍卖网站做得最成功的有美国的 eBay,该公司是著名的消费品拍卖网站。它的成功在于吸引了足够的买家和卖家来形成有足够物品的拍卖市场。虽然 Yahoo! Amazon 也有大量访问者并进入到这个领域,但由于 eBay 的先入优势,Yahoo! Amazon 还没有办法超过它。拍卖网站要解决的一个核心问题是交易双方的信用问题。市场经济是信用经济,网络经济同样是信用经济。为此,拍卖网站如 Amazon 提出,"拍卖担保"和"代管契约服务"等方案。中国的易趣拍卖网站做得很好,为了解决信用问题,它把自身的用户注册信息库与公安的信息数据库相连,从而可以核实用户信息的真实性,保证了交易的可信性。这一点也是易趣拍卖网站得以发展壮大的核心竞争能力。另外,在易趣网站交易后的双方可以为对方就本次交易自由做出评价,作为下次参与其他交易的信用参考,也有力地约束了交易者的道德行为。

又如短信,本来短信是中国两大移动运营商的业务,但中国的三大门户网站利用因特网,却最终实现短信产品真正意义上的商业化。现在,这些门户网站在很大程度上都在靠短信赢利。这是一个典型的获取交易费用的盈利方式。三大门户网站能利用短信来盈利关键靠它非常大的用户群,是它们的核心竞争能力。尽管最近短信业务有所下滑,但日益增多的眼球也利于它们开展其他交易费用业务。

网站盈利模式是多样的,新的盈利模式也在不断出现。企业对网站盈利模式的选择是专业化好,还是多元化好。都要根据企业自身的特点来决定。专业性网站要做专做深,毋庸置疑。门户网站求大求全,但盈利的也只是其中的几个模式,故网站盈利模式的选择都可以归结到一点,即要培养自己的核心竞争能力,要做专做深,才能实现网站的可持续发展。

6.1.2　B2C 网站的盈利模式

在互联网中,关注 B2C 的人远远高于 B2B,因为 B2C 操作简单,盈利方式也简单,适合大部分人去运营,而 B2B 则不同,如果没有深厚的行业经验以及网站运营能力,想要打造一个盈利级的 B2B 网站,还是相当困难的,那么,这时我们可以多多关注 B2C 网站的盈利,对于现在的状态分析,以及如何做好适合未来电子商务发展模式的 B2C,适合用户需求的 B2C 网站。根据艾瑞咨询对中国网络购物市场长期研究和跟踪,认为 B2C 的商业模式在整个发展历程中扮演着不可或缺的重要角色,中国网络购物市场最早就源于 B2C 模式,这与早期信用等支持体系不成熟,用户缺乏有直接关系。进入 2005 年以来 B2B 和 B2C 行业的投资案例数量增长尤其显著,其中 B2C 行业无论在投资案例数量还是在投资金额上都呈快速增长趋势。B2C 行业已经成为中国电子商务最热门的投资行业,2007 年中国电子商务行业共发生 15 个投资案例,其中 B2C 行业就占据 60%。B2C 企业在中国电子商务投资领域内是最活跃的,这不仅与中国 B2C 行业的市场集中度低有关,更与中国 B2C 行业的市场细分持续扩大有关,一些传统的零售行业和 B2C 电子商务的结合日趋紧密。母婴用品、手机、钻石、鲜花礼品、家居建材等一大批传统行业细分领域开始逐渐进入到 B2C 市场,在该细分领域内那些业务经营状况良好和管理团队背景较强的初创型企业已经受到了广泛关注。随着 B2C 行业发展的日趋繁荣,B2C 行业在未来一段时间内将继续成为中国电子商务最主要的投资行业。在 B2C 市场日趋火热,网站数量越来越多的同时,我们看到各种需要 B2C 网站关注并借此衡量其发展的指标:交易量、用户规模、销售覆盖地区、商品种类等等。但最终衡量一家 B2C 网站是否成功,还是看其是否能实现持久并稳定的盈利,而目前多数 B2C 网站都无法达到,盈利仍是 B2C 的痛。分析 B2C 网站的盈利模式不难发现,产业链上下游的价差是利润源,从 Amazon 的经营和发展历程中,对比国内同类网站的发展,较高的进货库存等执行成本、加上技术以及营销投入在短期内无法抹平低价销售带来的有限利润,只有随着销售规模的持续递增,当到达盈利临界规模时,边际成本(固定成本+可变成本)也将由递增逐步转变成递减,在毛利率基本保持稳定的情况下,网站才能逐步扭亏为盈。分析 B2C 的利润来源和盈利过程,发现制约现有 B2C 盈利的主要由于产品平均利润率不高和用户及销售规模不大使得网站很难突破盈利临界点。尽管一个 B2C 新企业在资金等带动下起步发展速度较快,但进入一定阶段后用户规模增长滞缓,交易量很难突破瓶颈,在产品利润率不高的前提下,自然普遍亏损。而制约 B2C 模式突破发展瓶颈的各类问题可以总结为两大类:一类是来自供应链的问题,另一类来自于互联网运营的问题。供应链的问题主要体现在物流配送、仓储、内部信息化、支付结算等;而后者主要体现在网站用户体验、经营理念、创新意识等。第一个问题的根源是由于目前 B2C 企业往往缺乏对传统零售供应链的管理经验,在成本及风险控制上能力较弱,而第二个问题源自于对自身定位及用户重视程度不够。Amazon 从成立到盈利用了 10 年的时间,相对而言中国的网络购物发展较为落后,因此艾瑞咨询预计类似的 B2C 购物网站实现盈利将需要 10 年左右的时间,而主营产品利润率较高、竞争程度不太激烈等新兴领域的 B2C 购物网站需要的时间更短,在 5 年左右即能实现盈利。新兴 B2C 网站的崛起，尽管B2C目前还面临着这样或那样的问题，尤其是长期盈利问题，但一些新企业的加入也将带来新的盈利模式和可能。

我们先来看看目前网络购物及B2C运营商的分类和细分规模：对于实际运营而言，概念更多的是商业模式的一种总结，C2C和B2C是从产业链的上下游的参与方角度出发定义分类，目前B2C市场典型的分类主要是综合类B2C和垂直类B2C，而随着淘宝网等加入，更确切的定义是自主销售式B2C和平台式B2C。那种自主销售式B2C主要是产品销售相关各环节由运营商完成，而平台式是指提供交易对接平台，并不负责销售相关环节，淘宝B2C商城属于后者。平台式B2C属于中国市场新发展的一类模式，淘宝网在2008年4月才加大在B2C商城的投入，但这类平台往往凭借既有的品牌和用户资源，发展速度较快，根据相关数据显示，二季度淘宝商城交易量就达到4.5亿元。以淘宝B2C为代表的平台式B2C能更有效地集成更多资源，推动市场发展。这种推动主要来自于三方面，一是用户转化，更多的C2C用户将通过同平台之间的引导转化为B2C用户；二是盈利多元，除利差外，交易佣金、广告费也成为可能；三是优化服务，C2C交易灵活，体验完善等特质将被嫁接到同平台B2C商城上，刺激创新和优化各类服务。尽管目前B2C企业数量较多，现有受限于商品品类带来天然的竞争壁垒，细究之下不难发现目前竞争更类似一个个细分的垄断竞争市场，网络购物消费者想要购买某一类产品可选网站有限。平台式B2C加入带来的良性竞争将有效地消除进入壁垒，降低信息搜索成本，加剧竞争激烈程度，刺激市场良性竞争及发展。对B2C市场的现有运营商及新加入者应该关注：

(1) 把握短期及长期发展目标　选择利润高的品类无疑是进入B2C细分市场的好切入点，但随着市场成熟竞争激烈，在以价格为购买核心驱动的网购市场中，单品品类的利润率将逐步回归理性，因此从单品向相关及更广的拓充是必然，只是这种拓充需要找准一个核心，比如用户、渠道等。

(2) 用核心竞争力打动用户　网络购物相关环节很多，但也属于短板效应＋长板效应，所谓短板效应即指在任何一个环节不能低于用户平均忍耐水平，比如用户平均能接受的配送时间是3天，否则用户将快速流失；而长板效应指为在竞争中脱颖而出一定要找出一个差异化的核心竞争力，如最快的物流或是最活跃的社区等，一旦确立长板，用户“黏性”将大大增加。相信只要把握住以上两点，以用户为中心，并辅以务实的理念经营B2C网站，一定能赢得用户，获得销售额，并最终实现盈利。

6.2 B2C网络推广策略

6.2.1 B2C域名的申请和管理

由于Internet上的各级域名是分别由不同机构管理的，所以，各个机构管理域名的方式和域名命名的规则也有所不同。但域名的命名也有一些共同的规则。主要有以下4点。

(1) 域名中只能包含以下字符

26个英文字母；0、1、2、3、4、5、6、7、8、9十个数字；“—”(英文中的连接符)。

(2) 域名中字符的组合规则

在域名中，不区分英文字母的大小写；对于一个域名的长度是有一定限制的。

(3) CN下域名命名的规则

遵照域名命名的全部共同规则：只能注册三级域名，三级域名用字母(A～Z，或a～z，大小写等价)、数字(0～9)和连接符(－)组成，各级域名之间用实点(.)连接，三级域名长度不得超过20个字符。

(4) 不得使用或限制使用的名称

注册含有"CHINA"、"CHINESE"、"CN"、"NATIONAL"等的域名，需经国家有关部门(指部级以上单位)正式批准；公众知晓的其他国家或者地区名称、外国地名、国际组织名称不得使用；县级以上(含县级)行政区域名名称的全称或者缩写，需经相关县级以上(含县级)人民政府正式批准。

虽然网站域名的内容原则上可以随便选择，但由于企业网站域名在Internet上是唯一的，所以域名的确定也要深思熟虑，一个好的域名应该具有以下特点：

(1) 与企业名称一致；

(2) 与企业的产品注册商标一致；

(3) 与企业广告语一致的中英文内容；

(4) 尽量地简短易记。

一个好的容易被网民认可的网站域名都具备上述要求，比如：新浪(sina)、搜狐(sohu)、耐克(nike)和百度(baidu)。如果让对企业感兴趣的人们猜也能猜到你的域名，这样一定可以为你节省掉一点宣传域名的广告费。此外，必须容易记忆。有时企业的英文名称拼写太复杂，那么在取网上的名字时，应该考虑能不能既代表企业形象，又便于记忆。一般来讲，域名的长度最好不要超过15个字母。有时为了营销的目的，让域名更响亮、更容易记忆、更吸引人，域名也可以和企业的名称没有任何关系，但是无论如何都要避免生涩难懂。

6.2.2 B2C网站的推广

域名在申请完成后，摆在企业面前一个非常艰巨的任务就是对网站的推广。我国有些企业在申请完成后就不闻不问任其发展。殊不知域名和我们传统市场中的品牌商标一样，有一个从不知道—听说—了解—熟悉—认可的过程，在这个过程中对网站的推广是十分必要的，下面有一些常用的推广方法：

(1) 网站资料整理　在网站做好后，首先是做好公司的资料整理(特别重要，作为一个B2C网站，尽可能地把公司的资料整理完善一些，比如公司简介，营业执照照片、公司办公照片、电话、地址、相关证书等)，这些东西越多越好，不然很难取得客户的信任，因为现在网上骗子太多了。要给消费者以诚信的感觉，现在网络的虚拟性给企业的宣传带来了诸多不便，我们在推广企业网站时对此一定要注意。

(2) 上传产品资料、照片　这里注意产品图片和资料千万不要有其他网站的链接，否则会让客户觉得不安全。由于网络的特点可以无限制地互联，这种做法会使消费者不愿意来浏览这个网站。

(3) 做好网站相关内容的更新工作　比如行业新闻、相关资讯技术文章等，更新个几十篇，原创最好，没有原创就在网上转载一些文章修改一下变成伪原创吧，千万不要照搬其他网站的东西，特别是知名网站的资源。信息的及时性会吸引消费者不断地有兴趣来浏览网站。

(4) 稳定网络空间　还有一点，作为一个 B2C 网站，必须要有一个稳定的空间，如果你的网站基础出问题打不开，那么会使消费者对你的网站失去兴趣，转投对手的网站。

(5) 登录搜索引擎　当把网站各个栏目的资源更新完毕后，就可以登录搜索引擎了，最好是人工提交，不要用软件提交。通过搜索引擎来推广域名是最常用也是效果最好的一种做法，通过资料显示，许多网民在获取信息时都是通过搜索引擎来完成的。最常见的如：BAIDU、GOOGLE 等。

(6) 论坛推广法　到各大知名论坛注册一个账号(比如 ADMIN5，CHINA 等)，然后把论坛签名写上自己的超链接，比如[url＝http://www.xxx.com]手机网[/url]。当然不同类型的论坛，有不同的文本链接写法，常用的都是 HTML，然后就去灌水，但不要恶意灌水，也可以发一点主题帖。

(7) 交换友情链接　这是最原始的建立外链方法，但我们认为也是最有效的方法；在找友情链接的时候需注意如下要求：最好跟同类型的网站交换；对方必须是要被百度和 GOOGLE 收录了的；SITE 一下对方首页，看看对方首页是不是排第 1，一般对于 SITE 不排第一页的网站都不交换，因为它的首页访问量不大，对自己网站的宣传效果不大。

(8) 利用博客推广　建立博客，发布文章留下链接。现在博客的浏览量已经开始增大，在知名博客上推广企业域名也不失为一个好办法。

6.2.3 B2C 定价策略

电子商务的出现使得交易的中间环节减少，从表面上看价格应该定得很低甚至是免费的。但这样的认识太片面，我们从以下几个方面来认识一下 B2C 定价。

1. 定价的步骤

成功的定价并不是一个最终结果，而是一个持续不断的过程。它应经历以下几个步骤。

(1) 数据收集

定价策略常常因为没有考虑到所有关键因素而失败。由于市场人员忽视成本，其定价决策仅仅是市场份额最大化，而不是利润最大；由于财务人员忽视消费者价值和购买动机，其定价忽略了分摊固定成本。没有收集到足够的有关竞争对手的信息而做出的定价决策，短期看起来不错，一旦竞争者采取出乎意料的行动就不行了。好的定价决策需要成本、消费者和竞争者三方面的信息——这是定价成功与否的决定信息。因此，任何定价分析要从下面开始：

● 成本核算　与特定的定价决策相关的增量成本和可避免成本是什么？

——包括制造、顾客服务和技术支持在内的销售增量变动成本(不是平均成本)是什么？

——在什么样的产量水平下半固定成本将发生变化，这个改变值是多少？

——以某个价格销售产品，什么是可避免的固定成本？

● 确认消费者　哪些是潜在的消费者，他们为什么购买这个产品？

——对于消费者来讲，产品或服务的经济价值是什么？

——其他因素(比如:很难在替代品之间作比较,购买产品代表一种地位和财富,预算限制,全部或部分成本可以由他人分担等)是如何影响消费者的价格敏感性的?

——顾客感受到的价值的差异以及非价值因素的差异是如何影响价格敏感性的? 如何根据差异将消费者划分成不同的市场?

——一个有效的营销和定位战略如何影响顾客的购买愿望?

● 确认竞争对手　目前或潜在的能够影响该市场盈利能力的竞争对手是谁?

——谁是目前或潜在的关键竞争对手?

——目前市场上,竞争对手的实际交易价格(与目录价格不同)是多少?

——从竞争对手以往的行为、风格和组织结构看,他们的定价目标是什么? 他们追求的是最大销售量还是最大利润率?

——与本公司相比,竞争者的优势和劣势是什么? 他们的贡献毛益是高还是低? 声誉是好还是坏? 产品是高档还是低档? 产品线变化多还是少?

数据收集阶段的三个步骤要分别独立完成。否则,如果负责收集顾客信息(第二步)的人员相信增量成本相对于价值来讲比较低(第一步),就会倾向于保守的估计经济价值。如果计算成本(第一步)的人员相信消费者价值很高(第二步),就会倾向于将产品的成本定得较高。如果收集竞争信息的人员(第三步)知道消费者目前偏爱的产品是什么(第二步),就会忽略那些尚未被广泛接受的高新技术带来的威胁。

(2) 战略分析

战略分析阶段也包括成本、消费者和竞争三方面。不过此时各种信息开始相互关联起来。财务分析通过价格、产品和目标市场的选择来更好地满足顾客需要或者创造竞争优势。公司选择目标市场要考虑为市场细分服务的增量成本以及公司比竞争者更有效的或者成本更低的服务于该市场的能力。竞争者分析一定程度上是为了预测竞争者对某个以深入到顾客细分为目的的价格变动的反应。将这些信息综合起来需要三个步骤:

● 财务分析　对于潜在的价格、产品或促销变动,销售量需要变化多少才能增加利润? 对于新产品或新市场,销量应至少达到多少才能回收增量成本?

——在基准价格水平下,贡献收益是多少?

——为了从减价中获取更多的贡献毛益,销售量应该增加多少?

——在提价变得无利可图之前,可以允许销量减少多少?

——为了覆盖与决策相关的追加固定成本(如广告、审批的费用),销量需提高多少?

——已知与销售水平相联系的增量固定成本,销售新产品或将老产品打入新市场需要达到什么样的销售水平才是有利可图的?

● 市场细分　不同细分市场的顾客的价格敏感度不同,购买动机不同,为他们服务的增量成本也不同,如何给不同的细分市场定价? 如何能够最有效地向不同细分市场的顾客传达产品的价值信息?

——如何在购买之前区分不同细分市场的顾客?

——如何在市场细分之间建立"隔离栅栏",使低价市场不影响产品在高价市场的价值?

——公司如何避免违反有关价格细分(price segmentation)的一些法定规则?

● 竞争分析　竞争者对公司将要采取的价格变动会做出什么反应? 他们最可能采取什么行动? 竞争者的行动和反应将如何影响公司的盈利和长期生存能力?

——已知竞争者的生产能力和意图，公司在盈利的前提下能达到什么样的目标？

——公司如何利用竞争优势选择目标市场，以避开竞争对利润的威胁？

——如果不能从无法避免的竞争对抗中获取利润，公司应该从什么样的市场上战略性地撤回投资？

——公司如何利用信息来影响竞争者的行为，使公司的目标更具有可达到性和盈利性？

(3) 制定战略

财务分析阶段的最终结果是得到一个价格-价值战略(a price-value strategy)，一个指导未来业务的规划。正像前面讲过的一样，没有在任何情况下都“正确”的策略。一些战略错误正是由于将一个行业的策略强加于成本、消费者或竞争条件完全不同的另一个行业造成的。

决策过程不必像如上所说的那样非常程序化。不过建议大公司将这一过程规范化。在大公司中，成本、顾客和竞争的信息分别由不同的人掌握，只有规范的决策过程才能使管理当局确信所有的信息都体现在定价决策中了。对于小公司来讲，这个过程则往往采取不太正式的形式来完成。为了获得成功，任何一个定价的管理者必须要知道它想要达到的目的是什么，做出正确结论需要了解什么信息，进行什么分析。

2. 网络营销定价特点

(1) 全球性

网络营销市场面对的是开放的和全球化的市场，用户可以在世界各地直接通过网站进行购买，而不用考虑网站是属于哪一个国家或者地区的。这种目标市场从过去受地理位置限制的局部市场，一下拓展到范围广泛的全球性市场，这使得网络营销产品定价时必须考虑目标市场范围的变化给定价带来的影响。

如果产品的来源地和销售目的地与传统市场渠道类似，则可以采用原来的定价方法。如果产品的来源地和销售目的地与原来传统市场渠道差距非常大，定价时就必须考虑这种地理位置差异带来的影响。如 Amazon 的网上商店的产品来自美国，购买者也是美国，那产品定价可以按照原定价方法进行折扣定价，定价也比较简单。如果购买者是中国或者其他国家消费者，那采用针对美国本土的定价方法就很难面对全球化的市场，影响了网络市场全球性作用的发挥。为解决这些问题，可采用本地化方法，准备在不同市场的国家建立地区性网站，以适应地区市场消费者需求的变化。

因此，企业面对的是全球性网上市场，但企业不能以统一市场策略来面对这差异性极大的全球性市场，必须采用全球化和本地化相结合原则进行。

(2) 低价位定价

互联网是从科学研究应用发展而来，因此互联网使用者的主导观念是网上的信息产品是免费的、开放的、自由的。在早期互联网开展商业应用时，许多网站采用收费方式想直接从互联网赢利，结果被证明是失败的。成功的 Yahoo! 公司是通过为网上用户提供免费的检索站点起步，逐步拓展为门户站点，到现在拓展到电子商务领域，一步一步获得成功的，它成功的主要原因是它遵循了互联网的免费原则和间接收益原则。

网上产品定价较传统定价要低还有着成本费用降低的基础，在上面分析了互联网发展可以从诸多方面来帮助企业降低成本费用，从而使企业有更大的降价空间来满足顾客的需求。因此，如果在网上产品的定价过高或者降价空间有限的产品，在现阶段最好不要在消费者市场上销售。如果面对的是工业、组织市场，或者产品是高新技术的新产品，网上顾客对产品的价格不太敏感，主要是考虑方便、新潮，这类产品就不一定要考虑低价定价的策略了。

(3) 顾客主导定价

所谓顾客主导定价，是指为满足顾客的需求，顾客通过充分利用市场信息来选择购买或者定制生产自己满意的产品或服务，同时以最小代价(产品价格、购买费用等)获得这些产品或服务。简单地说，就是顾客的价值最大化，顾客以最小成本获得最大收益。

顾客主导定价的策略主要有：顾客定制生产定价和拍卖市场定价。这两种主要定价策略将在下面详细分析。根据调查分析，由顾客主导定价的产品并不比企业主导定价获取利润低，根据国外拍卖网站 eBay. com 的分析统计，在网上拍卖定价产品，只有 20％产品拍卖价格低于卖者的预期价格，50％产品拍卖价格略高于卖者的预期价格，剩下 30％产品拍卖价格与卖者预期价格相吻合，在所有拍卖成交产品中有 95％的产品成交价格卖主比较满意。因此，顾客主导定价是一种双赢的发展策略，既能更好满足顾客的需求，同时企业的收益又不受到影响，而且可以对目标市场了解得更充分，企业的经营生产和产品研制开始于顾客。

3. B2C 网络营销定价策略

互联网对于价格的影响出现在互联网这种渠道资源的两个不同方面。一方面是渠道运作，一般来说，如果使用互联网会增加渠道效率，那么公司能降低成本，在一个竞争的市场中，成本的不断减少将通过减价的形式使消费者受益。互联网作为一种渠道资源影响价格的第二方面，反映在渠道和渠道关系中力量拥有者的特征，这从供求理论中可以得到验证。当供给偏多时，价格趋向降低；当供给偏少时，价格趋向上升，在在线市场中，这些定理同样适用。例如，在单一产品的在线拍卖活动中，需求的增长导致价格的上升。这种情况下，力量的天平就偏向了卖者，因为互联网作为渠道有潜在的全球性。在线拍卖的一个结果就是成交价格要比小范围的竞拍现场来得高。

网络营销价格是指企业在网络营销过程中买卖双方成交的价格。网络营销价格的形成是极其复杂的，它受到多种因素的影响和制约。企业在进行网络营销决策时必须对各种因素进行综合考虑，从而采用相应的定价策略。很多传统营销的定价策略在网络营销中得到应用的同时也得到了创新。根据影响营销价格因素的不同，网络定价策略分可为如下几种：

(1) 免费价格策略

免费价格策略是市场营销中常用的营销策略，它主要用于促销和推广产品，这种策略一般是短期和临时性的。但在网络营销中，免费价格不仅仅是一种促销策略，它还是一种非常有效的产品和服务定价策略。

具体说，免费价格策略就是将企业的产品和服务以零价格形式提供给顾客使用，满足顾客的需求。免费价格形式有这样几类形式：一类是产品和服务完全免费，即产品(服务)从购买、使用和售后服务所有环节都实行免费服务；另一类对产品和服务实行限制免费，即产品(服务)可以被有限次使用，超过一定期限或者次数后，取消这种免费服务；第三类是对产品和服务实行部分免费，如一些著名研究公司的网站公布部分研究成果，如果要获取全部成果必须付款作为公司客户；第四类是对产品和服务实行捆绑式免费，即购买某产品或者服务时赠送其他产品和服务。

免费价格策略之所以在互联网上流行，是有其深刻的背景的。一方面，由于互联网的发展得力于免费策略实施；另一方面，互联网作为 20 世纪末最伟大的发明，它的发展速度和增长潜力令人生畏，任何有眼光的人不敢放弃发展成长的机会，免费策略是最有效的市场占领手段。目前,企业在网络营销中采用免费策略,一个目的是让用户免费使用形成习惯后,再开始收费,如金山公司允许消费者在互联网下载限次使用的 WPS2000 软件,其目的是想消费者使用习惯后,然后掏钱购买正式软件,这种免费策略主要是一种促销策略,与传统营销策略类似。另一个目的是想发掘后续商业价值,它是从战略发展的需要来制定定价策略的,主要目的是先占领市场,然后再在市场上获取收益。如 Yahoo 公司通过免费建设门户站点,经过 4 年亏损经营后,在 2002 年通过广告收入等间接收益扭亏为盈,但在前四年的亏损经营中,公司却得到飞速增长,主要得力于股票市场对公司的认可和支持,因为股票市场看好其未来的增长潜力,而 Yahoo 的免费策略恰好是占领了未来市场,具有很大的市场竞争优势和巨大的市场盈利潜力。

(2) 低价定价策略

借助互联网进行销售,比传统销售渠道的费用低廉,因此网上销售价格一般来说比流行的市场价格要低。由于网上的信息是公开和易于搜索比较的,因此网上的价格信息对消费者的购买起着重要作用。根据研究,消费者选择网上购物,一方面是因为网上购物比较方便,另一方面是因为从网上可以获取更多的产品信息,从而以最优惠的价格购买商品。

直接低价定价策略就是由于定价时大多采用成本加一定利润,有的甚至是零利润,因此这种定价在公开价格时就比同类产品要低。它一般是制造业企业在网上进行直销时采用的定价方式,如 Dell 公司电脑定价比同性能的其他公司产品低 10%～15%。采用低价策略的基础是前面分析中指出的,通过互联网企业可以节省大量的成本费用。

(3) 拍卖竞价策略

网上拍卖是目前发展比较快的领域,经济学认为市场要想形成最合理价格,拍卖竞价是最合理的方式。网上拍卖由消费者通过互联网轮流公开竞价,在规定时间内价高者赢得。目前国外比较有名的拍卖站点是:http://www.eBay.com,它允许商品公开在网上拍卖,拍卖竞价者只需要在网上进行登记即可,拍卖方只需将拍卖品的相关信息提交给 eBay 公司,经公司审查合格后即可上网拍卖。

根据供需关系,网上拍卖竞价方式有下面几种:

① 竞价拍卖　最大量的是 C2C 的交易,包括二手货、收藏品,也可以是普通商品以拍卖方式进行出售。如,HP 公司也将公司的一些库存积压产品放到网上拍卖。

② 竞价拍买　是竞价拍卖的反向过程,消费者提出一个价格范围,求购某一商品,由商家出价,出价可以是公开的或隐蔽的,消费者将与出价最低或最接近的商家成交。

③ 集体议价　在互联网出现以前,这一种方式在国外主要是多个零售商结合起来,向批发商(或生产商)以数量换价格的方式。互联网出现后,使得普通的消费者能使用这种方式购买商品。集合竞价模式,是一种由消费者集体议价的交易方式。这在目前的国内网络竞价市场中,还是一种全新的交易方式。提出这一模式的是美国著名的 Priceline 公司(http://www.priceline.com)。在国内,雅宝已经率先将这一全新的模式引入了自己的网站。

就价格而言,理论上有两种价格模式:浮动价格模式和固定价格模式。浮动价格模式包括竞价拍卖、竞价拍买和集体议价等竞价模式;固定价格模式包括供方定价直销、需方定价求购等定价模式。

在拍卖交易关系中,根据交易双方的关系,可以将交易关系形式化为交易模式 X : Y。

在交易模式中 X∶Y 的含义为达成交易时供需者数量的对比。根据数量对比关系，有下面四种模式：

(1) 1∶1(1 对 1)的交易模式：大部分的个人交易(C2C)、企业以拍卖方式出售商品，传统拍卖企业进行的对单个购买者的拍卖交易，均为这一模式。

(2) 1∶n(1 对多)的交易模式：多数企业对个人的交易(B2C)是这种模式。这一模式中价格的形成，既有供方主导的正向定价法，也有通过集体议价由需方主导的逆向定价法。

(3) m∶1(多对 1)的交易模式：当任何一个供应方无法满足需求方批量要求时，将由多个商家提供商品或服务，这将导致 m∶1 的交易模式的使用。

(4) m∶n(多对多)的交易模式：当集体议价模式盛行，同时参与集体议价的需方数量又超过了单一供应方的供给能力时，m∶n 交易模式将会出现。

上面一些拍卖竞价方式是一种最市场化的方法，随着互联网市场的拓展，将有越来越多的产品通过互联网拍卖竞价。目前拍卖竞价针对的购买群体主要是消费者市场，个体消费者是目前拍卖市场的主体。因此，采用拍卖竞价并不是企业目前首要选择的定价方法，因为拍卖竞价可能会破坏企业原有的营销渠道和价格策略。采用网上拍卖竞价的产品，比较合适的是企业的一些库存积压产品，也可以是企业的一些新产品，通过拍卖展示起到促销效果，许多公司将产品以低廉价格在网上拍卖，以吸引消费者的关注。

上面几种价格策略是企业在利用网络营销拓展市场时可以考虑的几种比较有效的策略，并不是所有的产品和服务都可以采用上述定价方法的，企业应根据产品的特性和网上市场发展的状况来决定定价策略的选择。不管采用何种策略，企业的定价策略应与其他策略配合，以保证企业总体营销策略的实施。

6.3　B2C 安全与支付系统

1. 基于信用卡的安全支付系统

信用卡支付是电子支付中最常见的工具。目前，基于 Internet 的信用卡支付采用加密方式将信用卡号和密码发送到银行进行支付，并在传输的各方之间进行合法性和安全性验证(如 SET 协议)。另外，更先进的方式可采用智能卡，其安全性更高，功能也更完善。信用卡支付有以下方式。

(1) 邮件订购/电话订购(Mail Order/Telephone Order, MONO)

MONO 是通过邮件或电话的方式把订购和支付信息传递给商家的信用卡支付方式。它的很多功能和过程同 SET 比较类似，只是商家会用电话或邮件收到支付信息，并把支付信息直接传递给金融机构。

(2) First Virtua

不依赖于加密技术，但可以让商家接收 Internet 订购的信用卡支付。消费者首先使用 First Virtual 来建立一个账户 ID，并把自己的信用卡号发送给 First Virtual。消费者购买商品时，首先把自己的账户 ID 提交给商家，商家连接到 First Virtual 服务器进行验证。如果通过验证，则给消费者发送商品，并发 E-mail 要求消费者进行支付。支付的任务由 First

Virtual 服务器和相应的金融机构完成。First Virtual 中所涉及的商品一般面额较小，如信息等。

(3) CyberCash

CyberCash 是一种复杂的强加密信用电子支付方式，它为消费者和商家提供了不同功能的软件，并在 Internet 和金融机构私有网络之间操作一个支付网关。CyberCash 使用基于对称密码算法和非对称密码算法的混合加密系统，各操作方(商家、消费者和 CyberCash)都拥有独立的公私钥对，通过完整的交易协议来保证在没有得到消费者许可的情况下，商家无权查看消费者的信用卡信息。

2. 电子支票

电子支票是网络银行常用的一种电子支付工具，是将普通的纸基支票转换为带有数字签名的电子报文，除具有普通支票的全部信息外，还可以包含其他有用信息。利用电子支票和整套的安全机制(如数字签名)，可以使支票的支付业务和支付过程电子化。目前的电子支票系统多建立在金融机构内部，随着安全技术的不断进步，也在逐步向 Internet 扩展。

(1) 电子支票(Electronic Check，eCheck)

eCheck 是由金融服务技术协会 FSTC 倡导，是作为一种纸基支票的电子替代品而存在的。同纸基支票的功能类似，电子支票也同样绑定了一个合法的支付承诺。在纸基支票手写签名的地方，电子支票则使用能够自动审核和确认的数字签名来保证其真实性。eCheck 嵌在一个安全电子文件中，其内容包括有关支票的用户自定义数据以及在纸基支票上可以见到的信息，比如被支付方姓名、支付方账户信息、支付金额和日期等。

(2) NetCheck

NetCheck 是南加州大学信息科学协会的一个产品，其每一个用户必须在账户服务器中建立一个账户，并在普通银行账户和 NetCheck 服务器之间维护资金平衡。为完成支付交易、消费者填写代表付款人的电子支票，数字签名以后发送给收款人，收款人数字背书支票，NetCheck 服务器完成支票中数字金额从付款人到收款人的划拨。NetCheck 没有采用公钥技术，而使用类似 Kerberos 的对称加密和认证系统。

(3) NetBill

NetBill 主要用于微支付系统，它使用一个账户服务器，为消费者和商家维护账户，并连接到传统的金融机构。NetBill 采用了公钥证书和对称加密技术，保证电子支付的可认证性、机密性和完整性。现在在我们的生活中也能找到微支付，比如我们在网站上下载铃音或者 JAVA 游戏时可以使用手机话费的直接支付。

3. 电子现金

电子现金(Cash)是一种以数字形式流通的货币。它把现金数值转换成为一系列的加密序列数，通过这些序列数来表示现实中各种金额的面值。用户在开展电子现金业务的银行开设账户并在账户内存款后，就可以在接受电子现金的商店购物。

(1) ECash

ECash 是由 Digicash 开发的在线交易用的数字货币。使用 ECash 客户软件，消费者可以从银行提取和在自己的计算机上存储 ECash。银行验证现有货币的有效性并把真实的货币与 ECash 进行兑换。商家能够在提供信息或货物时接收支付的 ECash 货币。客户端软件叫计算机钱包(Cyberwallet),负责到银行存/取款,以及支付或接收商家的货币。在这种支付方式下,支付者的身份是匿名的。

(2) Modex

Modex 用一张智能卡存储电子现金,并利用和现金一样的支付方式购物和享受服务,但它使用一种锁定系统,比使用现金消费更安全。Modex 现金可以通过电话线和网络在 Modex 的钱包之间发送和接收。每次使用该卡时,卡上的芯片产生一个唯一的"数字签",以保证该卡是真实的,以及辨别该卡为谁支付,从而防止了数字现金的非法截获。

(3) EMV'96

它是由 Europay、MasterCard 和 Viss(EMV)开发的私有规范,用嵌入了集成电路的卡实现支付。EMV'96 是采用智能卡技术的信用卡和借记卡应用的全部规范的集合,这些规范提供了信用卡从磁条向芯片技术转移的框架,从而可以减少欺诈行为并改善信用风险管理。

(4) CyberCoin

CyberCoin 可以用于信用卡交易以及美国国内使用的小额支付和电子支票转拨,是一个基于软件的电子现金产品,目前已经与 SET 结盟。

(5) Worldpay

Worldpay 是一种通过 Internet 的安全得多币制电子支付系统。消费者拥有信用卡或借记卡授权的 Worldpay 多币制账户。账户处理是集中式的,因此可以在各地存取资金。它把资金从消费者的账户中转拨到商家的 WorldPay 银行账户中。没有使用的资金可以在任何时候返还给原始账户的信用/借记卡用户。

4. 微支付系统

微支付是最近兴起的一种新型电子商务支付方式,其特征是能够处理任意小量的钱,适合于 Internet 上"不可触摸商品"的销售,如新闻、一段文章或资料等。一方面,微支付要求商品的发送与支付要几乎同时发生在 Internet 上;另一方面,商品销售、处理与运输的特点为保持成本低廉设置了障碍。为保持每个交易的发送速度与低成本,目前有很多厂商在致力于发展有别于 SET 和 SSL 的微支付方式,它要求方便的交易方式和较低的安全性,在某种程度上寻求效率和安全性消耗的平衡。

(1) Millicent

Millicent 是一种小额电子商务交易的 Internet 支付系统,其钱包用的是能够在 Web 上使用的叫做便条(Script)的电子令牌。Script 被安全地保存在用户的 PC 硬盘上,并用个人标识号或口令对其加以保护。

(2) PayWord

PayWord 基于信用。用户首先在中间人(Broker)处建立账户,中间人给消费者分发数字签名的 PayWord 证书,其中包括中间人的姓名、消费者的姓名、IP 地址、公钥、证书的有效期限及其他一些信息。对于那些较为可信的账户,中间人可按月更新此证书,授权消费者制造"PayWord"链,使商家确认用户的 PayWord 是合法的。

(3) MicroMint

MicroMint 是一种典型的微支付协议,它没有采用公钥技术,安全性较低,但效率较高,适合于低额度电子支付。MicroMint 使用中间人货币,产生的货币没有使用签名,很容易被任何人验证,但不容易伪造。中间人把货币销售给用户,用户再把这些货币提交给商家用于支付。

(4) MPTP

它是3W协会(W3C)定义的一组小额支付用的开放API。该协会认为在用户的客户端已经有一个钱包,但是随着计划使用XML,可能会定义一种标准的支付标记,嵌入在零售商的HTML页面上。客户能够解释标记,使用恰当的支付机制启动一次支付过程。

另外,还有一些其他的微支付系统,如NetCard、iKP、SubScrip和Pederson等,它们都有基本类似的结构和安全性保障。

安全电子支付没有一个严格的分类标准,如CyberCoin属于电子现金支付,NetBill属于电子支票支付,但两者都可归属于安全微支付系统。iKP协议也有类似的情况。

为了兼容各种电子支付系统,并在Internet和支付金融网络之间建立一个统一的安全支付平台,各种组织还开发了多种金融数据交易规范,如由FSTC资助开发的银行互联网支付系统BIPS(Bank Internet Payment System)、开放金融交换OFX(Open Financial Exchange)和金融电子数据交换FEDI(Financial Electronic Data Interchange)等,它们一般用于大额交易,例如B2B电子商务支付等,所以具有严格的步骤和高度的安全性。

综上所述,在当今市场中我们存在着多样化的支付方式。我们面对的消费群体不仅仅需要某一种支付方式,不同的消费群体在购买不同的商品时需要多种支付方式,这就提醒从业人员在设计电子商务框架时要合理使用多样化的支付方式,才能打消消费者对支付安全性的疑虑。

6.4 B2C电子商务物流模式

B2C电子商务企业要从当前的低迷状态走出来,首先就需要有一套健全的、高效的、快速反应的物流配送体系与之配合,只有拥有高效的、快速反应的物流配送体系,才能进一步扩展经营品种和创新经营模式,才能从"三驾马车"向快速消费品转移。当消费者通过Internet开始购买快速消费品时,B2C电子商务的春天就来临了。当前B2C电子商务公司解决物流配送这个"瓶颈"问题,无非有两种方式。

第一种就是采用"大而全,小而全"策略,独自重新建立物流配送体系。这种方式有一定的优势和劣势,优势主要体现在以下几个方面:

(1) 有利于企业内部资源的整合。部分企业利用原有的设备和富余人员筑建自己的物流配送部门,充分利用企业的剩余资源,使企业的各种资源得到充分的利用。

(2) 有利于企业内部各个部门之间的协调。物流配送部门作为企业内部的一个部门,它直接服务于企业的电子商务;企业的各个部门相互联系、相互交流十分方便,而且有利于对各个部门进行控制,各个部门能够协调发展。

(3) 有利于获得第一手市场信息。企业的物流配送人员接触终端客户,理解消费者的喜好、消费的倾向等;他们可以将市场动态的信息反馈给企业,企业的有关部门可以预测市场动态的变化,预测信息有助于企业做出明智的决策,这样就更有利于企业的发展。

(4) 可以有效地防止企业商业秘密的泄露。由于企业的商业活动均是企业内部各个部门协调共同完成的，公司各个部门都是为企业服务的，所以企业的商业秘密就很安全，泄露的机会就很小。

这种方式的劣势表现也很突出，主要体现在以下几个方面：

(1) 对大部分B2C电子商务企业来讲，自建物流配送体系的成本较高，企业需要在原投资的基础上追加投资，增加了企业的投资成本。因企业的资本是有限的，自然就影响企业对主营业务的投资，这样就不利于企业主营业务的发展。

(2) 企业自建物流配送体系，分散了企业内部的人力、物力，将影响主营业务的发展，不利于培养企业的核心业务。当一个企业没有核心业务时，就缺少了核心竞争力，也将在竞争中处于劣势。

(3) B2C电子商务企业自身的网上交易量是有限的，配送达不到规模效应，自然配送成本较高，企业的盈利能力降低。如果物流配送成本过高，电子商务的商品就缺乏竞争力，企业也就缺乏竞争力。

(4) 缺乏专业的物流配送人才。许多自建的物流配送体系的员工大部分是原有的富余人员或失业人员，这些员工对物流配送根本就不了解，他们很难适应新的工作条件和工作环境，需要对他们进行再培训，这样既浪费大量的资源，又不能顺利开展物流配送工作。

第二种方式是"业务外包"，也就是让"自己的后院变为别人的前庭"，由专业第三方物流完成物流配送工作。第三方物流是生产力高度发展和社会化大分工的必然结果，它将独立于生产领域、消费领域而成为一个新兴产业。第三方物流对它所服务的企业提供高效的、系统的物流服务，它将是未来线性生产的企业、商业性的企业以及电子商务公司的首选合作伙伴，而且它将逐渐代替许多企业自建的物流部门。对于B2C电子商务的物流配送活动，笔者认为目前的中小速递公司非常适合服务B2C电子商务企业。以下将对国内的中小速递公司的现状和问题以及优势、劣势进行分析。

首先简单介绍中小速递公司的产生和发展。随着我国改革开放的不断深入，服务行业的种种政策限制逐渐被取消，同时国外部分速递公司开始进入中国市场；国内有眼光的有识之士开始认识到这一行业的发展前景，并开始投身于这一行业。由于当时的政策不是很清晰，这些公司暗地进行秘密经营，所以这些中小速递公司产生的时间就不是很明确。1992年之后，我国明确经济改革的方向——建立社会主义市场经济，政策逐渐放开，所以中小速递公司得到了快速的发展。目前部分速递公司的网络已经遍及全国各地，例如：大通快递、东方快运、东方捷运、中通速递等。但是它们在发展过程中也存在许多问题以及潜在的危机，以下主要分析当前中小速递的现状和存在的问题。

(1) 中小速递公司的存在环境十分恶劣的。国家邮政总局有政策法规规定它们的经营范围，所以它们不敢越雷池一步，否则将遭受重罚。再者，许多的行政部门对它们的种种限制，这些中小速递公司总是如履薄冰。它们是在"缝隙"中成长和发展。

(2) 整个速递市场的竞争十分激烈。首先来自中国邮政的竞争，中国邮政是我国最大的物流供应商，它拥有全国性的网络，具有得天独厚的竞争优势，中国邮政也在不断调整自己的经营战略，改善管理机制，提高服务质量，尤其是中国邮政的EMS(特快专递)得到快速的发展，而且成为中国邮政的"金字招牌"，所以中国邮政的竞争力逐渐增强。再者国外四大快递公司开始进入中国，这四大快递公司分别是FED、UPS、DHL、TNT。由于它们具备品牌优势、便捷快速的优势、高质量服务优势以及技术、人才、资金上的优势，所以它们在国内的业务发展很快，几乎在所有的大中城市均成立了分公司或代理机构。同时来自国内各个中小速递公司的竞争，由于它们在同一起跑线，经营管理方式、水平、技术以及服务质量均在同一水平上，所以它们的竞争只能是价格的竞争，相互压低价格，这样就使整个速递市场竞争进一步加剧。

(3) 中小速递公司经营业务范围较窄，经营品种较少。一方面由于政策法规的限制，它们经营范围就不能延伸；另一方面它们未发现新的潜在的市场需求，没有有效地去开发市场的潜力；所以它们的业务量增长缓慢。

(4) 由于整体竞争能力较低，两者相互之间的价格战，导致服务质量的下降，这样许多客户就丢失了；大客户愿意同实力较强的快递公司进行合作。它们的大客户的数量在减少，只剩下中小客户；我们知道，一个企业大部分利润由它的大客户创造，所以许多中小快递公司的业务有缓慢增长，但利润未见有起色。

(5) 在资本的融通上缺乏支持。由于这些中小快递公司的经营者大部分都白手起家，他们缺乏原始的积累，所以他们在改善经营环境，运输设备上显然有点力不从心。这样经营设备，运输设备就不能适应时代的要求，不能适应个性化的需求，所以在经营上就缺乏竞争力。

(6) 在技术领域缺乏支持。作为一个现代的快递公司必须有一套健全的管理信息系统，物流配送系统，客户服务系统，但这些中小速递公司未能应用现代化的信息工具创建自己的信息系统。

(7) 人才上的匮乏。缺乏高层次专业物流管理人才，同时许多中小速递公司的速递员是下岗职工或待业青年，这些中小速递公司员工的整体素质就不高，整体服务水平大打折扣，影响了中小速递公司的进一步发展。

虽然中小速递公司在发展中存在着种种问题，但是它们具有一些独特的优势，而这些优势是中国邮政和国外快递公司所不具有的。重点表现在以下几点：

(1) 比较优势。作为快递公司充分利用了中国的廉价劳动力资源，聘用了部分大中专毕业生(目前是严重过剩)和大量失业人员。虽然这些员工的素质不高，但经过培训之后均能适应工作；节省了管理费用，形成了有利的成本优势。

(2) 后发优势。作为快递行业在国内市场上几乎找不到比较规范的速递公司，大家都在学习中不断前进，它们可以学习国外快递巨头的先进经营理念、管理信息系统、物流配送系统、客户服务系统等，这样就节省了大量的投资成本，同时可以缩短与快递巨头的距离。

(3) 灵活性强，效率较高。中小速递公司大部分是民营企业，这些公司的工作效率很高，员工的工作时间可达到几个小时。它们具有汽配、摩配、人工配送等多种配送方式，尤其对于市内的配送，它们的灵活性更加明显。

(4) 健全的配送网络。由于思想观念的限制，这些中小速递公司地域性较强，它们都是在某一省份、地区或某一大中城市具有健全的配送网络。值得庆幸的是众多的中小速递公司有联合合作的趋势，它们充分发挥各自的地域优势，相互合作或联合形成一个全国性的物流配送网络。目前新兴快递网络有“东方捷运”、“东方快运”等。

中小速递公司如何在当前的严峻竞争中有效地走出来，以及如何有效地快速发展，这是众多中小速递公司共同面对的问题。随着互联网的发展，电子商务得到很快的发展，电子商务的发展为中小速递公司带来了新的机遇，也可以这样说，电子商务为中小速递公司带来一个春天。同时中小速递公司也使电子商务的优势得以发挥，完善的物流体系将会进一步推动电子商务的发展。两者的有机结合使双方的优势互补，各自的优势得到充分的发挥。如何有效地使两者进行结合，提高物流配送的效率，将是以下讨论的问题。

为了满足顾客日益多样化、个性化的物流需求，就需双方进行结合，双方应该本着一条“一切为顾客服务”的原则和五个 R 服务目标，即把最好的产品(The right product)，在规定的时间(At the right time)、规定的地点(In the right place)，以适当的数量(The right quantity)、合适的价格(At the right price)提供给客户。为迅速实现电子商务下的物流配送并提高物流配送的效率，就需要电子商务企业与速递公司进行有效的结合，大体上有以下两种结合模式：

① 从电子商务企业向速递公司延伸。

信息查询、交易在网上进行，配送业务由速递公司来做，电子商务、企业来完成各种要素的整合。如代为选择物流企业，物流方式和运输手段；代付运费，保管费及保险费；代为生产提单和送达提单；代为结算货款，提供信息查询功能等。而速递公司则只是从事保管分拣、加工、配送和运输工作。

② 从速递公司向电子商务企业延伸。

信息查询、交易、货物送达均由速递公司来做，电子商务公司仅提供商品货源(主要针对生产性企业的 B2C 电子商务公司)。速递公司代为选择物流方式的运输手段；代付运费，保管费及保险费，代收货款，并提供信息查询功能等。

第一种模式更适合当前的实际情况，电子商务企业向速递公司延伸更适合双方的共同发展。以下主要讨论在具体操作上如何使两者有效地结合：

(1) 统一思想观念，转变工作作风。电子商务企业和速递公司的员工均要树立“一切以顾客为中心”的思想，让这种思想贯穿工作的始终。让每一位员工都意识到“只有满足顾客的需求，顾客满意，公司才能取得利润，才能发展”。一定要让这种思想体现在实际的工作当中。

(2) 建立和健全一套信息系统。双方需要建立各自的管理信息系统，并让这两个管理信息系统通过互联网进行连接，有利于信息沟通和资源共享。速递公司需要建立和健全物流配送系统，充分利用现代科学技术，例如条码技术(bar code)、Internet 技术、快反应技术(quick response，QR)及有效的客户反应(effective customer response，ECR)等。

(3) 筑建规范的自动化的高效率的配送中心。配送中心是从事货物配备(集货、加工、分货、拣选、配货)及组织对用户的送货，以高水平实现销售或供应的现代流通设施，它是物流领域中社会分工、专业分工进一步细化之后产生的。配送中心对整个物流系统的效率提高有决定性的作用，它在整个物流系统中具有十分重要的地位。充分利用现代科学技术提高配送中心的规范化、自动化从而实现配送中心的高效率。比如利用激光条码技术可以自动地对商品的入库、分拣、出库进行操作。利用互联网技术同双方公司进行有效的信息沟通。

(4) 充分发挥电子商务企业和速递公司的网络优势。两者均有各自的网络系统，使这两方面的网络进行有效的结合，提高配送的效率。

(5) 充分利用协同配送，降低配送成本。所谓协同配送就是在短距离范围内，为使物流合理化，在几个有定期运货需求的合作下，由一个卡车运输业者，或使用一个运输系统进行配送，它也是货物及配送的集约化。充分利用现代通信技术，提高协同配送的能力，降低配送的成本。

(6) 各种运输工具配合使用，发挥各自的优势，提高配送效率，降低配送成本。对于远距离的配送，可以利用车辆优化配置系统，对车辆和线路进行优化，使配送效率提高，配送成本降低。对于近距离的配送，可以充分发挥摩托车配送和人工配送的优势。

(7) 努力提高配送的柔性化，满足消费者“多品种，多批量，多批次，短周期”的个性化的需求，提高顾客的满意度和忠诚度。

(8) 注重引进高层次的物流人才和提高现有员工的素质。目前，由于高层次的物流人才缺乏，所以要善于引进和吸纳这些高层次物流人才，提高物流配送管理水平，同时努力提高员工的素质，从而提高员工工作效率，提高服务质量。

以上几个方面是两者具体操作上应共同解决的问题，但是在实际操作中可能会出现一些情况，以及两者的矛盾和分歧。主要体现以下三点：

(1) 当商品在配送过程中受到损坏或遗失，需要对顾客进行赔偿，这种赔偿应该由哪方来支付。对于这种情况，大部分速递公司都有明确的规定，规定只给予该商品的原价值3%的赔偿，显然电子商务企业、速递公司、保险公司共同承担责任，来支付赔偿，而不能由某一个单方来负责任。

(2) 售后服务的问题。由于这些商品整个交易是由多方共同参与完成的，究竟由哪一方负责售后服务，目前，这并未有明确的规定。笔者认为，这些商品最终贴上哪家的品牌，那家就负责最后的售后服务。

(3) 商业秘密的问题。任何一家企业都有自己的秘密，由于双方的信息和资源共享，这些商业秘密对合作者来说，就已经不再是商业秘密。如何保证双方均能保守对方的秘密？在硬件上几乎无从做起，只有大家共同遵守商业道德，坚守诚信原则，相互信任，相互不泄露对方的秘密。一定要将诚信思想贯穿于整个业务过程。

案例　京东商城的成功案例

自2004年初正式涉足电子商务领域以来，京东商城一直保持高速成长，连续四年增长率均超过300%。京东商城始终坚持以纯电子商务模式运营，缩减中间环节，为消费者在第一时间提供优质的产品及满意的服务，目前，“京东价”已经成为国内3C销售领域的价格风向标。

1. 市场分析

① 目标市场分析

目前以3C产品为主，包括家用电器、手机、数码、电脑商品。

因为该网站的产品大多数是数码、电器等中高档产品，所以目标顾客群以国内发达城市中等或者中高收入的顾客为主。

② 竞争分析

360京东商城是以B2C形式销售的电子商务平台，其主要的竞争对手是以企业在淘宝或者其他电子商务平台开设的商城，例如国美电器、三联家电网上商城、永乐家电网、海尔网上商城、三星商城、大中电器、网购在线、松下电器、LG China、京天安商城、春兰电子商务、小家电网上购物商城。还有一些综合商城，例如：淘宝网、Ebay 易趣、263 商城、TOM 商城、深圳之窗网上商城、乐购、5173 中国网络游戏服务网、欧诺配镜网、温州易购网、拍拍网、新浪商城、中国艺购网、购得乐、21CN 商城等。

2. 网站策划

① 网络推广方法

第一，广告。由于京东的营销模式决定了其在广告投放方面的特性，以网络营销配合户外广告，扩大知名度、提升企业品牌形象、增加网站流量达到吸引客户购买之目的。如在塞班手机论坛等投放与产品相关的网络广告，可以说广告达到了有价值目标精准投放；但在户外广告的投放中京东只是简单地投放了部分公交车体户外广告，且广告内容不够清晰化，只是简单地提升了京东的知名度和形象，没有传达给客户明确的传播点，使广告的部分价值丧失了意义。

第二，促销。京东的促销对于企业的发展至关重要，京东做了很多的促销专场和“月黑风高”的抢购，以及送代金券，对于商城暂时的销量提升确实起到了巨大作用，但在促销方面存在随意性、实效性，没有形成独特的主题促销行为，只是简单地做出国庆节专场等促销，促销方式单一不利于形成客户忠诚与习惯性消费；如配合节日做出相应的主题促销则能将促销行为发挥至极致，吸引客户形成习惯性消费，如在父亲节做父亲节专场促销、母亲节专场促销、学生专场促销，使客户形成习惯性消费达到促销与稳定客户忠诚的目的。

② 网站联盟

2007 年京东商城宣布与支付宝、财付通正式达成战略合作，集成支付宝、财付通为在线支付渠道。通过支付宝、财付通账户进行网上付款，更加便捷地完成购物环节，促进京东商城的用户量和销售量的大幅提升。神州数码京东商城的合作，使京东商城实现供货渠道的正规化、集成化和专业化，也是对京东商城在 B2C 电子商务领域所表现出来的实力与未来发展潜力的认可。京东在新闻发布会、展会、论坛等相关组织的公共关系方面的未有动作，对于要提升京东的品牌形象来说迫在眉睫。

③ 网站建设

网站的内容化发展将是网站发展的大趋势，京东论坛的单一性与专业购物论坛相距甚远，没有形成完整的营销传播链，与网站论坛内容来带动流量的趋势有一定距离；京东获得风险投资后的发展使京东成为行业最具影响力的电子商务网站，但京东网络整合营销传播没有形成系统有效的传播策略，与绿森、红孩子等电子商务网站相比发展速度慢了很多；从网站的互动营销传播看还有许多未尽之处。

打开网站搜索 360 京东商城的评论，百分之八十都是恶评，无疑中把一些潜在客户给抹杀了，我觉得应该在一些用户收到货物时要求该用户给予评价，无论好坏一样放在网上，或者是像淘宝一样双方都给予评价。个人觉得淘宝的评价形式，改一下也可以是一样很好的 B2C 评价系统。

京东的市场整合营销传播还能符合目前的发展速度，虽然在广告方面如购买北京 668 路公交车体户外广告可以在北京站及国贸周边产生巨大的传播效应，但因其线路有接近 50％路程使行驶在京通快速，且通向的通州终点人口密集程度与城区相比减少了许多，使传播力和影响力没有得到最大的发挥。促销方面的"各项专场"促销、"月黑风高"等促销活动确实赚足了现有客户及潜在客户眼球，也提高了商城的部分销量，但对于一个要稳步扩展客户，实现稳定增长的京东来说还是要用战略的眼光来组织系统的整合营销传播，如针对大学生用户可以细分市场做出结合"DIY"节、"音乐节"赞助"校园歌手大赛"等市场活动，扩大京东的知名度来挖掘潜在的市场。毕竟网上购物的大学生还是占的比例比较高，而且大学生接受新事物的能力也是比较高，学生群是互联网未来的使用人群的主要载体，虽然现在的学生群购买力低，但是在一些特定的日子里学生群还是有一定的购买力，而且如果想长远的发展，学生群体是一个不可忽视的重点。

思考练习

1. 结合案例，试分析 B2C 的盈利模式有哪些？
2. 你有在 B2C 平台上的网上购物的经历么？对它们的网站易用性、售后服务及物流配送你有何想法？
3. B2C 电子商务的营销策略有哪些？
4. B2C 电子商务的物流模式的现状如何，存在哪些问题，该如何解决？

第 7 章　B2B 电子商务应用

我们在第一章中已经讨论过 B2B 电子商务模式的定义，并对 B2B 电子商务模式的分类进行了阐述。目前企业实施的电子商务模式有三大类，一是基于增值网络和内部网的封闭电子商务模式，二是基于 EDI 的企业外部网(Extranet)基础的企业间电子商务模式，三是基于 Web 的互联网络(Internet)基础的企业间电子商务模式。基于 Web 的企业间电子商务模式又分为网上直销型、网上中介型、专业服务型和混合型四种。在本章中，将以网上直销型和网上中介型电子商务模式为例，探讨这两种典型 B2B 企业的电子商务策略、盈利模式、网络营销策略、安全支付、物流解决方案及发展前景等。

7.1　网上中介型 B2B 模式应用

网上中介型 B2B 模式，我们又称第三方 B2B 模式。如前所述，第三方 B2B 模式是专为各企业提供一个信息交换的电子商务平台。作为交易平台，第三方 B2B 所集中的买方企业、卖方企业的信息越多，网站的价值越大，就会有更多的用户来它这里。而电子交易市场规模越大，则其提供的信息增值服务就能够产生规模效应，相反，如果没有用户或者用户很少，第三方 B2B 网站就根本无法存在。

从本质上来说，第三方 B2B 就是提供信用服务的一种商业模式，是典型意义的信用经济。第三方 B2B 的角色就在于可以用更加经济的方式帮助用户之间建立起相互信任关系。如果没有这个平台，这种信任就要靠单个商家对单个商家个体之间去培养、鉴定和监督，建立和维护这个信任的成本非常之高。有了第三方 B2B 平台之后，就可以建立起品牌信任即系统信任，让商家相信进入这个平台就等于进入一个信用环境良好的商务社区，发生欺骗的概率很低，或者欺骗发生后由平台提供方来承担赔偿责任。第三方 B2B 模式存在以下的优势。

首先，第三方 B2B 模式有利于建立企业的网络信用数据库。信用是对交易行为未来行为的一种预测和估测，而估测的基础就是对对方一定时间期限内所有的信用数据进行分析而做出相应的判断。因此，信用服务实质就是提供客户过去的信用数据的信息服务。传统的专门信用服务机构收集客户信用数据需要牵涉到多个部门，建立起来的客户信用数据库相应成本较高，数据可能也不够全面。而第三方 B2B 中介型网站依托网络，买卖双方在电子交易市场上的任何交易行为及数据都可以利用技术从网站服务器上获取。换句话说，这种信用模式的优势之一就是客户信用数据产生的地方，也是信用数据收集、存储、分析的地方。因此建立起来的网络信用数据库花费的成本较低，并且可随时更新。

其次,第三方 B2B 信用数据(信用评价)及时公开的制度有利于网络信用环境的建立。第三方 B2B 网站的价值体现于遵守信用的大量客户所创造的良好的商务环境。任何有损于 B2B 商务环境的行为直接危害着第三方 B2B 网站的信用。因此,第三方 B2B 网站有促使每个用户守信用的动力基础。信用数据及时公开制度就是第三方 B2B 网站用来规避失信的机制。第三方 B2B 网站利用自己所拥有的客户信用数据,进行信用额度评价,并将这些结果与相应网站的会员绑定在一起,让每个参与交易的会员能够查询到对方的信用数据或信用评价,从而最大限度地降低因信用信息的不对称所导致的交易风险。这样一旦出现信用不好的记录,客户在电子交易市场中获得交易的机会大大减少甚至完全消失,从而使得第三方 B2B 网站中交易双方失信成本大大增高。

第三,第三方 B2B 网站可以实现信用服务于其他附加值服务的绑定。B2B 商务过程中存在着诸如网络信用、网络身份认定、电子合同签订、电子支付、物流配送等环节,而作为交易双方所希望的就是享受所购买的服务、得到合适的产品或受到相应的货款,对于其他环节,如果由单个企业来完成,必定增加交易的成本。而第三方 B2B 网站完全可以利用自己所拥有的大量客户优势,将信用服务与其他服务绑定在一起,从而创造附加值。这样企业就不用在网站上看到合适的产品信息后,还需要花时间去委托信用机构调查对方的信用等。因此,第三方 B2B 网站必须实现不同业务之间的整合来创造价值,这种整合不仅体现在所提供的服务上,还体现在不同信用机构之间的整合。比如第三方 B2B 网站信用评价与传统的网下信用评价机构、国家工商管理部门、质检部门等的整合。

最后,事实证明,外部环境的变化将可能导致第三方 B2B 网站交易量和注册用户的增加。比如 2003 年的"非典"、2008 年的"全球金融风暴"以及 2009 年的"甲型 H1N1 流感"。2003 年的"非典"疫情在中国爆发后,很多国外企业出于安全的考虑纷纷取消了到中国出差和一些商务洽谈活动。中国的出口贸易企业要保住自己的订单,国外的买方想得到自己满意的商品,双方不得不另辟蹊径,网上交易成为企业应对"非典"的一个重要出路。一些第三方 B2B 网站(包括以下我们将一起研究的阿里巴巴 B2B 网站)迎来了前所未有的繁荣景象。2008 年的"全球金融风暴"导致中国出口型企业的生存危机,但阿里巴巴 B2B 业绩却出现大幅度逆势上涨,其他第三方 B2B 网站也出现类似的现象。2009 年的"甲型 H1N1 流感"对经济的影响不够明朗,但可以预测将为第三方 B2B 网站带来一次新的生机。

7.1.1 阿里巴巴案例

1. 公司概况

阿里巴巴网络有限公司(2007 年 10 月香港联合交易所上市,股票代号:1688)为全球领先的 B2B 电子商务公司,旗下包括:阿里巴巴(B2B)网站(中国站、国际站、日文站、印度站)、淘宝网(含阿里妈妈)、支付宝、中国雅虎、雅虎口碑网、阿里软件、阿里学院等网站或子公司。阿里巴巴每天通过旗下四个网上交易市场连接世界各地的买家和卖家,其国际交易市场(alibaba.com)集中服务全球的进出口商,其余三个站点主要服务当地的本土贸易,比如中国交易市场(alibaba.com.cn)集中服务中国大陆本土的贸易商。四个交易市场形成一个拥有来自 240 多个国家和地区的 3 800 万左右注册用户的网上社区。阿里巴巴的总部设于杭州,并在中国超过 30 个城市设有销售中心,另外在中国台湾、中国香港、欧洲及美国均设有办事处。

1999 年，本为英语教师的马云与另外 17 人在中国杭州市创办了阿里巴巴网站，为小型制造商提供了一个销售产品的贸易平台。其后，阿里巴巴茁壮成长，成为了主要的网上交易市场，让全球的中小企业透过互联网寻求潜在贸易伙伴，并且彼此沟通和达成交易。阿里巴巴于 2007 年 11 月 6 日在香港联合交易所上市，现为阿里巴巴集团的旗舰业务。

杰出的成绩使阿里巴巴受到各界人士的关注。阿里巴巴两次入选哈佛大学商学 MBA 案例，在美国学术界掀起研究热潮；连续七次被美国权威财经杂志《福布斯》选为全球最佳 B2B 站点之一；多次被全球著名检测权威网站 Alexa. com 评为国际贸易中最受欢迎网站；2008 年财富小企业杂志 6 家最受全球企业家欢迎网站之一。

2009 年 3 月 19 日，阿里巴巴(HK:1688)公布了截至 2008 年 12 月 31 日的 2008 财年全年业绩。报告显示，阿里巴巴 2008 年总营收达到 30.01 亿元，同比增长 38.7%，如图 7.1 所示；净利润同比增长 25%，达到 12.05 亿元。总注册用户同比上升 37.95%，达到 3 807.5 万名；付费用户总数同比上升 41.4%，达到 43.2 万名。

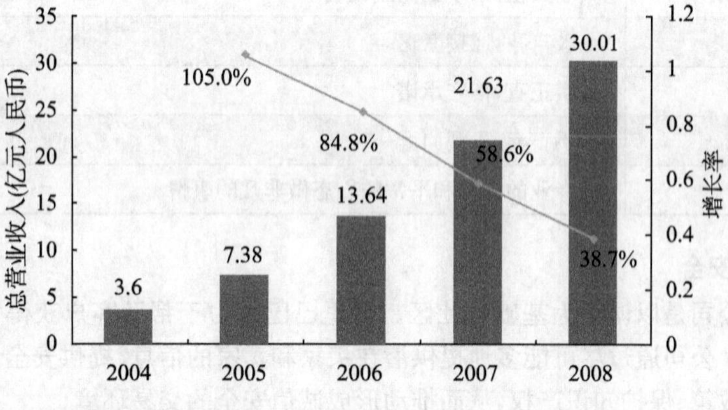

数据来源：阿里巴巴财报

图 7.1　2004—2008 年阿里巴巴总营业收入

2. 网站概况

根据 Alexa. com 全球网站排名，2009 年 4 月 17 日，阿里巴巴 B2B 网站(Alibaba. com)的全球综合排名为 152 位。

在网站基本要素方面，阿里巴巴网站整体规划合理，网站建设导向明确。栏目虽然略显较多，也不会给访问者繁杂的感觉；主辅菜单清晰，给人条理分明、简洁明了的第一印象；官方网站通过一个客服中心来解决交互式服务的问题。总的来说，网站向访问者展示其主要服务业务，网站内容、结构、服务接近公司理念和公司产品。

在网站优化方面，网站比较好地坚持了以用户为导向，特别是在网页标题和 META 标签的设计方面有突出的表现。

在搜索引擎优化方面，该网站除了提供站内搜索引擎功能外，在主流搜索引擎(如 Google、百度等)上有比较表现优异的表现。

总的来说，阿里巴巴 B2B 网站总体策划目的明确，符合网络营销思想，栏目规划合理，有站内导航系统，在网络营销资源积累方面表现良好，企业网站服务方面有待进一步优化。正因为阿里巴巴 B2B 网站在网络营销方面的优异表现，该网站已被广大网络营销研究者引用和参考。

3. 文化与价值观

作为阿里巴巴集团成员，阿里巴巴公司与集团旗下的淘宝、支付宝、阿里软件和中国雅虎有着共同的企业文化和价值观。

自阿里巴巴成立以来，基于阿里巴巴价值观体系的强大的企业文化已成为阿里巴巴集团及其子公司的基石。我们在商业上的成功和快速增长以企业家精神和创新精神为基础，并且始终关注于满足客户的需求。

阿里巴巴集团有六个核心价值观，它们支配集团的一切行为，是公司 DNA 的重要部分。在有关雇用、培训和绩效评估的公司管理系统中融入了六个核心价值观(如表 7.1 所示)。

表 7.1　阿里巴巴的价值观

客户第一：	关注客户的关注点，为客户提供建议和资讯，帮助客户成长
团队合作：	共享共担，以小我完成大我
拥抱变化：	突破自我，迎接变化
诚信：	诚实正直，信守承诺
激情：	永不言弃，乐观向上
敬业：	以专业的态度和平常的心态做非凡的事情

4. 诚信与安全

阿里巴巴公司是以诚信为基础的社区。阿里巴巴致力于帮助客户获得安全、诚实和公平的贸易体验。公司通过尽可能多地提供潜在买家和卖家的信息、提供安全的交易资源、制订和执行规定政策、保护知识产权，从而推动形成诚信安全的交易环境。

阿里巴巴公司为买家和卖家提供可在线公布其产品和推销其公司的中间交易市场。作为公司网站使用条款的一部分，每个个人会员对他们在网站上公布的内容负责。他们在公布内容时，会员必须保证他们公布内容符合公司的使用条款。公司还提醒用户在使用阿里巴巴网站之前阅读隐私政策和产品发布政策。尽管阿里巴巴努力确保市场的诚实性和透明性，最终仍由每位阿里巴巴公司会员来决定与谁做生意。阿里巴巴公司和其会员拥有阿里巴巴公司弃权声明中所述的确定权利和责任。

阿里巴巴公司尊重客户的知识产权。在阿里巴巴上发布的任何侵犯知识产权的信息，客户有权向阿里巴巴公司举报。对于侵权项目，公司将启动通知和摘除程序，并立即评估并处理投诉。

5. 主要产品或服务

阿里巴巴对客户实行会员制度，主要开展“诚信通”会员和“中国供应商”会员有偿服务，会员企业可以通过网站阅读行业新闻，了解行业市场动态，及时掌握供求状况，查询和发布供求信息。会员采购商和供应商通过阿里巴巴网站进行自由供需对接，达成企业间的合作与贸易。阿里巴巴作为第三方平台提供者不介入会员企业间的交易行为。

截止到 2008 年 12 月 31 日，“诚信通”会员和“中国供应商” 两个交易市场总共增加了 1 050 万名注册用户；两个交易市场的付费会员总数上升超过 126 000，超越了以往任何一年的付费会员增长数目。2008年11月，在中国出口七年以来第一次出现负增长的严峻形势下，阿里巴巴"Gold Supplier"产品的升级和"Gold Supplier 出口通版"的推出造就了"Gold Supplier"会员在第四季度的增长创历史新高，达12 192名。

6. 安全与支付

通过Alibaba.com达成企业合作和贸易的企业除了可以使用传统企业间的支付方法之外，阿里巴巴还特别针对中小企业提供第三方支付解决方案。2004年12月，阿里巴巴集团旗下的支付宝网站(alipay.com)正式发布，推出支付宝账户系统。支付宝主要解决小宗交易的支付问题。买家确定购物后，先将货款汇到支付宝，支付宝确认收款后通知卖家发货，买家收货并确认满意后，支付宝汇款给卖家完成交易。具体流程如图7.2所示。

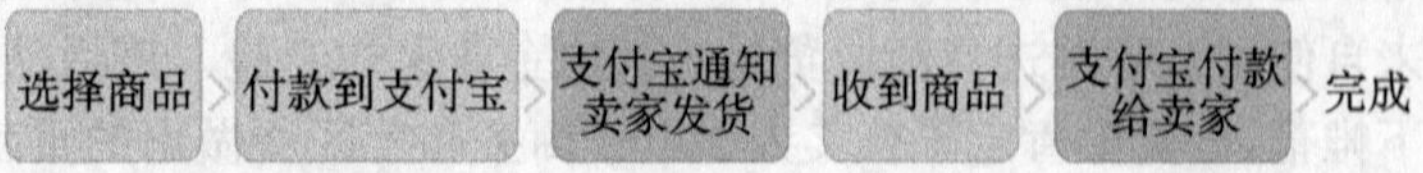

图7.2　支付宝的支付流程

支付宝网站与工商银行、建设银行、农业银行和招商银行联手，并且和VISA战略结盟，任何一张有VISA标志的银行卡都支持支付宝。为阿里巴巴用户(包括B2B和C2C)和非阿里巴巴用户提供一个操作平台，实际支付通过合作银行完成，类似电子钱包，保管、支付，但不付利息。用户在支付宝支付时选择任一银行卡支付通道后立即进入银行网关，银行卡资料全部在银行网关加密页面上填写，无论是支付平台还是网站都无法看到或了解到任何银行卡资料。用户输入卡片资料提交过程全部采用国际通用的SSL或SET及数字证书进行加密传输，安全性由银行全面提供支持和保护，各银行网上支付系统完全可以确保网上支付的安全。

7. 物流

信息流、资金流和物流是电子商务交易的三个基础，阿里巴巴交易平台解决了信息流问题，支付宝保证了资金流。但马云经常说，"信息流、现金流和物流三者缺一不可，我们要不要也把物流做起来呢？不大可能，我们只能专注于电子商务。"作为B2B平台提供方一般不介入企业的合同履行，也就是说不会直接提供物流整体解决方案，而通过阿里巴巴物流网(wl.china.alibaba.com)及与锦程物流网(www.jctrans.com)的战略合作关系来解决客户物流信息处理问题。同时阿里巴巴和许多物流专业提供商达成了战略合作关系，其中包括中国邮政、大田集团、宅急快运等著名企业。

8. 社会责任

自从阿里巴巴公司于1999年成立以来，它的核心使命是使全世界的商人轻松地做生意。阿里巴巴公司拥有来自200余个国家和地区超过1 900万名会员，它的会员群主要由企业家和中小型企业组成。阿里巴巴将互联网的力量与开放公平的全球贸易环境相结合，能够创造草根阶层的经济机会和在缓解世界贫穷方面起到主要作用。通过为中小企业提供节约成本的产品及服务的市场营销平台，阿里巴巴公司在为发展中国家创造工作和经济机会方面起到重要作用。

阿里巴巴公司首先在本国建立具有责任心的企业公民榜样。通过基于阿里巴巴价值观建立的强大的公司文化，阿里巴巴公司努力确保其员工和分支机构同心协力地给予其客户、同事和当地社区以积极的影响。除了公司的内部程序以外，阿里巴巴肩负着独一无二的责任——与其全球商业社区内超过 1 900 万名的注册会员分享理念，并对他们施加积极的影响。

多年以来，阿里巴巴已经为中国和全世界的商人提供管理培训课程，分享我们在电子商务、全球贸易、价值管理和企业社会责任方面的经验。同时阿里巴巴与中国 70 余所一流大学合作，通过阿里巴巴学院为教授和学生提供电子商务培训课程。阿里巴巴每年邀请 100 余名大学教授至杭州总部学习电子商务核心课程。在顺利完成课程的学习后，教授们返回各自的大学为其学生提供电子商务认证课程。通过该课程，中国未来的商业领袖获得了实际的电子商务技能，提升了他们对未来雇主及其团体的价值。阿里巴巴公司每年都在杭州与杭州市政府、中国电子商务协会联合举办网商大会。多达 10 000 名商人参加活动，他们进行对话，学习来自使用互联网进行商业贸易的其他企业家的经验。该活动最终以“十大网商”颁奖典礼拉下帷幕，该奖项肯定了获奖人为电子商务和社区所做出的贡献。阿里巴巴集团鼓励其员工积极参加社区服务活动。集团经常为其员工提供参加社区活动和慈善项目的便利机会。

9. 阿里巴巴发展前景

阿里巴巴的第三方 B2B 模式与 Yahoo、Amazon、eBay、AOL 被国内外媒体、硅谷和国外风险投资家誉为的五大互联网商务主流。

该模式是互联网技术与企业商务的典型结合，为中小企业提供了低成本的信息化整体解决方案，事实证明外部环境的变化（比如 2003 年中国“非典”和 2008 年世界经济环境的恶化），将增加中小企业对该平台的依赖或忠诚。数据显示，2008 年第四季度，“中国供应商”会员在增长创历史新高，达 12 192 名；截至 2008 年 12 月 31 日，阿里巴巴中国交易市场拥有 372 867 名“诚信通”会员，较 2007 年净增 106 858 名，升幅为 40%；整个中国交易市场去年营业收入为 10.94 亿元，较 2007 年增长 78%。

同时，阿里巴巴应分析其 B2B 客户的实际流失率及原因，尤其是在 B2B 付费用户（特别是外贸付费用户）增幅趋缓的形式下，维护老客户与开发新客户的平衡、付费用户的定价策略是阿里巴巴亟待解决的问题。

来自世界精英的梦幻组合团队是阿里巴巴大厦的基石，完美坚固的团队组合，坚定不移的目标信念，使这家要走 102 年的企业实现自己的使命：“让天下没有难做的生意！”

7.1.2 阿里巴巴盈利模式分析

阿里巴巴的盈利模式是组合、进化盈利模式。从企业战略和核心竞争力的角度来说，该盈利模式具有难以模仿的特性。阿里巴巴这种组合进化的盈利模式经过四个阶段逐步发展、逐步清晰。

阿里巴巴成功的第一步是抢先快速圈地。1988 年马云以 5 万元起家时，中国互联网先锋赢海威已经创办了 3 年。赢海威采用美国 AOL 的收费入网模式，这对于经济发展水平高的国家来说，本身经济实力强而且网络信息丰富的 AOL 是适用的。马云并没有采用赢海威的收入模式，而采用了免费大量争取企业的方式，这对于一个个人出资的公司，是非常有远见和魄力的。坚持这样一种模式是需要坚毅的精神的。在遭遇互联网寒冬的 2001 年，马云给公司定了一个目标，要做最后一个站着的人。他说："今天是很残酷，明天更残酷，后天很美好，但是很多人都看不到后天，因为他们死在明天的晚上。"这种抢先圈地的模式坚持下来并贯彻至今，3 807.5 万的注册用户（截至 2008 年底）就是该模式成功的标志。时机本身是最不可模仿的，现在如果还有企业模仿阿里巴巴这一战略，是不可能成功的。

阿里巴巴没有把目光仅仅停留在圈地上，因为注册用户不代表实际利润，正是因为有这样的认识，才有阿里巴巴的第二步，也才顺理成章地获得 4 次私募融资。马云成功的第二步是利用第一步的成功开展企业的信用认证，敲开了创收的大门。信用对于重建市场经济和经济刚起飞的中国市场交易是拦路虎，电子商务尤为突出。马云抓住了这个关键问题，2002 年力排众议创新了中国的互联网上的企业诚信认证方式。如果说，这种方式在普遍讲诚信的发达国家，是多余的，在中国则是恰逢其时了。阿里巴巴既依靠了国内外的信用评价机构的优势，又结合了企业网上行为的评价，恰当配合了国家和社会对于信用的提倡。由于有了创收的渠道，2002 年马云给公司提出一个目标，全年赚 1 元钱。到 2003 年的时候，就达到一天有 100 万元了。这里要特别指出，中国信用问题突出，不等于企业就愿意参与阿里巴巴的诚信通认证。在诱导企业缴费加入"诚信通"方面，阿里巴巴巧妙利用了它抢先圈地的成果。几百万的企业为它提供了大量的企业需求信息。这对于 60%加工能力过剩的中国企业是非常宝贵的信息。阿里巴巴仅仅对于通过诚信通的企业提供需求信息，还通过电子邮件一年提供 3 600 条。这些需求信息对于众多千方百计寻求订单的企业来说，其价值不言而喻，最起码也有把握现实的市场动态的参考价值。用圈地中换取的关键信息作为企业进入创收项目的"诱饵"，这也是难以模仿的盈利战略。

阿里巴巴的第三步就是掌握超过 5 000 家外商采购企业名单，这些名单可以实实在在帮助中国企业出口。通过"中国供应商"会员服务（每家企业收费 4－6 万元）为阿里巴巴带来每年几千万元的收入，并带来国内外的知名度。这种策略其他企业也可以学，但阿里巴巴拥有外商采购最大规模的供给信息和以诚信通为基础信用优势，其他企业模仿时成本比较高。

阿里巴巴的第四步是推出的电子商务搜索和关键字竞价搜索（技术来源于收购的雅虎中国）。阿里巴巴认为创建有影响力和创收力的专业化搜索是一个合理的选择。电子商务搜索可以将电子商务涉及的产品信息、企业信息，还有物流、支付有关信息都串通起来。可以逐步自然形成一种电子商务信息的标准。可以推进阿里巴巴的电子商务，并统领全国的电子商务。通过阿里巴巴做出口的贸易额大约只占中国总出口的 1%左右，还有 99%的企业并没有使用电子商务，这里面的生意潜力可就太大了。这一策略是以前三步为基础的，故难以模仿。

总的来说，阿里巴巴本身没有核心技术，关键成功因素也不多，但盈利模式的单纯性、连贯性、组合性和有效性非常突出。正是因为这种组合、动态发展的盈利策略才有今天的阿里巴巴产业帝国。

特别值得一提的是，2008 年 11 月阿里巴巴推出了"中国供应商出口通"，并将原有"中国供应商"产品升级至"全球宝"。2008 年以来，阿里巴巴的外贸付费用户"中国供应商"增长幅度明显放缓，前 3 季度环比增幅只有 4%左右（去年同期为 11%）。为了在外贸经济大环境普遍不佳的情况下降低老客户流失率、增加新客户签约率，阿里巴巴于 11 月进行了一次重大调整（5 年来首次调整产品价格体系），推出了"金牌供应商出口通版"，价格仅为 1.98 万元/年(原金牌供应商为 5 万元/年)。阿里巴巴的低价“金牌供应商出口通版”产品充分挖掘了市场上的真实需求，获得了广大中小企业的认可，2008 年的金牌供应商数环比增幅高达 39.5%，创历史新高。

7.1.3　阿里巴巴网络营销策略

虽然阿里巴巴的网上会员近五成是通过口碑相传得知阿里巴巴并使用阿里巴巴，但阿里巴巴 B2B 网站在网络营销方面也做得非常优秀。本节从网站优化(含搜索引擎优化)、Web2.0 技术使用状况两方面分析其网络营销策略。

1. 网站优化

网站优化一般包括三个涵义：第一，用户可以方便地浏览网站的信息、使用网站的服务；第二，网页内容可以更顺利地被搜索引擎索引(即搜索引擎优化 SEO)，当用户通过搜索引擎检索时，相关网页内容可以出现在理想的位置并且提供给用户有吸引力的摘要信息，使得用户能够发现有关信息并引起兴趣，进而通过检索结果的引导进入网站获取详细信息；第三，对于网站运营人员则可以对网站方便地进行管理维护、有助于各种网络营销方法的应用。网站优化主要从两个方面入手，一是从网站的基本要素(结构、内容、服务、功能)入手，以用户需求为导向，设计方便的网站导航，网页下载速度尽可能快，网页布局合理并且适合保存、打印、转发，网站信息丰富、有效。同时，网站的设计要考虑其便于日常信息更新、维护、改版升级，便于获得和管理注册用户资源等。二是网页内容可以更顺利地被搜索引擎进行索引，当用户通过搜索引擎检索时，相关网页内容可以出现在理想的位置并且提供给用户有吸引力的摘要信息，使得用户能够发现有关信息并引起兴趣，进而通过检索结果的引导进入网站获取详细信息；网站对搜索引擎友好、便于积累网络营销网站资源、在同类网站中容易建立可信度等。

虽然目前网站推广的最常用方法是搜索引擎优化(SEO)，但从网站的基本组成去优化网站，才是网站推广的本质。因为一个本身很优秀，并且对用户有价值的网站，在主流搜索引擎自然排名中表现一定不会太差。

在网站基本要素方面，阿里巴巴的主要方法包括：网站栏目结构层次合理、网站分类信息合理、将动态网页做静态化处理、每个网页均有独立标题、并且网页标题中含有有效的关键词、合理安排网页内容信息量及有效关键词设计等，另外，每个网页还有专门设计的 META 标签，这些以网络营销为导向的网站设计思想，正是将这些看似简单的细微之处做到专业化。这也从根本上使得阿里巴巴的网页无论从被搜索引擎收录的数量还是质量，都远高于其他同类网站。从对网站结构和内容优化角度，阿里巴巴的网络优化的专业性已经深入到每个网页、每个关键词、甚至每个 HTML 代码。对网站结构、内容优化并不需要太多高深技术，主要原则是坚持用户为导向，主要方法是细节决定成败。

在搜索引擎优化(SEO)方面，阿里巴巴是国内最早进行搜索引擎优化的电子商务网站，到目前为止也是搜索引擎优化总体状况最好的大型 B2B 电子商务网站之一。

阿里巴巴中国站(china.alibaba.com)目前被 Google 收录的中文网页数量超过 500 万个(此数字是动态的)。不仅从被收录的网页数量上来说，要远远高于同类网站的平均水平，更重要的是，阿里巴巴的网页质量比较高，潜在用户更容易通过搜索引擎检索发现发布在阿里巴巴网站的商业信息，从而为用户带来更多的商业机会，阿里巴巴也因此获得更大的网站访问量和更多的用户。

根据搜索引擎营销目标层次原理，被搜索引擎收录尽可能多的网页数量只是搜索引擎营销的第一个层次；在此基础上，当用户通过相关关键词检索时，这些网页在搜索结果中要有好的表现，比如排名位置靠前、网页标题和摘要信息对用户有吸引力，这样才能引起用户对该网页的点击，当用户点击来到一个网站/网页时可以获得对自己有价值的信息，这样才能为搜索引擎营销的最高目标(促成用户转化)奠定基础。所以，如果一个网站被搜索引擎收录的网页数量很少，或者根本没有被收录，那么可以肯定其搜索引擎营销是失败的，在网页被收录数量多的基础上，如果同时保证网页质量高，这样才是比较理想的状况。我们在对阿里巴巴 B2B 网站做相关研究时发现这样一个现象，利用多个行业的产品为关键词在 Google 等主流搜索引擎检索，甚至是很生冷的产品名称，阿里巴巴的商业信息网页内容都会出现在搜索结果前面，这就意味着，通过搜索引擎，潜在用户可以发现阿里巴巴网站上企业发布的供求信息，也就是说阿里巴巴充分利用了搜索引擎营销策略为用户直接带来价值，在这方面，比其他同类网站是远远超前的。这就是阿里巴巴的搜索引擎优化水平较高的表现。从具体表现形式来说，阿里巴巴网站在保证尽可能多的网页被搜索引擎收录的基础上，还做到让每个被收录网页在搜索引擎中都有良好的表现。

而在 2006 年，阿里巴巴部分子域名和子页面，受到了 Google 一定程度的降权处理，主要表现在将部分栏目和子域名下的页面进行了降权处理。经过降权处理后的这些页面，虽然仍被 Google 收录，但很难获得好的排名。该降权事件再次证明 Google 的容忍是有限度的，即使作为国内最著名 B2B 网站的阿里巴巴也必须严格遵循搜索引擎优化的原则。“任何严重影响用户搜索体验，影响搜索引擎正常使用和生存的行为，最终的结果只有被搜索引擎所抛弃或者惩罚。”认清搜索引擎优化与搜索引擎垃圾之间的模糊界限也是阿里巴巴网站优化需要注意的原则。

2. Web2.0 技术应用现状

Web2.0 是 2003 年以后互联网才出现的概念，不过目前对什么是 Web2.0 并没有严格的定义。一般来说 Web2.0 是相对于 Web1.0 的新的一类互联网应用的统称。Web1.0 的主要特点在于用户从浏览器获取信息，Web2.0 则更注重用户的交互作用，用户既是网站内容的消费者(浏览者)也是网站内容的制造者。Web2.0 的应用包括博客、RSS、百科全书(Wiki)、网摘、社会网络(SNS)、即时通讯(IM)等。

阿里巴巴 B2B 网站在 Web2.0 应用现状主要表现在两个方面：一是博客，二是商人论坛。阿里巴巴通过马云的个人博客和网商博客来达到博客营销的目的。某种意义上说“马云”也是个著名的品牌，公众对马云的关注不亚于对阿里巴巴本身的关注，媒体和用户自然也比较关心马云的个人博客，马云通过其个人博客可以方便而低成本地传递阿里巴巴企业的价值观；通过搭建网商(阿里巴巴称其 B2B 客户为网商)博客平台(blog. china. alibaba. com)提供增值服务，让阿里巴巴的企业客户可以通过博客来实现客户自己的网络营销目标。同时，阿里巴巴为了增强网商之间的信息沟通，创办了在线商人论坛(club. china. alibaba. com)，客户可以通过该平台了解资讯、创业加盟及获得技术支持等，结合阿里巴巴的线下网商大会可以提高客户间的信任度和顾客满意度。

7.1.4 阿里巴巴安全与支付系统

通过阿里巴巴“中国供应商”做进出口贸易的商家除了可以选择传统出口贸易支付方式(比如支票等)以外,也可以选择西联快汇的付款方式,这种支付方式是通过西联全球汇款服务接收 AdSense(Google 针对广告主提供的网络广告服务)付款。按照正常的付款计划,付款汇出后的第一天起,卖家即可在当地的西联代理机构取款。选择西联汇款还可以减少存入支票金额所需的银行费用及漫长的托收期。西联快汇以美元支付(大多数西联代理机构也支持当地货币取款,汇率按照取款当日西联代理机构使用的汇率计算)。而通过阿里巴巴“贸易通”做国内贸易的企业则可选择使用银行转账的方式,商家可以选择工商银行、建设银行、农业银行、中国银行等四大国有银行,也可以选择招商银行(可接收外币)、交通银行、中国邮政或地方银行(如成都银行等)。无论是国际或国内支付方式,最大的风险并不是来自于金融服务提供机构,而是来源于买卖双方的不诚信。

2004 年马云创办了支付宝(中国)网络技术有限公司(www. alipay. com),它是一家相对独立的第三方支付提供商,致力为中国电子商务提供“简单、安全、快速”的在线支付整体解决方案。截至 2008 年 8 月 28 日,支付宝用户数已超 1 亿,日交易总额超过 5. 29 亿元人民币。支付宝已经和国内 95%以上的商业银行以及国际的 VISA 国际组织等各大金融机构建立战略合作。“支付宝”是阿里巴巴为用户提供网上交易安全的信用中介工具。通过支付宝交易,“货到付款”与“款到发货”同时兼顾,降低风险。“支付宝”作为信用中介工具,为双方暂时保管货款;买家收货后,支付宝才放款给卖家,保障货款安全。

具体地说,支付宝采用以下安全措施来保证客户资金的安全:

(1) 采用先进的 128 位 SSL 加密技术(参照国内银行网站的普遍做法),确保客户在支付宝页面上输入的任何信息可以安全传送到支付宝,而不用担心有人会通过网络窃取你的敏感信息。

(2) 支付宝账户有两个密码,一个是登录密码,用于登录账户,查看账目等一般性操作;另一个是支付密码,凡是牵涉到资金流转的过程,都需要使用支付密码。缺少任何一个密码,都不能使资金发生流转。同时,同一天内系统只允许密码输入出错两次,第三次密码输入出错,系统将自动锁定该账户,三个小时后才会自动解除锁定。

(3) “支付宝账户”设置有密码保护问题。客户可以设置密码保护问题及答案,在用注册邮箱找回“支付宝账户”密码时,如果密码保护问题及答案错误,将无法找回密码。减少了邮箱被盗,从而泄露“支付宝账户”密码的危险。

(4) “支付宝账户”提现时,系统将检查客户登记的银行账户姓名是否与客户的认证姓名一致,否则不予提现。

(5) 支付宝账户设置变动手机短信通知功能。在有修改密码、使用支付宝账户余额付款、申请提现、取回密码、更新登记的银行账号、修改 E-mail 地址等操作的时候,客户会收到手机短信通知。如果客户收到的操作提示短信非你本人的操作,可以及时检查账户并联系支付宝,以保护账户安全。

(6) 作为协议的一部分,客户支付宝账户中的资金,将不会用于客户指定的用途以外的任何用途。

(7) 如果客户在支付宝账户中的资金来源是合理合法的,那么除非客户的指示或者生效法律文书的指示,客户的支付宝账户中的资金将是不可逆转的(其中一个作用是如果资金已经进入卖家的支付宝账户,买家将不能向支付宝申请退款)。

(8) 通过支付宝数字证书(采用精尖加密数字签名技术),用电子方式证实用户身份,并根据支付宝用户身份给予相应的网络资源访问权限。数字证书安装成功后,他人未使用数字证书登录客户的账户将不能对账户资金进行操作,切实保障客户的账户安全。

阿里巴巴建议商家使用支付宝来实现安全支付,并在阿里巴巴 B2B 网站的"我的阿里助手"栏目里设置了注册支付宝账户功能。商家在 B2B 业务中使用支付宝用三种方式:一是买卖双方通过"一口价"信息出价成交后,根据系统提示,使用支付宝的中间担保功能进行货款交割;二是买卖双方通过"拍卖"信息出价成交后,根据系统提示,使用支付宝的中间担保功能进行货款交割;三是双方通过协商谈定生意后,卖家可在阿里助手向买家发去订单,使用支付宝进行货款交割。

7.1.5 阿里巴巴电子商务物流模式

整个供应链是一个从创造增值到价值变现的过程,阿里巴巴试图增强服务能力,并获得高增值服务机会,物流是必须打通的环节。传统物流模式需投入巨资建立仓储、配送中心,中间成本极大,似乎与阿里巴巴核心优势不匹配。阿里巴巴集团资深副总裁兼企业电子商务(B2B)总裁卫哲曾明确说过:"阿里巴巴永远不会涉足物流,不会投资物流公司中的车队和仓库。"这也否定了阿里巴巴近期涉足传统物流业务的传闻。那么阿里巴巴如何给 B2B 客户提供物流整体解决方案的呢?

首先,通过阿里巴巴物流网(wl. china. alibaba. com)整合物流信息,帮助"中国供应商"和"诚信通"客户寻找合适的物流服务提供商,并承担在此过程中的部分风险责任。阿里巴巴的物流网除了可以增加客户价值之外,同时满足该公司打通整条价值链的要求。当然为了更好地为其付费客户提供增值服务,该物流网还提供物流资讯、论坛及比价系统,并通过"找买家"和"找公司"栏目及"物流企业黄页"功能吸引更多优秀物流企业参与该物流第三方平台网站。

其次,实现与其他优秀物流信息平台的战略合作。例如阿里巴巴与锦程物流网(www. jctrans. com)联手打造的"阿里物流频道"和"锦程贸易频道"正式上线。锦程物流网是全球物流行业排名第一的门户网站,该网站和阿里巴巴已经在资讯、交易、工具等方面陆续展开了深入的合作,将向阿里巴巴全面输出物流频道,阿里巴巴在锦程物流网中建立贸易频道,从而丰富各自资讯内容,实现共赢。同时,锦程物流网向阿里巴巴输出运价等物流交易信息,以帮助阿里巴巴的制造和进出口企业会员寻找服务及价格最好的货运代理商,阿里巴巴会员在网上完成贸易交易后,就可以在阿里巴巴网站中直接选择服务更完善、运价更合理的物流提供商。阿里巴巴与锦程的合作标志着贸易和物流两大经济行为在电子商务领域中正式"联姻",贸易商、制造商、物流提供商等电子商务用户可以在互联网中开展所有商务活动,实现全部商务行为。

第三,阿里巴巴与许多著名的传统物流企业达成了战略合作关系,形成了我国第一个电子商务第三方物流联盟。这些物流企业包括中国邮政、大田集团、宅急快运等国内物流巨头。该合作方式将适合的物流企业整合到阿里巴巴旗下的在线支付平台——支付宝上来，由交易双方选择指定的物流公司取货、验货、发货。买进方可以要求指定物流公司对所发货物进行验收，收到货后，可以当面开箱验货，假如货物有问题，可以当即退货，如果没问题可以当即签收。物流公司确认后，将信息反馈到支付宝公司，后者视成交情况决定是否将钱打入卖方账户。这样就可以更好地杜绝网络欺诈，保证交易安全。阿里巴巴成立第三方物流联盟，一方面能够较好地杜绝网络欺诈的发生，降低 B2B 交易双方的风险，使网上交易更健康、更贴近现实；另一方面能够代表交易者与物流公司进行协商，为阿里巴巴 B2B 客户降低物流成本。

总之，不直接提供物流服务，只通过高效率处理物流信息而给 B2B 客户提供增值服务是阿里巴巴电子商务物流的核心战略。也是阿里巴巴企业电子商务 B2B 成功的重要支柱。

创造 B2B 模式的阿里巴巴与其他 B2B 网站相比，其先入为主的优势不言而喻，多年的资历不仅铸就了阿里巴巴在 B2B 界"老大"的地位和中国第一的品牌形象，更重要的是公司积攒了最宝贵的客户资源。如何利用现有的资源，创造新的资源和财富这将是未来人们关注阿里巴巴的焦点。

当电子商务模式容易被其他企业模仿的时候，如何形成自己企业独特的核心竞争力将是首创型电子商务企业所面临的共同难题。阿里巴巴给我们提供了很好的诠释，那就是通过进化获得持续的竞争优势，并注重网络营销的细节问题，始终站在用户的角度，比对手为客户多做一点点，企业才有可能取得成功。

一个企业的发展需要不断地进步和创新，即使是阿里巴巴也不例外。在提高服务质量，打造中国第一品牌形象的同时，阿里巴巴应该考虑提供更多的增值服务，在中小企业为网络服务付费的意识初步建立的情况下，不但可以获得收入，而且将会大大巩固中小企业本身的品牌形象，为中国中小企业的快速发展打下良好的基础。

阿里巴巴的成功给国内 B2B 企业以无尽的信心，中国 B2B 的未来已经在人们面前展开了美好的画卷，B2B 的明天将在一片关注之中追逐着他的"终极梦想"。

7.2 网上直销型 B2B 应用

如前所述，网上直销型 B2B 电子商务模式（又称企业 B2B）是指基于 Internet，以企业为交易主体，以银行电子支付和结算为手段，以企业数据为依托的商务模式。企业与企业之间的交易规模大，一般是大宗交易，同时企业与企业之间开展电子商务的条件比较成熟，而且企业也是电子商务最热心的推动者和实践者，因此企业 B2B 电子商务模式是未来电子商务发展的主流，具有巨大的发展潜力。对任何企业来说，效益是第一位的，而企业间的 B2B 能够立足于企业的最直接的原因就是它能为企业降低成本，提高企业的竞争力。

企业采用 B2B 模式可以降低交易费用。有些行业，生产过程中发生的消耗不大，而在寻找上下游厂商的时候交易成本比较高，这样的行业可通过 B2B 减少交易过程所产生的费用。一些中小企业也可以通过第三方 B2B 所提供的电子交易平台联系国际生产厂商，参与国际大公司的生产招标活动。通过企业间的 B2B 模式也可以使企业大大提高采购效率。传统的采购流程需要花费大量的人力和物力，时间跨度也较大。由于信息和时间的限制，认证的结果往往与实际有一定偏差，商务谈判也很难达到理想效果，实际效率偏低。而利用企业间电子商务进行在线采购，可以大大简化工作流程，提高效率。采购部门可以在很短的时间内轻松获得所有必需的资料和信息，这比以前传统方式更广泛、更全面，也更准确。这样还能健全采购制度，避免暗箱操作，获得更多的产品和供应市场信息。同理，企业 B2B 模式可大幅度降低企业分销成本。

采用 B2B 模式还可以帮助企业及时进行生产状态的调整。通过实施电子商务战略和企业信息化（比如实施企业资源计划等大型信息软件）可以创造高效率的无形市场，减少企业库存，解决在零库存状态下进行生产的问题。同时，企业的 B2B 电子商务的应用，还将有助于企业实现整条供应链的物流、资金流、信息流的整合，加快企业对原材料供应市场和分销市场的反应速度，从而更合理化、低成本地安排采购、生产和销售。

综上所述，企业 B2B 应用确实能带给企业竞争优势，但关键是如何把企业 B2B 模式与传统管理方式结合起来，成为众多企业一直思考、不断探索的核心问题。由于企业信息化的投入大、效益不可量化以及评价研究成果缺乏，造成很多企业在此道路上裹足不前。摆在中国企业面前的最大问题不是该不该实现企业 B2B，而是如何选择时机，如何平衡投入和产出，才能最大效率地降低成本、提高效率，最终获得竞争优势。

7.2.1　海尔案例

1. 公司概况

海尔集团是世界第四大白色家电制造商、中国最具价值品牌。海尔在全球建立了 29 个制造基地，8 个综合研发中心，19 个海外贸易公司，全球员工总数超过 5 万人，产品包括电冰箱、电冰柜、空调器、洗衣机、微波炉、彩电、小家电、电脑、手机、整体厨房和卫生间等 58 个门类，9 200 多个规格品种。2008 年海尔集团实现全球营业额 1 220 亿元。

海尔集团在首席执行官张瑞敏确立的名牌战略指导下，先后实施名牌战略、多元化战略和国际化战略，2005 年底，海尔进入第四个战略阶段——全球化品牌战略阶段。创业 26 年的拼搏努力，使海尔品牌在世界范围的美誉度大幅提升。2008 年，海尔品牌价值高达 803 亿元，自 2002 年以来，海尔品牌价值连续 7 年蝉联中国最有价值品牌榜首。海尔品牌旗下冰箱、空调、洗衣机、电视机、热水器、电脑、手机、家居集成等 19 个产品被评为中国名牌，其中海尔冰箱、洗衣机还被国家质检总局评为首批中国世界名牌。2008 年 3 月，海尔第二次入选英国《金融时报》评选的“中国十大世界级品牌”。2008 年 6 月，在《福布斯》全球最具声望大企业 600 强评选中，海尔排名 13 位，是排名最靠前的中国企业。2008 年 7 月，在《亚洲华尔街日报》组织评选的“亚洲企业 200 强”中，海尔集团连续五年荣登“中国内地企业综合领导力”排行榜榜首。海尔已跻身世界级品牌行列，其影响力正随着全球市场的扩张而快速上升。

据中国权威市场咨询机构中怡康统计：2008 年，海尔在中国家电市场的整体份额达到 26.2%以上，依然保持份额第一。尤其在高端产品领域，海尔市场份额近 30%，其中，海尔在白色家电市场上仍然遥遥领先。在智能家居集成、网络家电、数字化、大规模集成电路、新材料等技术领域也处于世界领先水平。“创新驱动”型的海尔集团致力于向全球消费者提供满足需求的解决方案，实现企业与用户之间的双赢。

截至2008年，海尔累计申请专利8 795项，其中发明专利2 261项；2008年，集团申请专利912项，其中发明专利525项，平均每个工作日申请2项发明专利。在自主知识产权的基础上，海尔已参与15项国际标准的制定，其中3项国际标准即将发布实施，这表明海尔自主创新技术在国际标准领域得到了认可；海尔主持或参与了192项国家标准的编制、修订，其中8项获得了国家标准创新贡献奖，制定行业及其他标准439项。海尔是参与国际标准、国家标准、行业标准最多的家电企业。

在创新实践中，海尔探索实施的"OEC"管理模式、"市场链"管理及"人单合一"发展模式引起国际管理界高度关注。目前，已有美国哈佛大学、南加州大学，瑞士IMD国际管理学院，法国的欧洲管理学院，日本神户大学等商学院专门对此进行案例研究，海尔"市场链"管理还被纳入欧盟案例库。

2009年，海尔实施全球化品牌战略进入第四年。海尔将继续发扬"创造资源、美誉全球"的企业精神和"人单合一、速决速胜"的工作作风，深入推进信息化流程再造，建立从以用户为中心的信息化流程，搭建全球化运营的物流、资金流、信息流网络，创出中华民族自己的世界名牌！

2. 企业战略发展阶段

海尔集团的发展战略可概括为以下四个阶段，如图7.3所示。

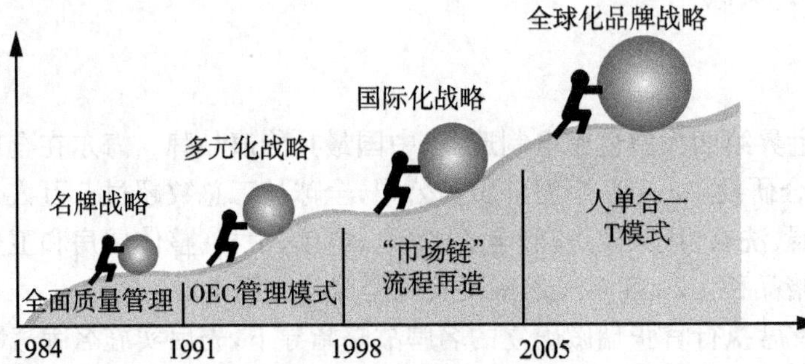

图7.3　海尔的发展战略

(1) 名牌战略阶段(1984—1991年)

特征：只做冰箱一个产品，探索并积累了企业管理的经验，为今后的发展奠定了坚实的基础，总结出一套可移植的管理模式。

(2) 多元化战略阶段(1992—1998年)

特征：从一个产品向多个产品发展(1984年只有冰箱，1998年时已有几十种产品)，从白色家电进入黑色家电领域，以"吃休克鱼"的方式进行资本运营，以无形资产盘活有形资产，在最短的时间里以最低的成本把规模做大，把企业做强。

(3) 国际化战略阶段(1998—2005年)

特征：产品批量销往全球主要经济区域市场，有自己的海外经销商网络与售后服务网络，Haier品牌已经有了一定知名度、信誉度与美誉度。

(4) 全球化品牌战略阶段(2006年至今)

特征：为了适应全球经济一体化的形势，运作全球范围的品牌，从2006年开始，海尔集团继名牌战略、多元化战略、国际化战略阶段之后，进入第四个发展战略创新阶段：全球化品牌战略阶段。国际化战略和全球化品牌战略的区别是：国际化战略阶段是以中国为基地，向全世界辐射，是在每一个国家的市场创造本土化的海尔品牌。海尔实施全球化品牌战略要解决的问题是，提升产品的竞争力和企业运营的竞争力。与分供方、客户、用户都实现双赢利润。从单一文化转变到多元文化，实现持续发展。

3. 文化与价值观

海尔文化的核心是创新。它是在海尔二十多年发展历程中产生和逐渐形成特色的文化体系。海尔文化以观念创新为先导、以战略创新为方向、以组织创新为保障、以技术创新为手段、以市场创新为目标，伴随着海尔从无到有、从小到大、从大到强、从中国走向世界，海尔文化本身也在不断创新、发展。员工的普遍认同、主动参与是海尔文化的最大特色。当前，海尔的目标是创中国的世界名牌，为民族争光。这个目标把海尔的发展与海尔员工个人的价值追求完美地结合在一起，每一位海尔员工将在实现海尔世界名牌大目标的过程中，充分实现个人的价值与追求。

具体来说，海尔的文化包括以下11个方面，它们分别是：

- 有生于无、人人是人才——海尔的文化观。
- 赛马不相马——海尔的人才观。
- 先谋势，后谋利——海尔的战略观。
- 人单合一——海尔模式。
- 企业如同斜坡上的球——海尔的日清高OEC管理法。
- 市场无处不在，人人都有市场——海尔的市场链。
- 品牌是帆，用户为师——海尔的品牌营销。
- 企业生存的土壤是用户——海尔的服务观。
- 走出去、走进去、走上去——国际化的海尔。
- 管理的本质不在于“知”而在于“行”——海尔的管理之道。
- 真诚到永远——海尔的形象。

正是强大的文化保障了公司从物质、制度和精神上的高度统一，才有今天的全球500强的海尔。

4. 社会责任与公益事业

海尔创业26年以来，在“真诚到永远”的理念指导下，首席执行官张瑞敏带领海尔集团在快速发展的同时，一贯积极投身社会公益事业，用真情回报社会，以海尔品格年复一年地为社会默默地奉献。

1993年开始海尔投资制作了212集的动画片《海尔兄弟》；1994年海尔开始投资参加希望工程，在莱西援建了第一所海尔希望小学，从而拉开了援建海尔希望小学的序幕。迄今为止，在全国24个省、市、自治区援建了95所海尔希望小学，其中68所已经投入使用；1998年海尔投资建成海尔科技馆，现已成为全国青少年科普教育基地；2002年开始赞助“中国少年儿童海尔科技奖”、“海尔之星——我是奥运小主人”等活动。海尔集团先后被云南团省委、青岛团市委、希望办授予“希望工程贡献奖”和“社会的海尔”等奖项。2002年9月6日，世界性慈善组织国际联合劝募协会向海尔集团首席执行官张瑞敏授予“全球杰出企业领袖奖”和

“最佳捐赠者奖”两项大奖。

2004年1月，中国青少年发展基金会授予海尔集团国内企业唯一一块“希望工程特殊贡献奖”牌匾。2005年1月海尔集团首席执行官张瑞敏当选“爱心中国”——首届中国最具影响力慈善人物。2006年6月16日，在由中国公益事业联合会、中国爱心工程主办的“中国公益事业十大功勋人物”评选活动中，海尔集团首席执行官张瑞敏荣获“中国公益事业十大功勋人物”称号，海尔集团荣获“中国公益事业十大贡献集体”称号，是唯一一个荣获个人和集体荣誉称号的单位。2007年5月28日，在青岛市即墨灵山海尔希望小学启动了“海尔奥运希望工程活动”，海尔向青岛市青少年发展基金会捐赠300万元海尔奥运希望工程基金和部分奥运图书，并将奥运知识带到全国的海尔希望小学中去。2007年12月3日，“海尔全力支持北京2008年奥运会中国体育代表团暨海尔奥运希望小学启动仪式”在京举行。为了表彰中国健儿的奋勇拼搏精神，海尔集团将不仅为获得金牌的中国运动员赠送整套家电，同时启动“海尔奥运希望小学”计划，即中国健儿每获得一枚奥运金牌，海尔即捐建一所希望小学，并以冠军的名字命名，让“奥运之光，点燃希望”，把奥运精神带到希望小学的小朋友身边。据不完全统计，至今海尔集团用于社会教育事业、对口支援帮扶、扶贫救灾助残的捐款、捐物等共计5亿余元。显而易见，海尔“一块奥运金牌，一所希望小学”的计划绝不是一时之举，而是建立在长期对于社会弱势群体的关注之上，是海尔多年来致力于公益事业的企业精神延续。

二十多年来，海尔向社会奉献了真诚。海尔向全球的用户提供了数亿台的产品，创造了无数用户的需求，使海尔成为用户喜爱的产品。作为北京2008年奥运会中国体育代表团的赞助商，海尔集团在发布会上宣布整套家电进驻中国体育代表团训练基地，率先以实际行动支持中国运动员备战2008奥运会。此次提供的整套家电涉及70多种产品，近200多种型号，产品将广泛应用于奥体中心、射击场、国家训练局等奥运场馆，全面涵盖运动员的衣食住行、运动训练，全力支持中国健儿备战2008奥运会。对于海尔而言，2008年奥运会是一次检验产品实力的舞台，更是加快全球化品牌战略的进程的契机。相信在中国制造向中国创造转型的关键时期，海尔作为民族品牌的杰出代表，以奥运为支点一定能够摘取经济“奥运会”的金牌，早日实现全球化品牌跃升。

5. 发展前景

海尔一直想要像丰田、索尼等亚洲企业一样，成为全球性的品牌。聚焦于质量可以使海尔的品牌贴近其既定发展目标。但是品牌扩张的强大诱惑也会使海尔过度过快地多元化，例如，海尔尝试向医药领域的扩张就不成功。然而海尔在美国真正生存下来了，其洗衣机的品牌市场占有度2009年一季度首次超过惠而浦成为全球第一。海尔是一家有激情的企业，至少花费1 500万美元购买美国纽约的海尔大厦作为海尔(美国)总部足以见证海尔集团在美国市场的进一步雄心。

可以预测，未来会有更多像张瑞敏这样有雄心、有激情、有天赋的企业家在中国出现，管理着像海尔这样的大型的跨国企业，成就中国民族复兴的梦想。

7.2.2 海尔电子商务盈利模式分析

海尔集团的领导层认为，当今世界正处于信息时代，信息已经成为现代社会的主要战略资源。信息资源的开发和利用已关系到企业在信息时代的生存和进一步的发展,把电子商务战略纳入到企业战略最重要的部分刻不容缓。企业必须进行一场信息技术革命以求达到提高企业信息处理能力,全方位沟通与国内外市场的联系,降低运营成本,提高商场占有率的目的。如果企业能够在市场中明确自己的位置,加强创新意识,改变观念,改进传统的生产管理模式,就能够一步到位地跟上信息时代发展的步伐,减少不必要的"逐步摸索"的投资。

从1999年4月海尔就开始了三个方向的转移。第一是管理方向的转移(从直线职能性组织结构向业务流程再造的市场链转移);第二是市场方向的转移(从国内市场向国外市场转移);第三是产业的转移(从制造业向服务业转移)。这些都为海尔开展电子商务奠定了必要的基础。

2000年3月10日,海尔集团投资1 000万元人民币成立电子商务公司,研发筹建企业B2B电子商务系统,海尔集团领导在资金上给予了绝对的支持,这也是海尔成功开展电子商务的主要原因。一方面,海尔集团从战略上高度重视电子商务的发展,他们清醒地认识到:电子商务不单单是技术问题,而是涉及企业全部经营活动的战略问题,因特网将把企业的优势与劣势同时放大,在新经济时代,海尔不开展电子商务,不仅不能创造更多的竞争优势,而且原有的竞争优势也有可能丧失;另一方面,海尔也不为了上网而上网,他们始终坚持用电子商务提升企业服务顾客能力。按张瑞敏的说法,网络只是企业拓展市场的一种渠道,电子商务的核心意义在于尽快满足消费者的个性化需求。

作为一种新的企业商务形式,B2B电子商务的实质在于利用网络技术来改造企业的业务流程,提升企业服务顾客的能力,它涉及企业业务的每一方面。在开展电子商务中,技术只是企业工作中的一部分,甚至只是一个很小的部分,企业更多的工作在于实时了解顾客需要,并协调企业内外资源迅速、全面、低成本地满足顾客需要,与传统中所做的工作一样,只不过这一切使用了新的技术手段,在一个新型的业务流程中来实现。

海尔B2B电子商务不仅应用于客户服务(包括原材料供应商、分销商及消费者),而且也充分应用于企业内部管理。海尔开展电子商务的基本策略是:

(1) 建立一个有鲜明个性的网站,增强海尔在行业内的竞争优势。

(2) 通过电子商务技术优化供应链,外包本公司的(部分)制造业务,变推动销售的模式为拉动销售的模式,提高新经济下企业的核心竞争力。

(3) 通过实施ERP降低企业内部管理成本并优化企业内部流程。

海尔的B2B电子商务应用,主要通过其B2B网站(www.ihaier.com)来实现,主要作用是同原材料供应商高效合作,同时促使外部供应链取代自己的部分制造业务,变推动销售模式为拉动销售模式。B2B电子商务应用不但实现了与供货商的高效合作而且实现了订货商定制等服务。海尔模式主要有以下三点:

(1) 面向分销商的B2B:通过"商家定做"服务,分销商可以个性化地向海尔定制产品。海尔B2B网上定制每月可获得数百万台(此数字还在不断增长中)来自全国各地大商场的订制订单,各订单在款式、功能、色泽上要求各不相同。西单商场是首家获得海尔个性化冰箱的商家,该商场通过B2B定做的近千台个性化冰箱上柜后,很快销售一空。尽管价格一分没降,但销售速度却是少有的快速。这种B2B模式能让商家们各自对消费的调查成为真正反映消费者心理的手段,把消费者提升到一个更重要的地位。

(2) 面向供货商的B2B:海尔集团充分利用B2B电子商务开展在线采购,提高了效率,节约了成本。B2B网站的实现方法是通过B2B栏目实现供应商下载采购订单、寄售清单和查询寄售库存等服务;通过SRM栏目(该功能由德国SAP提供技术支持)实现供应商关系管理;通过相关链接实现供应商产品质量检测、对账及领料加工等服务。

(3) 企业信息化:海尔ERP系统(2000年开始与德国SAP合作实施)已经覆盖了整个集团原材料的集中采购,原材料库存及立体仓库的管理、各个事业部中的生产计划、事业部生产线上工位的原材料配送、事业部成品下线的原材料消耗倒冲以及物流本部零部件采购公司的财务等业务,该ERP系统、BBP采购平台及B2B网站的集成,在实现海尔集团的内部供应链管理的同时进一步完善了海尔的B2B电子商务应用。

7.2.3 海尔网络营销策略

作为中国家电企业的一面旗帜,海尔在网络营销上也走在了很多企业的前面。早在2002年,海尔就建立起了网络会议室,并在全国主要城市开通了统一客服电话。

2000年4月18日海尔开通B2C海尔商城(www.ehaier.com),且集团每年投资数百万元用于扶持该网站建设。该网站已经稳定运行了8年,并且运行良好。海尔开展B2C电子商务的主要目的就是利用网络技术缩短海尔与顾客之间的距离,为顾客提供个性化的产品与服务,提高顾客对海尔的满意度与忠诚度,提高海尔的竞争力。海尔商城主要面向国内的个体消费者和大宗购件的客户,该网站除了提供产品浏览、企业直销、在线导购、订购和支付等功能外,还通过特许店来实现与淘宝网对接("海尔网上特许店"为海尔在淘宝等网站发展签约的海尔产品网上特许店,在这些网店订购海尔商品,配送和服务将由海尔集团统一负责)。并通过大学生创业栏目让在校大学生通过该电子商务平台销售由海尔集团提供并负责配送和支付服务的产品,实现创业。该网站针对不同类商品采用不同的配送物流送货上门,并提供送货上门服务。海尔商城提供电汇、货到付款以及第三方支付平台——支付宝、环迅(IPS)、快钱等支付方式。

无论是海尔商城、B2B网站还是海尔的官方主页在网站基本要素优化方面表现突出,同时对主流搜索引擎友好,这在传统非IT企业中并不多见,也表现海尔在网络营销方面的专业性。

7.2.4 海尔一流三网物流模式分析

海尔的物流改革是一种以订单信息流为中心的业务流程再造,通过对观念的再造与机制的再造,构筑起海尔的核心竞争能力。海尔物流管理的"一流三网"充分体现了现代物流的特征:"一流"是以订单信息流为中心;"三网"分别是全球供应链资源网络、全球配送资源网络和计算机信息网络。"三网"同步流动,为订单信息流的增值提供支持。

在海尔,仓库不再是储存物资的水库,而是一条流动的河。河中流动的是按单采购来生产必需的物资,也就是按订单进行采购、制造等活动。这样,从根本上消除了呆滞物资、消灭了库存。目前,海尔集团每个月平均接到6 000多个销售订单,这些订单的品种达7 000多个,需要采购的物料品种达26万余种。在这种复杂的情况下,海尔物流自整合以来,呆滞物资降低了73.8%，仓库面积减少50%，库存资金减少67%。海尔国际物流中心货区面积7 200平方米，但它的吞吐量却相当于普通平面仓库的30万平方米。同样的工作，海尔物流中心只有10个叉车司机，而一般仓库完成这样的工作量至少需要上百人。全球供应链资源网的整合，使海尔获得了快速满足用户需求的能力。

海尔通过整合内部资源优化外部资源，使供应商由原来的2 336家优化至840家，国际化供应商的比例达到74%，从而建立起强大的全球供应链网络。GE、爱默生、巴斯夫、DOW等世界500强企业都已成为海尔的供应商，有力地保障了海尔产品的质量和交货期。不仅如此，海尔通过实施并行工程，更有一批国际化大公司已经以其高科技和新技术参与到海尔产品的前端设计中，不但保证了海尔产品技术的领先性，增加了产品的技术含量，还使开发的速度大大加快。另外，海尔对外实施日付款制度，对供货商付款及时率达到100%，这在国内，很少有企业能够做到，从而杜绝了“三角债”的出现。

由于物流技术和计算机信息管理的支持，海尔物流通过3个JIT，即JIT采购、JIT配送和JIT分拨物流来实现同步流程。目前通过海尔的BBP采购平台，所有的供应商均在网上接受订单，使下达订单的周期从原来的7天以上缩短为1小时内，而且准确率达100%。除下达订单外，供应商还能通过网上查询库存、配额、价格等信息，实现及时补货，实现JIT采购。

为实现“以时间消灭空间”的物流管理目的，海尔从最基本的物流容器单元化、集装化、标准化、通用化到物料搬运机械化开始实施，逐步深入到对车间工位的五定送料管理系统、日清管理系统进行全面改革，加快了库存资金的周转速度，库存资金周转天数由原来的30天以上减少到12天，实现JIT过站式物流管理。生产部门按照B2B、B2C订单的需求完成以后，可以通过海尔全球配送网络送达用户手中。目前海尔的配送网络已从城市扩展到农村，从沿海扩展到内地，从国内扩展到国际。全国可调配车辆达1.6万辆，目前可以做到物流中心城市6～8小时配送到位，区域配送24小时到位，全国主干线分拨配送平均4.5天，形成全国最大的分拨物流体系。

计算机网络提高了企业与外界的连接速度，海尔CRM（客户关系管理）和BBP电子商务平台的应用架起了与全球用户资源网、全球供应链资源网沟通的桥梁，实现了与用户的零距离。在企业内部，计算机自动控制的各种先进物流设备不但降低了人工成本、提高了劳动效率，还直接提升了物流过程的精细化水平，达到质量零缺陷的目的。计算机管理系统搭建了海尔集团内部的信息高速公路，能将电子商务平台上获得的信息迅速转化为企业内部的信息，以信息代替库存，达到零营运资本的目的。

海尔高度信息化、自动化的物流系统除了满足本企业内外部物流需求以外，还积极拓展社会化物流业务，目前已经成为日本美宝集团、AFP集团、乐百氏、ABB公司、雀巢公司等公司的物流代理。同时海尔物流充分借力，通过与中国邮政合作实现第三方配送，使配送网络更加健全，为新经济时代快速满足企业自身及客户的需求提供了保障，实现了零距离服务。

电子商务是一个复杂的系统工程，它的发展不但需要基础设施和相应的技术支持，而且需要动员全社会来解决有关的社会问题。目前海尔在实施电子商务进程中还存在以下需要解决的问题：

(1) 市场环境问题。消费者观念还有待转变（特别是奢侈品的购买方式），大多数网络营销方法信任度较低，中介服务需要加以规范等。

（2）技术标准问题。海尔的 B2B 电子商务系统与客户系统不兼容，如条形码、数据库、相关平台等，因此这些行业标准有待规范统一。

（3）政策鼓励问题。为促进电子商务的发展，国家应在财税政策方面给予电子商务一定优惠，比如可以参照外贸出口退税的方法，采取部分退税的政策。在“家电下乡”活动中，海尔合理利用该政策的优惠条件，保证产品质量，重口碑、信誉，轻销量，建立在广大农村的品牌效应。建议把“家电下乡”活动在城市全面铺开，这既符合国家扩大内需的经济政策，又刺激城市中低收入群体的消费需求。

（4）商品定价问题。海尔产品基本是网上，网下统一定价。虽然网上销售成本较低，但销售定价却不能低于分销商定价太多，否则必然会影响分销商的利益，影响分销渠道的稳定性。因此如何解决传统分销渠道与网络营销渠道之间的矛盾和冲突，是海尔乃至整个企业界需要思考的问题。从这个意义上说，海尔优势不明显的网上定价抹杀了网上销售的优势，限制了海尔电子商务的快速发展。

对海尔的电子商务应用案例分析，可以给我们其他类似企业提供很好的借鉴意义：

（1）电子商务战略必须与企业集团战略的高度一致，企业必须清晰认识到电子商务竞争力是企业整体核心竞争力中不可缺少一部分。正是因为海尔集团自上而下对电子商务的清晰认识，同时明确电子商务战略在企业总战略中的地位，才有今天海尔电子商务的发展成果。

（2）企业应选择合适的时机实施电子商务战略。每个企业都必须应用电子商务，但企业所处的生命周期将决定企业运用电子商务的程度。从一定程度上来说，如果海尔没有过硬的企业基础管理水平，海尔的电子商务蓝图就只能是“空中楼阁”。

（3）管理创新和业务流程重组是企业电子商务成功的保证。海尔的成功证明创新是企业永葆活力的源泉，特别是在实施电子商务战略过程中。

（4）构造独特的、难以模仿的电子商务模式是电子商务成功的保证。海尔的电子商务模式有以下两个与众不同的特点：首先是鲜明个性和特点的垂直门户网站，在不提高服务费用的前提下，满足 B2C 的个性化需求；其次优化供应链取代本公司的（部分）制造业，变推动销售的模式为拉动销售模式，通过 B2B 网站和各种信息平台的集成大幅度增加 B2B 交易额和降低采购、分销成本。

中国的“海尔”，世界的“海尔”。海尔一定会在国际化的道路上走得更远，走得更稳。

思考练习

1. 在网络上查找几个国内知名的 B2B 电子商务网站，比较它们的页面、服务、物流配送等环节的异同。

2. 结合本章案例，你认为 B2B 的盈利模式有哪些？

3. 试总结 B2B 电子商务的营销策略有哪些？

4. 结合案例分析，国内 B2B 的发展受到哪些因素的制约？

第 8 章　C2C 电子商务应用

上一章，主要深入分析了 B2B 电子商务的盈利模式、营销策略、物流模式等。这一章中，将同样从盈利模式、网络营销策略、安全与支付系统及电子商务物流模式几个方面逐步探讨国内 C2C 电子商务的内涵。

8.1　C2C 盈利模式分析

由国内典型的几个 C2C 网站来看，我国 C2C 市场盈利模式主要有以下几个：交易服务盈利模式、特色服务与增值服务的盈利模式、网络广告盈利模式及其他盈利模式。

8.1.1　交易服务盈利模式

C2C 网站作为个人对个人(customer to customer)交易服务模式的电子商务贸易平台，它本身并不直接参与交易，但它必须对交易双方及交易过程提供必要的、完善的服务，以最大限度公平地保障交易双方的正当利益不受侵害，例如，淘宝网、eBay 易趣、拍拍网等对交易双方的身份进行基本信息的认证、审核，并提供解决电子支付安全性的措施如支付宝、安付通、财付通等。C2C 网站为交易双方提供安全可靠的交易平台，适当地收取部分服务费用作为网站正常运营的资本及收益。但以中国市场上的网站来看，在此项目上的盈利是非常有限的。

以 C2C 市场的龙头老大 eBay 易趣为例，在交易服务方面 eBay 易趣初期所收取的费用项目主要有：店铺费用、商品登录费、上传图片费、交易手续费，其收费的标准相对实体店而言是比较低的，对于交易双方而言是可以理解并接受。然而在 2003 年阿里巴巴推出淘宝网免费政策，淘宝凭借免费这把利器，迅速切入了原本为易趣垄断的 C2C 市场，并且在两年多时间里面，夺下了超过 60%的市场份额。这也说明尽管服务费用的存在合理但仍然存在很大的竞争，所以说 C2C 市场在众多网站推行免费政策轰击下，其交易服务盈利在很大程度上是极其微弱的，甚至几乎是到了燃资烧钱的地步。因此，仅仅依靠交易服务盈利模式是不可能维持网站的基本维护及市场的正常运作的。

8.1.2　特色服务与增值服务的盈利模式

在淘宝网推行交易服务费用免费政策后，个性服务理所当然成为吸引商家顾客的一大亮点。所谓特色服务与增值服务是以用户与顾客不同需求为服务理念，通过网站自身多方面的努力，为用户提供最大化价值的服务，从而提高其对网站的满意度并从中赢取合理比例的收入。总体来说这是一个提高网站信誉与形象、增强网站竞争力的重要途径与方法。

在特色服务与增值服务方面，以 eBay 易趣为例，它所收取的费用有字体功能费（字体加粗，也有免费字体可供使用）、物品推荐位费等，增值服务的项目比较有限。而在这方面淘宝网所提供的服务比较齐全，淘宝旺铺、旺旺 E 客服、阿里软件网店版、淘客推广、黄金推荐位、淘宝直通车等特色及增值服务功能强大，从而大大满足了不同卖家在不同特色及增值方面的各种需求，从而更好地吸引卖家注册。丰富的产品、便捷全面的服务也就吸引更广泛的消费群体进入，为网站赢得竞争力及更高的信誉。因此淘宝在很大程度上也是凭借此功能迅速地占领市场。

总之，特色服务与增值服务能够很好地使 C2C 平台、卖家、买家、第三方等在各个层面上满足自己的不同需求，实现用户价值的最大化，故而这种赢利模式必将得到用户的理解与接受。所以说，此种盈利模式有着非常广阔的应用前景与商业价值，也必将得到更好的发展与完善。

8.1.3 网络广告盈利模式

C2C 市场的持续繁荣，网络广告低投入、高收益的优势，使得越来越多的企业商家趋向网络作为宣传公司产品与企业信誉形象的重要渠道。C2C 网站以其得天独厚的本质特点在这一市场占领明显优势。首先，C2C 网站本身就是一个购物平台，对于广告投放者而言，他们在此平台上直接进行商品与服务的宣传与销售，其目标群体的精确性，广告收益的直接性，销售渠道的便利性是其他类型网站无法比拟的。其次，C2C 网站每天都有大量的新增商品进入，包括众多特色商品及在生活中很难出售或购买的商品，其旺盛的资源活力对于有购物需求的网民来说，具有更大的吸引力与影响力，并可以吸引到更多的网民光顾本网站，提高广告的转化率，从而迅速提高其经济效益。

在我们打开淘宝网、eBay 易趣、拍拍等主要 C2C 网站时，可以明显地发现这些网站的首页都放置着大量的广告信息，这也足以可以证明网络广告在 C2C 网站的生存与发展中的重要地位。因此可以说，不管是现在还是将来，网络广告收入都是 C2C 网站盈利的重要来源，并占据不可替代的角色。

8.1.4 其他盈利模式

以上三种盈利模式基本包括了大部分 C2C 网站的盈利模式，部分网站例如腾讯拍拍推行互联网增值业务、移动与电信增值业务，部分网站推出的搜索排名费用、VIP 会员费用等，这些也是构成 C2C 网站盈利的一部分。而新的盈利模式也在 C2C 网站的不断发展中逐渐规范化，为其带来市场盈利。

8.2　C2C网络营销策略

8.2.1　产品定价策略

eBay易趣与淘宝网的市场定位都是C2C中文电子商务交易网站和第三方平台运营商，两者不直接参与交易过程或提供物流配送、售后服务等传统商家的市场功能，它们提供的是电子商务服务这种特殊的无形产品，其产品定价策略迥异于有形产品。

淘宝网作为阿里巴巴旗下的C2C网站，是连接B2B、C2C、B2C、支付工具等要素的纽带。凭借长达6年的免费产品定价策略的承诺攻城略地，它站稳了脚跟，扩大了市场，在交易额、交易人数和市场占有率上居同业翘楚。

淘宝网的免费策略刚开始并未受重视，但是它的超越使得一直坚持“免费不是商业模式”的eBay易趣意识到本土化对定价策略的影响。2005年5月起，eBay易趣开始了其有史以来最大规模的资费调整活动：商品登录费下调20%～60%，橱窗免费展示，普通店铺月租费从50元下调至35元，免除开店费和交易费。

天下没有免费的午餐，免费产品定价策略的实施离不开网站运营和雄厚的资金支持。据eBay和阿里巴巴现有的财政状况，两三年内维持这种“烧钱”的免费模式尚可，但长此以往，这种似乎习惯成自然的免费交易模式是否能够收费并实现利润最大化？C2C商家何时才能盈利与可持续发展？目前来看，还是一个未知数。

8.2.2　会员管理策略

eBay易趣和淘宝网目前的注册网民都已超过千万，且都建立了各自的会员管理系统。合格的买家只需遵循其会员基本要求交易则可。但交易期间如有恶意出拍、评价作弊或收货不打款等违规行为者将受到网站警告、降低信用等级、封除ID等处罚措施，但都缺乏相应的威慑力。

对卖家的管理就不像对待买家那样脆弱了。对于绝大多数卖家来说，eBay易趣和淘宝网上的卖家信用指数是个掷地有声的黄金指标，是买家评估和决定购买行为的关键参考因素。信用指数越高，说明买家的满意度越高、卖家的销售量越大。eBay易趣上的超级卖家和淘宝网上的钻石、皇冠级卖家大都是信用良好、网售规范的店铺，很多还同时拥有实体店铺或产、供、销一条龙的企业。如2006年第三届中国十大网商评选活动中获奖的三位淘宝网女性卖家就拥有各自的实体企业或店铺，其中，韩洪英甚至创立了自己的内衣品牌。

因此，利用信用指数是C2C网站管理卖家的有效方式之一，另有差评、警告、违规商品下架和禁止交易等惩戒方式，它们最终都会影响网店的销售业绩，故对卖家行为有相当的约束作用。

8.2.3 特色服务策略

1. 淘宝网:"香港街"、"香港代购"与"专卖街"

2005年1月,淘宝网推出"香港街"服务。2005年12月,推出了"香港代购"项目,内地用户可通过在香港主要商业中心有实体店的"香港街"网店直接定购海外市场上的各种商品。2005年春节期间"香港街"的成交额增长30%～40%,代购服务使销售额更创新高。

2005年12月,淘宝网推出了网上"专卖街"。"专卖街"上的店铺都有实体店营业执照或厂家授权书,而且都与淘宝网达成了关于保证商品质量和退换标准的书面协议。网民在此购物可享受传统店面的"三包"政策。该服务是对用户群体的一种细分和过滤,是淘宝网解决目前C2C市场反应尖锐的商业欺诈问题的一项"三赢"式尝试。目前,专卖街上已有诺基亚、摩托罗拉、华硕、东风标致等厂家开设了品牌旗舰店,耐克、苹果电脑、阿迪达斯、佳能、迪士尼等知名品牌的代理也已陆续登陆。

2. eBay易趣:"跨国巡购"、"易趣物品评价和购物指南"和FD小组

"香港代购"推出仅一天,eBay易趣联合eBay全球资源推出了"跨国巡购活动"。此次号称"血拼全球"的活动有来自eBay各国站点的超级大卖家的热销商品,比"香港代购"的可选范围更大。

2005年12月,eBay易趣推出中国首个消费生活百科全书式网站频道——"易趣物品评价和购物指南",旨在为消费者提供近万种商品类目的购物和指导知识。这个双向开放式资讯平台目前包括电脑、服装、房产、保险等24个类别,每个类别下包含数十或数百条小类。如果你浏览过相关内容,就会感觉措辞较为详细中肯,有实用价值。

eBay易趣的FD(fraud detection)小组,是被誉为"网络捕快"的反欺诈侦破小组,2001年成立,目前有成员20余人。该小组可根据美国宇航局研发的数据模型判断用户的犯罪特征并做出放行、警告等相应处理方式。FD小组成立期间为买家或卖家挽回的损失小到几元的小饰品,大到几百万元的大宗交易。2005年5月,其跨国交易信用安全部成立,每天处理600多个可疑的用户或交易,平均每周为用户挽回损失至少2万多美元。

通过这样的特色服务策略,网站用户的权益得到了最大化的满足,同时也提升了网站的知名度、可信度。因此,这也是C2C电子商务平台网络营销的一种有效手段。

8.2.4 整体支持策略

1. IM通信工具

IM(instant message,即时通信)工具能迅速进行虚拟场景的实时交流和信息互传,如QQ、MSN等。"淘宝旺旺"是完全以淘宝网为生存场景开发的IM个人网店专用工具,它整合了特色的动画表情、强大的聊天记录、即时信息、交易管理和支付宝等功能,使中国的IM工具出现首次的市场细分,满足了网上交易的需求。在淘宝旺旺出现之前,eBay易趣为了更好地控制商务流程,促使用户线上交易,采取了站内信息、留言和电子邮件等方式管理买卖双方的沟通过程。2005年9月,eBay高价收购了国际性网络语音沟通工具Skype,以解决网上交易的沟通困难、提高成交率和促进跨国贸易。

淘宝旺旺和 Skype 两款 IM 工具都可通过复合型手段双向交流，省时省钱。Skype 的最大优势在于能廉价快捷地拨打国际长途电话，但其 P2P 技术突破了网络聊天的限制，对传统电信运营商构成威胁，可能遭封杀。而淘宝旺旺的 IM 实力和人气目前虽较 Skype 强大，但与 QQ 等老牌 IM 软件相比仍处于竞争劣势。另外，如同支付宝、安付通一样，目前我国也缺乏对网络通信的相应法规，故此其存在着巨大的政策风险和运营的不确定性。

2. 网站运营策略

同样以淘宝和 eBay 易趣为例。在网站运营上两者存在以下差异：第一是用户界面设计与使用上，淘宝网上的操作简捷清晰，互动性强。而 eBay 易趣则字体细小，紧凑繁复。前者采用橙黄色为网页主色，清新活泼，错落有致；而后者以宝蓝色为网页主色，稳重厚实，细节感强，相对繁杂。第二是辅助工具上，淘宝旺旺和数字证书安装简单便捷；而 Skype 和易趣小精灵则较为依赖 PC 的运行环境，操作相对复杂。第三是支付工具上，安付通与贝宝直接与银行连通划账，比支付宝少了网上充值这一步操作；支付宝则需要网站登录密码、支付宝登录密码和网上银行充值密码才能完成整个交易，这虽然麻烦但多了道保障。第四是社区文化上，eBay 易趣和淘宝网的社区分类都很详细具体，两者相比较而言，淘宝网的社区人气更显火热，如“经验畅谈居”是很多用户必去之处。

从以上案例可以看出，网站整体运营策略中，淘宝网要独具特色，并成功维持了大量用户。可见，好的 C2C 平台，不仅需要良好的产品定价策略、特色服务策略、会员管理策略，同样还需要精美的网站制作和人性化且简单又安全的网站环境。这些，都是做好 C2C 网站推广的一般策略。

8.3 C2C 安全与支付系统

安全支付是 C2C 网站的软肋，也是中国电子商务发展面临的首要问题。在未创建合适的支付工具前，eBay 易趣与淘宝网都在真正的 C2C 拍卖网站外不得其门而入。

2000 年易趣推出“易付通”服务，开创了国内电子商务网上安全支付的先河，此后阿里巴巴的“诚信通”、慧聪的“买卖通”、雅虎与一拍网的“e 拍通”等也相继问世。2004 年 10 月，eBay 易趣联合多家国内金融机构推出了以银行为金流平台的“安付通”第三方支付机构服务和“安付通保障基金”，成为国内首个真正实现在线交易赔付的支付工具。eBay 易趣的另一支付工具则是在线支付平台 PayPal 提供的“贝宝”服务。

2003 年 10 月，淘宝网推出“支付宝”服务。至 2004 年年底，使用支付宝的交易者已占其交易人数的 50%以上，涉及 70%的在线商品。2005 年 2 月，阿里巴巴与多家银行合作推出了独立支付平台支付宝网站及全额赔付制度。虽然 eBay 易趣、搜易得等都曾尝试过不同形式的赔付制度，但支付宝最为完备、大胆，突破了此前业界尚无全额赔付的先例。而淘宝网推出的“数字证书”服务即为保障特定 IP 地址用户的支付宝账户安全的有效措施。

据 CNNIC 调查，截至 2006 年 3 月，在淘宝网、eBay 易趣上的用户使用网上支付购物的比例依序为 94%和 63%。其中，使用支付宝的为 95%；使用安付通和贝宝的分别为 78%和

40%。这说明网上支付工具的诚信度已然确立,网民对这些非银行资金吸纳机构的运作持相当宽容和信赖的态度,诚信交易安全体系基本成型。

8.4　C2C 电子商务物流模式

在电子商务愈来愈热的今天,流行着一个等式:电子商务=网上信息传递+网上交易+网上结算+物流配送。可见物流、商流、货币流、信息流是电子商务的四个重要组成部分。而依靠互联网可以解决商流、货币流、信息流等相关问题,却无法解决物流的主要问题。在这种情况下,未来的流通时间和流通成本,绝大部分被物流所占据。因此,物流也就成为了未来电子商务发展的瓶颈。

相对于 B2B 和 B2C 来说,C2C 物流的发展似乎存在更大的困难——因为它只有第三方物流这一条路可走。易观国际研究发现,2007 年至 2008 年里,作为国内活跃的 C2C 网站,卖家数已达到 351 万个。截至 2009 年 1 月,淘宝年交易额 999.6 亿元。巨额的交易量让人们不得不面对 C2C 物流发展存在的问题。

8.4.1　现今 C2C 物流存在的问题

淘宝是土生土长的中国“C2C”,所以在这里把淘宝网作为主要研究对象。现在淘宝的邮递方式无非是邮政和快递两种。平邮在时间上没有保证,而且收取货物时不太方便是众所周知的。所以比起平邮和 EMS,不是很贵重的商品大家都倾向于选择快递。但现在的快递市场极其混乱,各个公司价格、服务参差不齐。在淘宝的论坛上经常会看到投诉快递公司的帖子。现今主要存在的问题可以概括为以下三点:

(1) 卖家无从选择。虽然邮费是卖家说了算,但事实上这部分钱最后还是给了快递公司,卖家并没有从中得到什么利润。而且出于竞争的考虑,卖家们当然希望自己的邮费越低越好。可是面对市场上多如牛毛的快递公司,要从中选择一家服务好、收费低的谈何容易。如果商品在途中出现什么问题,有晚到或是损坏的情况,索赔是小事,而影响到卖家信誉就是大麻烦了。据调查,不少卖家认为:“眼下淘宝的邮寄是一个很现实很重要的问题,这里快递公司的业务员(来取货的)都是一些十七八岁的该上学却没上学的小伙子,感觉他们的素质都不高,公司做大了,什么人都有,公司都是以赚钱为目的的,他们收了费用出了问题就不管客户的感受,服务态度不好和管理水平落后的公司真是太多了,即使是同一家公司在全国各地的分公司的服务态度和管理水平也是不一样的。”

(2) 买家顾虑重重。顾虑一:由于没有统一的标准,各个卖家给出的邮费价格都不一样,有时几元钱就可以寄到的东西,卖家也非要收十几元的邮费,买家无从判断虚实。

顾虑二:快递公司一般情况下是将货物送到买家留下的地址,但买家不知道快递何时会到,也不可能为等快递不外出。生活中经常会出现买家刚好在外办事,快递业务员打来电话告知货物已到。如果遇上快递公司服务态度好,尚可以等一段时间,或直接将货物送到买家手上。如果态度不好就难说了,有买家曾经遇到过半天没来取货便将货物退回的业务员。

(3) 资源的浪费。C2C 的一大特点是"散"。不仅商家分散,商品也是分散的。一般来说商品都是一件一件寄出,即使是小批量,一般也寄往不同的目的地。所以在商品运输的包装问题上存在极大的浪费。比如,在同一个城市有十个不同的卖家去不同的快递公司邮寄布绒玩具,而且目的地相同或者相邻。这种情况下,这些布绒玩具肯定会用包裹一一进行包装。但事实上,如果只有一家快递公司,这些玩具完全可以集中后一起包装,只要贴好标签,绝对不会出现差错。2009 年底,淘宝网宣布其每天商品成交量继续保持在 900 多万元。而在这 900 多万元的商品中,肯定不乏这种"布绒玩具"的情况。C2C 物流市场的不统一给包装资源造成的浪费可见一斑。

8.4.2 C2C 物流的发展策略

解决以上问题的方法无非就是规范快递市场,而怎样实现规范呢?首先是统一快递市场。有学者提出:"寻求物流与电子商务企业结合的最佳方式:一是从物流企业向电子商务企业延伸;二是从电子商务企业向物流企业延伸;三是多种模式的综合发展。"根据以上分析,可以得出 C2C 物流的三个发展方向:一是与邮政合作,依靠邮政实现物流向电子商务的延伸;二是由淘宝这样的电子商务网站自己组建一个专门的物流企业,负责 C2C 物流业务;三是多种模式的综合发展,大家都可以自主选择"自营"或者"外包"模式。

1. 加强与邮政的合作

邮政是一个特殊的物流企业,这是不争的事实。所以提到 C2C 物流不得不想到邮政。邮政在发展 C2C 物流方面是很有优势的,从以下几个方面可见:

(1) 宽广的网络覆盖面。中国邮政拥有遍布城乡的邮政网络与训练有素的投递队伍,已经形成四通八达覆盖全国,连通世界的邮政网。中国邮政 236 个邮区中心局组织严密,运转灵活,能覆盖全国 2 300 多个县级以上城市,邮政完全有能力承担物流的处理、储存、配送等服务。目前,其他从事电子商务物流配送服务的专业公司,基本局限在各大城市,对中小城市以及广大农村地区显得力不从心。而中国邮政只需在现有条件的基础上进行一定的投入,即可达到目的。

(2) 强大的运输能力。中国邮政不但拥有自己的航空公司,还拥有自备火车车厢 510 节,各类邮运车辆 3.3 万辆。中国邮政现有服务功能齐全的营业局所 6.7 万处,投递局所 4 万多处,投递人员 12.4 万人,投递用机动车 15 400 辆,自行车 9 万多辆。中国邮政网络的经营规模和服务范围在物流配送行业中绝对是首位。随着电子邮政业务的发展,实物传递的规模将逐渐加大,充分发挥邮政干线运输能力,使干线网和实物传递网能满负荷运转,最大程度地发挥实物传递网的规模效益。在国内有 6 万多个邮政营业局所,紧贴用户,掌握着用户的详细地址资料,为发展物流服务奠定了良好的基础。为了组织好全国最大的物流配送网络,国家邮政局已宣告对全国邮政末端投递体制进行改革,将普通邮件投递和特快专递(EMS)投递合并,成立各级投递公司,实现包裹投送到户,逐步将邮政投递网络改造成为与电子商务相匹配,高效、流畅的物流平台。

(3) 先进的支付系统。中国邮政的绿卡网,具有全国范围内的网上支付优势,并且随着"中国邮政储蓄银行"的成立,使"邮政绿卡"由单一的存取功能拓展到具有支付、转账功能。如果邮政参与 C2C 物流,就可以实现商流、物流、货币流和信息流一体化,让交易过程中的参与者尽可能减少，这样既可以缩短信息交流时间，提高交易效率，还可以避免交易双方个人信息的泄露，提高交易的安全性。除此以外，邮政发展 C2C 物流业务还有其他的优势。例如，对于电子商务而言，货物送达可能是客户在购物过程中唯一一次与商家面对面的机会，物流服务的质量将直接影响企业在客户心中的形象，也从很大程度上决定了是否还有下一次交易的可能。对用户而言，邮政员工上门服务具有很强的安全感，对于委托商而言，邮政在确保其商品运输安全、商业机密等方面又有着良好的信誉。邮政“百年老店”的良好信誉是参与电子商务发展的强大优势。从上文的数据可以看出，C2C 物流的发展是非常有前途的，这也就预示着邮政发展 C2C 物流面临的压力很大。

(4) 企业性质的制约。众所周知，中国邮政是一个国有企业，它的存在有其特殊的社会意义。如果中国邮政与 C2C 网站合作，承担了所有的 C2C 物流业务，势必会对其行业性质造成影响。从上文我们已经看出 C2C 物流是一个不小的工程，中国邮政必须拿出大量的精力和经费来建设它。这样一来中国邮政的行业性质就有向商业方面转化的可能。

(5) 舆论的压力。现在反垄断的呼声一浪比一浪高，作为国营企业的中国邮政，它的垄断地位已经让很多客户和对手感到不满，经常有人抱怨邮政工作人员的态度差、收费高等问题，攻击中国邮政的报道更是从不间断。总部设在华盛顿的一个商业团体发表的报告指出，中国对其邮政行业的垄断保护和对国内商业的有关规定正在减缓外国速递企业的发展，并在削弱中国政府创造就业的努力。

2. 发展自己的物流企业

由 C2C 自身，如淘宝网建立自己的物流公司也有多方面的优势：

(1) 信息传递快。商品从成交到发货，到收货，到确认付款，整个交易的信息都可以在企业内部完成，信息传递当然快，而且不容易出错。这就加快了整个 C2C 交易的速度，对电子商务的发展不能不说是一个极大的促进。

(2) 保密性好。现在利用商家信息获取利益的事情屡见不鲜，所以信息保密对 C2C 来说至关重要，如果能实现买卖物流一体化，商品和商家的信息不会外泄。即使出现纰漏，追究责任时也容易处理，不会出现 C2C 公司与快递公司相互推托的情况。但我们必须考虑到由淘宝这样的 C2C 网站发展独立的物流业务面临的困难更大，因为它们的核心竞争力并不在此。正如福特不可能建造一整套完全属于自己的汽车生产流水线一样，C2C 网站要想涉足物流行业成功的概率也非常小。所以较为现实的想法是与已经比较成型，并初具规模的物流公司合作，形成同盟。现在已小有名气，并与淘宝有过合作的快递公司主要有以下几个：

民航快递公司　由 28 家公司股东组成，拥有资金 1.8 亿元，其国内网络成员单位已延伸到 60 多个城市，国际服务网络遍布全球，它依托各航空公司、机场的强有力支持，充分利用全国 171 个民用机场、900 多条国内航线，覆盖了全国大、中城市，为客户提供门到门、桌到桌的快递服务。

中铁快运　其网络已覆盖全国 130 个城市，并全部实现计算机信息系统的联网，据悉，1999 年中铁快运共办理国内外快运包裹 322 万批，发送件数 730 万件，全系统实现利润 8 200 万元。

UPS 物流　是世界最大的包裹配送公司，每天递送 1 200 万件包裹，其中至少 600 万件是从电子商务而来的。2000 年业务收入超过 20 亿美元。

对于 C2C 物流这块未开垦的沃土，一些民营企业也跃跃欲试。麦迪尔秦天电子商务物流网于 2000 年 6 月 8 日在北京正式启动，在北京市建立了 70 个服务区，覆盖了北京市 1 000 万居民。阳光网达与 8848 网站合作，利用互联网、无线通信、条形码等现代信息技术，通过代理的形式，形成一个全国性的、快速的、以信息技术为基础的专门服务于电子商务的物流体系。淘宝网完全可以从中选择最具潜力的一家与之合作，实现快递市场的统一。

3. 多种模式综合发展

(1) 物流联盟模式。所谓物流联盟，是指电子商务网站与邮政、快递等物流企业组成的物流产业链，电子商务平台在其中扮演产业链的中枢角色，对各方面的物流资源进行合理而高效的整合与利用。作为当前国内最大的网上安全交易服务提供商，支付宝率先与相关物流企业进行合作。2005 年 6 月，支付宝与天津大田集团和宅急送成立了我国第一个电子商务第三方物流联盟，解决物流瓶颈，打造适合电子商务发展的现代化物流模式。整合物流之后，支付宝在"全额赔付"制度的基础上，2006 年又推出"推荐物流赔付制度"。在支付宝交易过程中，卖家在交易中直接使用支付宝系统，用下订单的方式选择由支付宝推荐的物流服务，享有支付宝与推荐物流公司商定的相应理赔内容，即对物品在运输过程中的遗失、破损及非本人签收给客户造成的损失，给予相应的赔偿，进一步强化了对买卖双方的利益的保障。

建立物流联盟模式的基本条件是第三方物流的成熟。目前在我国，第三方物流发展迅猛，国外的物流大户、中国邮政的 EMS 以及大量出现的民营快递公司齐头并进，但也有越来越多的问题暴露出来，入市门槛低，服务网络覆盖率不高，物流过程跟踪难度大，服务质量差，纠纷解决难等。在这样的情况下，物流联盟模式作为一种较为先进的电子商务物流模式是一种选择，但如果仅仅依靠平台网站建立起来的物流联盟模式，在现阶段其本身就存在着很大的风险，也很难独立承担起 C2C 电子商务物流的任务。外资物流企业和中国的民营快递在全国范围内的网络布局远未完成，要完成物流任务，必须与其他物流企业进行合作，增加了服务难度和成本，风险可控性差。中国邮政的 EMS 却因为价格较高，很难被对成本十分敏感的 C2C 电子商务作为首选，充其量只能作为备选方案。

(2) 便利店模式。便利店模式来自于日本的 7～11 家公司的服务模式，即充分利用分布于各居住区的便利店来完成物流快递的最初和最后 1 公里，让便利店成为物流快递公司的接货起点与终点送达手段。这样既可以极大地降低或减少物流快递公司的配送成本，又可以使原有的便利店资源得以充分发挥作用。尤其是对上班族来说，便利店送达可以减少因为上班错过送货时间的机会。

便利店模式的前提条件是网络化的便利店，充分利用信息平台把便利店网络与物流快递网络、网上商店电子商务平台网络等整合起来，实现网上网下联动。在我国，全国范围内统一的便利店系统始终未能形成，如果利用散落的便利店，势必不能充分利用信息平台进行资源整合，便利店模式的优势也就不存在了。

(3) 物流代理模式。物流代理是指物流渠道中的专业化物流中间人，以签订合同的方式在一定期间内为其他公司提供的所有或某些方面的物流业务服务。对 C2C 网络购物的卖方来说，面对日趋激烈的市场竞争不得不将主要精力放在自己的核心业务——网络营销上，而将物流环节交由专业物流企业进行操作以求节约和高效。物流快递公司分析比较操作成本和代理费用，灵活运用自理和代理两种方式，提供客户定制的物流服务。

在卖家难以有力量去选择和监督物流快递公司的运作过程时，选择如"易运输"这样的专业物流代理，开展对物流快递公司的综合性分析和评价，在经过充分比较后选择适用的物流快递公司作为自己的合作伙伴，是比较适当的选择。

(4) 指定或推荐物流模式。在 C2C 电子商务平台上开设的网上商店，规模大小差异很大，在其与物流快递公司的合作过程中，店大欺客和客大欺店的现象同时存在。为了减少物流成本的差异性，提供网上商店的物流服务质量，电子商务平台或网站应该充分利用自身的优势，与规范的专业化的物流快递公司建立战略合作伙伴关系，向全体网商推荐这些物流快递公司，鼓励网商使用合作的物流快递公司的物流服务。

由于平台的加入，可以有能力进行服务招标，C2C 网上商店的卖方可以自愿选择是否采用平台推荐的物流快递公司，如果采用了平台推荐的战略合作伙伴，就可以享受到相应的物流服务。实际上，目前 C2C 网上商店卖方也自发地与大大小小的物流快递公司形成了一定的合作关系，如货款的按月按量结算，量大优惠等，只不过这种合作的规模很小很不稳定。

8.4.3 C2C 物流的未来

谈到 C2C 物流的未来，我们先来看看几种常见的运输方式：公路运输、铁路运输、水路运输、航空运输和管道运输。现在运用最为普及的无非是前四种运输方式，对于最后一种管道运输，由于技术上的限制，至今没有得到广泛应用。但管道运输有其特有的优点：不占用或较少占用地面位置；维修成本低；运输效率和设备运转效率高；安全系数大。而它最大的缺点除了技术上的限制以外，就是不适合固态物品的运输。所以我们现在看到的用到管道运输的行业大多是自来水、石油、煤气、天然气等。

但是，管道运输发展的潜力远远超出我们的想象，随着科学技术的发展，实体物品通过管道进行运输不再是空想。最终我们会建成一个遍布全城的地下物流系统，一个连接城市各居民楼或生活小区的地下管道物流运输网络。人们购买任何商品都只需点一下鼠标，所购商品就像自来水一样通过地下管道很快流入家中。如果这一目标真的能够实现，那么 C2C 物流发展所面临的种种问题就不复存在了。交易双方所要做的只是将商品投入管道，然后等着另一方确认收货。

“地下物流系统”并非天方夜谭，其实早在 1853 年英国伦敦就建立了城市管道邮政系统来运输颗粒状的大批量货物，1865 年在柏林也建立了德国第一个管道邮政网。而且在 2007 年，日本还将地下物流技术列为未来 10 年政府重点研发的高新技术领域之一。目前，日本政府在东京地区拟建地下物流系统，系统建成之后能承担整个东京地区将近 36%的货运，地面车辆运行速度提高 30%左右。以鲜花著名的荷兰也计划在机场和花卉市场之间建立一个专业的地下物流系统，整个花卉的运输过程全部在地下进行，只在目的地才露出地面，以期达到快捷、安全的运输效果。

案例 易趣、淘宝、拍拍 C2C 市场王者之战

马云曾经这样评价 eBay 与淘宝网：“eBay 是条海里的鲨鱼，可我是扬子江里的鳄鱼，如

果我们在海里交战，我便输了，可如果我们在江里交战，我稳赢。”在电子商务产业，“鲨鱼”和“鳄鱼”争斗多年，并像马云说的那样，在 eBay 易趣的四年中，eBay 易趣每况愈下，成为跨国互联网公司在华“总部控制”策略下水土不服的又一个牺牲品。

瘦瘦的马云，似乎不是 eBay 预想的那样“一点点斤两”，在期望淘宝网自己流血而亡的计划落空后，eBay 不堪重负“甩掉”易趣，就在淘宝得意洋洋地要做一个“土得掉渣的网站”的时候，局势似乎变得复杂，拍拍以破坏者的姿态横空出世。

于是，在国内的 C2C 市场上，又演变成 3 匹狼的僵持与厮杀……

《连线》杂志总编辑克里斯 · 安德森在《长尾理论》中这样写道：“长尾经济的根本逻辑是，销售成本越低，销量就越大。”实际上，免费就是实现长尾的一个策略。于是，淘宝用免费打败了易趣，而拍拍也利用免费得以快速成长，独有易趣因为收费而失去老大的地位。

● 易趣：市场向左，易趣向右

eBay 易趣在 2006 年的新春公司晚会上，上演这样一个颇含深意的舞台剧：优雅的豪门子弟 eBay 先生提着装有 GMV(C2C 企业年度交易总额)的皮箱从美国来到东方乐园上海淘金，但是人地生疏的他，没多久就被盘踞在此的本土帮派“斧头帮”劫走了皮箱。深感耻辱的 eBay 先生为了雪耻，只身到少林寺苦学中国功夫，在这里他遇见了同来习武的师弟 PayPal 和 Skype，他们在中国师父的调教下终于练就了一身好武艺。出师后，eBay 先生在两名师弟的辅佐下，重新回到了上海滩，这次他们以学到的中国功夫战胜了屡出阴招的对手，从“斧头帮”手中重新夺回了装有 GMV 的皮包，并在虎踞龙盘的中国淘到了真金。但实际上，eBay 易趣似乎并没有学到真功夫，其设想都是一厢情愿的。那么，其困难重重的原因是什么呢?

● 过早全球化管理，领先 10 步的败局

在 eBay 易趣成立后不久，美国总部就把服务器搬到美国，eBay 易趣的技术平台迅速国际化。从技术上说，eBay 的领先地位绝对无可置疑，但易趣的老用户们突然发现自己习惯的界面没了，新的页面增添了许多新按钮，很多功能以前从未见过。随之带来的问题是，很多用户也找不到自己需要的按钮在哪儿，新添的功能也未作说明，不知该怎么使用，有的甚至无法使用。在整合前一年，易趣的团队就几乎把全部精力扑在上面，整合后又花了一年时间解决引发的各种问题，如服务器在国外引起的网速缓慢、网页过滤等问题，此举起码浪费了易趣两年时间。这两年时间，是极其宝贵的两年，eBay 易趣却忙于内乱，而不是防御。

● 本土文化缺失，产品不服水土

在易趣网被 eBay 收购之前，买家和卖家还可以通过电话与该公司客户服务人员沟通。收购交易完成后，eBay 将其美国运营模式引入中国，撤销了为买家和卖家提供的电话服务，希望他们通过电子邮件提问，或者加入在线讨论组。这在美国也许是理所当然的，不幸的是，中国消费者并不认可 eBay 的新模式。他们认为这是缺乏客户服务的表现。与易趣相反的是，淘宝则允许商家与买家直接沟通，淘宝可以留下地址电话。易趣的母公司 eBay 忽略了中国市场的特殊性，大多数中国人甚至是到现在还不习惯用电子邮件的形式进行沟通，认为电话更方便、快捷和可信。

另外，eBay 在变化多端的市场中反应迟缓，亦是致命的问题。如淘宝网宣布免收交易佣金之后，易趣没有迅速反击，当停止了收取交易佣金时，淘宝已经成功“吸客”。

在与咄咄逼人的淘宝的竞争中，易趣的灵活性大大丧失，而在这期间，淘宝牢牢地抓住机会，在网站建设方面多有建树，推出支付宝、社区在线等核心产品。

● 广告封杀失败，大手笔的失手

"在战略上藐视敌人，在战术上重视敌人"，是毛主席的一句名言。而 eBay 易趣在与淘宝的斗争中，过于在战术上重视对手。

譬如，2003 年 7 月，eBay 易趣在中国市场开始采取狠招——启动大规模烧钱计划，在付出了比正常广告高出一倍的金钱代价后，最终成功与新浪、搜狐、网易、TOM 等门户网站达成攻守同盟，使竞争者淘宝网的声音一度在门户网站销声匿迹。如果这些网站与淘宝等同类拍卖网站产生宣传方面的合作时，易趣要对合作的网站进行高额罚款。

就在 eBay 易趣对淘宝实施围剿的同时，"取巧"的淘宝采取了避实就虚、曲线突破的方式：在数以千万计的个人网站、路牌和地铁里做广告。淘宝大多是在中小型的网站和论坛投放广告的，虽然中国的门户网站的人流量很大，在它们首页做广告的话，有很大的效果，但毕竟中国的门户网站只有 4～5 个。而中国有几百万个中小型网站，就算每个网站的人流量为 1 万的话，那么整体的人流量照样可以达到门户网站的广告效果，而费用明显是比门户网站的实惠多了。虽然网民每天去门户网站看看新闻什么的，但是更多的时间还是花在中小型网站和论坛，所以从广告效果和广告人流量的话，中小型网站和论坛的广告效果是比较好的。也因此，易趣的封杀计划阴差阳错地造就了淘宝更大的市场影响力和宣传力度。

eBay 易趣与新浪等门户结成的联盟也没能维持太久。2004 年 4 月，新浪与雅虎成立合资公司"一拍网"涉足国内 C2C 市场，开始从 eBay 易趣口中抢夺市场。而搜狐索性停止了 eBay 易趣的广告，宣布与淘宝结成战略伙伴。至此，eBay 易趣的广告封杀计划全线崩溃。

当 eBay 易趣打出"全球一亿五千万人爱上的地方"口号，希望用全球领导者的身份去打动买家，但收效甚微。因为中国用户一时半会的，还不至于将交易甚至思维延伸到海外，所以 eBay 易趣的全球概念也就难以打动用户。此外，eBay 易趣的"要淘宝，上易趣"等广告口号非但不能封杀淘宝，还替淘宝做了免费宣传。无论是媒体和用户都对充满争议的东西感兴趣，eBay 易趣作为领导者主动提及淘宝，自然对淘宝帮忙不少。

● 淘宝：独特的生意经

在所谓"淘宝奇迹"的背后，一系列的成功营销功不可没。

淘宝是电子商务公司中第一家在电视台和路牌做广告的公司，也是将娱乐营销和体育营销运用得非常熟练的一家公司。从技术层面上看，eBay 易趣更像高贵的贵妇，它引入美国系统，各项技术紧跟潮流；淘宝就是邻家男孩，声称要坚守自己土生土长的个性，让更多人乐于亲近它，接受它。淘宝网有句名言可以佐证："要让淘宝土得掉渣。"

● 支付宝：新的斧头

事实上，网上购物，用户最担心的就是用户诚信和支付安全问题。如果这两个问题得不到解决，买卖双方往往就会倾向于同城交易，这样就影响着整个网上购物平台的整体性，使单个群体内可选择的商品减少，对网上交易的发展将是毁灭性的打击。为保障交易安全，淘宝设立了多重安全防线：全国首推卖家开店要先通过公安部门验证身份证信息。现在又有了手机和信用卡认证；每个卖家有信用评价体系，记录了交易价格等信息，如果卖家有欺诈行为，信用就会很低。毕竟，安全问题一直是众多消费者质疑网上购物的主要原因。

为了最大程度地避免欺诈的行为发生，2003 年 10 月，阿里巴巴创建独立的第三方支付平台——支付宝，正式进军电子支付领域，2005 年 6 月 8 日，阿里巴巴公司宣布，支付宝全面升级，支持外部商家和买家使用，卖家在淘宝之外的网站开店，或者买家在其他网站购物，都可以用支付宝进行交易。用户在使用“支付宝”的过程中遭遇欺诈时，可以全额赔付。支付宝是中国第一个确保网络交易安全的产品，让网络交易真正变得“天下无贼”。

免费为淘宝发展奠定基础，而淘宝独特的诚信评估体系和重金打造的安全支付体系——支付宝，就是淘宝甩开易趣等对手的决定性力量。也因此，在很多人看来，支付宝已经成为马云手中“新的斧头”。马云以及他的阿里巴巴和淘宝抢先的可能不止一步，因为马云有更大目标——把支付宝打造成普遍的第三方支付平台，那将是一种“一统江湖”的雄心。

● 淘宝旺旺，走亲民路线

有效的沟通是淘宝的另一大法宝。许多购物网站、拍卖网站一直是以论坛的方式进行沟通的，比如易趣。买家卖家并不能及时地就商品买卖进行答复，这给网购者带来了不便。淘宝网通过特有的沟通方式——“淘宝旺旺”，一种类似QQ的聊天工具，从而解决了这一问题。“淘宝旺旺”集成了即时的文字、语音、视频沟通、以及交易提醒、快捷通道、最新商讯等功能，因其沟通的即时性而备受卖家买家欢迎，孙彤宇曾说过，“淘宝是一个做生意和交朋友的地方”，“一些人在淘宝遇到可以和他们结婚的另一半，中国人做生意并不仅仅在意钱的多少，他们也很在意感觉。”这符合中国人做生意的习惯，因此深受买卖双方的欢迎。可见，通过全面的关注和持续的改进赢得顾客满意，对一个企业的发展非常重要。

eBay易趣为了控制收费，要求买方必须在拍下商品之后才能与卖方联系，且不支持私下沟通。淘宝网则为网民提供了一个自由的买卖空间，任何人都可以在这里买卖任何商品。而自由的交易方式为“淘宝”网带来了居高不下的点击率，也成就了淘宝今日的辉煌。早在2006年，淘宝网交易总额即突破169亿元人民币，比2005年80.2亿元的交易额增长了110%，仅淘宝一家公司的交易额即突破2005年中国C2C(个人对个人交易)市场全年交易总额。这一数字超过了易初莲花2005年在华营业额(100亿元)和沃尔玛2005年在华营业额(99.3亿元)，更是北京王府井百货集团2005年销售额的2.6倍。

● 炒作，巧借娱乐打天下

马云是最早发现互联网和娱乐结合是必然趋势并付诸实践的人之一，一部《天下无贼》，让淘宝网赚尽风头。淘宝不仅在《天下无贼》中采取了常见的广告贴片、海报宣传、新闻发布等宣传推广手法，而且还把道具拿到网上拍卖。

观众从片中不仅能看到诺基亚的手机，还能看到“淘宝网”的小旗，而《天下无贼》中所有明星使用过的道具也都被摆到淘宝网上去拍卖，刘德华的数码摄像机、开机仪式上的藏式马靴和礼帽到李冰冰的数码相机，这些商品虽然1元起价，但明星效应使得刘德华的皮裤被炒到20 000元，无形中增加了用户关注度。另外，《手机》里的摩托罗拉手机、《天地英雄》中姜文的宝刀、《铁齿铜牙纪晓岚》中纪晓岚的烟袋锅、《刘罗锅》中的轿子、《少年天子》中的龙袍、《空镜子》中的梳妆台等道具，都被放到淘宝网上进行拍卖。

为了宣传“支付宝”，淘宝网再拿《天下无贼》说事，请出了华谊兄弟公司的老板王中军担纲，拍一部专为“支付宝”摇旗呐喊的广告片。由于广告片中聚集了葛优、傻根、范伟、冯远征等电影中的原班人马，因此被誉为《天下无贼》续集。广告片延续了电影的故事：傻根不傻了，相反却通过全新的网络安全支付产品——“支付宝”，将其挣得的6万元辛苦钱汇回了老家，也免掉了汇款“可以买一头驴”的手续费，而片中及时地推出了广告词：“用支付宝，天下无贼”，“支付宝”安全的理念借此传达无遗。

马云在商场上是一个作秀的高手。其中，最经典的就是每年一期的“西湖论剑”。不仅按照金庸武侠小说写到的邀请到各路“武林高手”捧场，更是把金庸、克林顿等名人也请到杭州。这不仅对淘宝，也对马云麾下的其他网站如阿里巴巴等有着锦上添花的品牌力提升。

● 拍拍：紧紧跟随，黄雀在后

拍拍从一开始就是以破坏性挑战性形象出现的。最具代表性的，就是拍拍网推出的“蚂蚁搬家”活动，当淘宝开始“收费”，拍拍网“大雨来袭，蚂蚁搬家”的广告词更让人浮想联翩。同时又因活动以免费为主要特点，着力吸引淘宝卖家倒戈加盟——在其首页显著位置甚至设置了“淘宝店主搬家签到处”，打出“将免费进行到底”的旗号，做出“搬家就送推荐位，开张就送大红包”的承诺，甚至可以直接将淘宝的信用度导入拍拍网中。

有趣的是，拍拍网的整个“蚂蚁搬家”行动几乎全部都是通过QQ的平台进行推广的，鼓励其他C2C平台搬迁过来的卖家直接将第三方平台的信用度导入拍拍网，并作出“搬家就送推荐位，开张就送大红包”的承诺，这是针锋相对的挑战。

C2C行业在中国一直都被视为烧钱的行业，做着以金钱换用户数字的事情。但是，当淘宝和易趣大打广告战，抢着占领电视屏幕、公交车站台广告的时候，拍拍网却在无声无息地通过自己的QQ平台进行着网络宣传战。QQ客户端、QQ网站等载体上都能够看到很多的拍拍网广告，拍拍网在利用腾讯内部推广资源方面是腾讯所有业务当中排第一的。事实上，在已经存在于QQ当中的网络人际关系之上，再发展出“卖与买”的关系是并不困难的事情。

● 未来：路在何方？

在我国的C2C市场中，免费几乎成为了一切互联网企业切入市场的利器。然而，C2C从业者也不得不面临盈利的压力，因为一个网站要生存与发展，盈利是必然的选择。

淘宝靠免费策略从易趣手中夺取了超过半数的市场份额，成为了国内最大的C2C电子商务平台。但这一策略也引起腾讯的效仿，主要竞争对手易趣eBay、TOM易趣也相继以免费或降价来跟进。为占领市场，腾讯、淘宝等C2C网站们“前仆后继”地选择了“免费”策略，而当营收业绩成为每个企业不得不考虑的问题时，用户们的C2C饕餮午餐，还能享用多久？

“一网不捞鱼，二网不捞鱼，三网捞个大尾巴鱼”。众多的电子商务网站忙碌着在网上淘金，很多网站做梦都想捞个大鱼，但美梦醒来，是梦想残忍的破灭。在中国电子商务短短8年的历史中，相似的故事一再重演：当初易趣在尝试收费时遭遇扛着“免费”大旗的淘宝网，于是卖家们奔向淘宝，免费成为主流；当淘宝尝试用收费来规范市场秩序，又杀出个拍拍网，这使淘宝的尝试性收费在诞生之时就伴随着曲折与坎坷。

现阶段，无论是被淘宝打败的易趣还是淘宝或者后来者拍拍，一切迹象似乎都在昭示，如今的C2C，还处在“赔钱赚吆喝”的阶段，收费和盈利，一切都显得那么遥远——一如佛教中的饿鬼，“不见饮食”，饿鬼喉咙像根针，肚子像水缸，是日日夜夜，年年月月都在饥饿中，因为吃不到东西，有东西也吃不到，吃不饱……

思考练习

1. 结合案例，你认为C2C的盈利模式有哪些？
2. 你有网上购物的经历么？谈谈你网购时选择商品或卖家的标准是什么？
3. C2C电子商务的营销策略有哪些？
4. C2C电子商务的物流模式与B2C和B2B有何异同点？

第9章　其他电子商务的应用

在上几章中，主要阐述了三大电子商务模式的具体应用，本章将讲讲电子商务领域的其他应用情况。其中移动商务和门户网站是电子商务领域较为关键的两大应用。因此，对其基础概念、发展情况、盈利模式和网络营销的策略分别做分析，希望读者能够对这两大模式有初步的了解。

9.1　移动商务

9.1.1　移动商务概述

1. 移动商务的含义及特征

移动电子商务简称移动商务(M-Commerce)。它是指对通过移动通信网络进行数据传输，并且利用手机、PDA 等移动终端开展各种商业经营活动的一种新电子商务(E-Commerce)模式，是互联网、IT 技术、通信技术和移动终端融合发展的必然产物。

移动商务是与商务活动参与主体最贴近的一类电子商务模式，其商务活动中以应用移动通信技术使用移动终端为特性。由于用户与移动终端的对应关系，通过与移动终端的通信可以在第一时间准确地与对象进行沟通，使用户更多脱离设备网络环境的束缚，最大限度地驰骋于自由的商务空间。

移动商务的特点主要表现在：

(1) 先进的移动通信技术。无线应用协议(WAP)、移动 IP、“蓝牙”(Bluetooth)、通用分组无线业务(GPRS)、移动定位系统等移动通信技术，再加上互联网及其他通信技术，使得移动商务尽显高科技的魅力。

(2) 不受时间和地点的限制。消费者不仅可以在移动的状态下工作、开会、旅行、社交及进行购物等活动，而且可以在移动状态下满足其及时产生的需求，获得视听信息、图文信息、定制信息和相关服务。

(3) 可定位性。移动商务主体手持移动终端，并与该终端一一对应，就使得移动商务主体具有移动使用中的可定位性。比如，企业可以识别派出车辆的位置、服务对象的位置、紧急救援的位置、侦察跟踪嫌疑人的位置等。依据他们的位置就可以提供特定的服务。

(4) 可识别性。与 PC 机的匿名接入不同的是，移动终端可利用内置的 ID 来支持安全交易和通信。而且移动设备通常由单独的个体使用，这使得商家基于个体的目标营销更易实现。通过 GPS 技术，服务提供商可以十分准确地识别用户。

(5) 易于实现定制化。移动商务的运作形式和获取服务形式都比较简单，便于广泛的人群掌握和接受。并且用户可以通过移动终端具有的各项功能，进行查询、交易、通信、管理、娱乐、生活服务等多项个性化功能。

2. 移动商务发展概况

(1) 移动商务在欧美等发达国家的发展非常迅速

就拿芬兰来说，移动商务已经广泛进入了芬兰人的生活。人们可以通过手机了解交通工具的班次，查阅影院的放映内容和售票情况，并可以根据手机屏幕上显示的影院座位图来选择座位。股民也可随时随地通过手机了解股市行情，进行股票交易。外出旅游的人可以通过发短信方式预定手机服务内容，有关信息被自动输入专用监控系统后，用户就能在预定日期内收到指定目的地的天气预报，精确度可达 1 公里范围之内和降雨前 1 小时。

目前，美国每个月的短信发送量大约有 2 亿条。调查显示，5 000 万名用户用手机付费将支出大约 150 亿美元的费用。不仅手机用户可直接进行移动付账，美国无线射频识别技术还为商家提供了新的射频识别(RFID)付费解决方案，使客户在购买汽油、食品和其他商品时，无需花现金或使用信用卡，只需在特定的付款机前晃动含有 RFID 感应器的移动电话或钥匙圈就可以购买商品。这种快捷的付账方式受到了人们的欢迎。

在亚洲，韩国和日本是当之无愧的互联网移动接入服务的领头羊。自从 1994 年互联网服务开始进入韩国，10 多年来韩国网络信息技术发展很快。以其高速网络这一稳定的基础设施和超过 3 300 万的网络用户成为全球 IT 的领跑者。2005 年，国际电信联盟宣布韩国的“数字机会指数”列全球之首。韩国在其他 IT 相关的全球指标中也都名列前茅。为了适应经济全球化激烈的竞争，进一步提高国民的生活质量，韩国正在通过“无所不在的 IT839 战略”和“无所不在的韩国行动”保持它在全球 IT 界的领先地位。

日本和韩国一样也是亚洲移动商务快速发展的领头羊。走在全球移动电子商务前端的日本，到 2005 年底有 6 920 万人利用移动装置访问互联网，已经超过了用计算机访问互联网的 6 600 万人，充分显示了移动商务的巨大生命力。

(2) 中国的移动商务正在快速发展

近年来，移动通信在全球范围内迅猛发展，数字化和网络化已成为不可逆转的趋势。中国移动通信业经过多年的发展，在网络基础设施、用户规模和移动通信服务等方面都保持了快速发展的势头。

2009 年 1 月，工业和信息化部将国内 3G 牌照分别发放给三家运营商：中国移动、中国电信和中国联通。由此，我国正式进入第三代移动通信时代。经过一年的 3G 推广，我国移动互联网市场正显示出巨大的发展空间。

另据中国互联网络信息中心(CNNIC)2009 年 7 月发布的《第 24 次中国互联网络发展状况统计报告》显示，目前中国 3.38 亿网民中，使用手机上网的网民数已经达到 1.81 亿人，占全部网民数的 53.6%，而 23.1%的手机上网用户表示计划在未来半年内使用 3G 手机上网，据测算，这一数字将达到 4 000 万。可以说，我国移动互联网已经走到了一个快速增长的临界点，无线互联网将迎来发展高潮。

在我国，例如，金融服务、资讯信息、网络游戏等领域，特别是在酒店、旅游、交通、餐饮等客户流动性大、随机性高的行业，移动商务的发展更具有得天独厚的优势。特别是，我国已构建了央行现代化支付系统为核心，银行业金融机构行内支付系统为基础，票据支付系统、银行卡支付系统等为重要组成部分的支付清算网络体系，为经济金融和社会发展提供了快速高效、安全可靠的支付清算渠道。据央行提供的精确数据，截至 2008 年 3 月底，我国银行卡发卡量已超过 15 亿张。随着应用的不断深化，移动商务还将进一步整合银行、身份认证等应用，形成移动交易能力。

3. 移动商务的应用

艾瑞市场咨询(iResearch)认为，移动商务应用的模式从用户角度来细分，可分为个人应用和企业级应用，如图 9.1 所示。

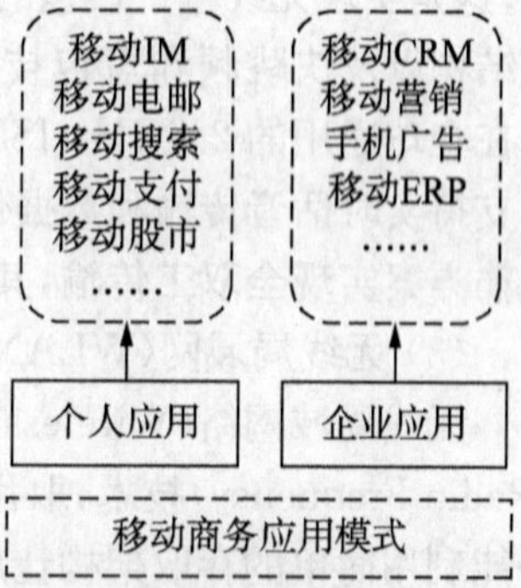

图 9.1　移动商务的应用模式

综合图 9.1，我们将所有的应用可以归结为以下几类：

(1) 移动信息服务。在网络飞速发展的今天，无论是企业还是个人，对于获取信息的速度、质量的要求都非常高。移动信息服务的产生就至关重要，主要包括：移动即时通信(移动 IM)、移动电邮、移动搜索、移动股市、移动信息服务(包括生活信息、工作信息、娱乐信息、公益信息等)。

(2) 移动位置服务。主要包括移动 GPS(全球卫星定位系统)以及相关的位置服务等。

(3) 企业运作的移动商务支持。根据一项调查显示，韩国、日本和中国分别有 72%、45%和 45%的企业高级管理者认为，移动管理的最大优势在于实现实时商务，提高效率，并将员工从办公桌解放出来，降低员工在公司的工作时间。因此，基于移动商务的企业移动管理，将为各国的企业带来又一轮人力物力的变革。移动商务支持主要包括移动管理(移动 ERP，移动 CRM 等)、移动营销、移动广告等。

(4) 移动支付。移动支付有着广泛的应用前景，各大银行及电子商务门户网站都相继推出了手机支付功能。用户可以通过 WAP 或短信等方式进行手机查询、转账、缴费、购物等活动，大大提高了办事效率。

(5) 移动娱乐。移动娱乐主要为用户提供多样的娱乐体验，例如，移动影音、移动游戏、移动交友、移动社区、移动下载等。由于涉及多媒体业务的播放和下载，这项功能的开展，还依赖于通信网络的质量。随着我国 3G 覆盖面积的不断扩大，相信移动娱乐将会有更加广阔的市场。

9.1.2　移动商务技术基础

1. 移动通信网络技术

(1) 移动 IP

移动 IP 技术是移动用户以固定的网络 IP 地址，实现跨越不同网段的漫游功能，并保证了基于网络 IP 的网络权限在漫游过程中不发生任何改变。移动 IP 技术在一定程度上能够很好地支持移动电子商务的应用，但是目前它也面临一些问题，比如移动 IP 协议运行时的三角形路径问题；移动主机的安全性和功耗问题等。

(2) 蓝牙(Bluetooth)

Bluetooth 实际上是一种短距离无线电技术，是由爱立信、IBM、诺基亚、英特尔和东芝共同推出的一项短程无线联接标准，旨在取代有线连接，实现数字设备间的无线互联，以便确保大多数常见的计算机和通信设备之间可方便地进行通信。蓝牙作为一种低成本、低功率、小范围的无线通信技术，可以使移动电话、个人电脑、个人数字助理(PDA)、便携式电脑、打印机及其他计算机设备在短距离内无需线缆即可进行通信。例如，使用移动电话在自动售货机处进行支付，这是实现无线电子钱包的一项关键技术。蓝牙采用分散式网络结构以及快跳频和短包技术，支持点对点及点对多点通信，工作在全球通用的2.4GHz ISM(即工业、科学、医学)频段。同时，它支持实时话音传输和数据传输，数据速率为1Mbps，传输距离为10～100m，采用时分双工传输方案实现全双工传输，其组网原则采用主从网络。

图9.2　蓝牙耳机

(3) 无线局域网(WLAN，别名WiFi)

无线局域网络(Wireless Local Area Network)是相当便利的数据传输系统，它利用射频(Radio Frequency)技术，取代旧式碍手碍脚的双绞铜线所构成的局域网络，使得无线局域网络能利用简单的存取架构让用户透过它，达到“信息随身化、便利走天下”的理想境界。

蓝牙传输和WLAN传输属于短距离无线通信技术。

(4) 第二代无线通信技术(2G)

① 全球移动通信系统(Global System for Mobile Communications，简称GSM)，俗称“全球通”，是一种起源于欧洲的移动通信技术标准，其开发目的是让全球各地可以共同使用一个移动电话网络标准，让用户使用一部手机就能行遍全球。我国于20世纪90年代初引进采用此项技术标准，此前一直是采用蜂窝模拟移动技术，即第一代GSM技术(2001年12月31日我国关闭了模拟移动网络)。目前，中国移动、中国联通各拥有一个GSM网，为世界最大的移动通信网络。GSM系统包括GSM 900：900MHz、GSM1 800：1 800MHz及GSM1900：1900MHz等几个频段。据GSM MoU联合委员会报道，GSM在全球有12亿的用户，并且用户遍布120多个国家。因为许多GSM网络操作员与其他国外操作员有漫游协议，因此当用户到其他国家之后，仍然可以继续使用他们的移动电话。

② CDMA系统。CDMA是码分多址的英文缩写(Code Division Multiple Access)，它是在数字技术的分支—扩频通信技术上发展起来的一种崭新而成熟的无线通信技术。CDMA具有系统容量大、系统容量配置灵活、通话质量更佳、建网成本低、网络绿色环保等特点。全球许多国家和地区，包括中国香港、韩国、日本、美国都已建有CDMA商用网络。在美国和日本，CDMA成为国内的主要移动通信技术。

(5) 第二代半无线通信技术(2.5G)

传统的GSM网中，用户除通话以外最高只能以9.6KB/s的传输速率进行数据通信，如FAX、EMAIL、FTP等，这种速率只能用于传送文本和静态图像，但无法满足传送活动视像的需求。通用分组无线业务(GPRS)突破了GSM网只能提供电路交换的思维定式，将分组交换模式引入到GSM网络中。它通过仅仅增加相应的功能实体和对现有的基站系统进行部分改造来实现分组交换，从而提高资源的利用率。GPRS能快速建立连接，适用于频繁传送小数据量业务或非频繁传送大数据量业务。GPRS是第二代半移动通信系统。由于GPRS是基于分组交换的，用户可以保持永远在线。

(6) 第三代无线通信技术(3G)

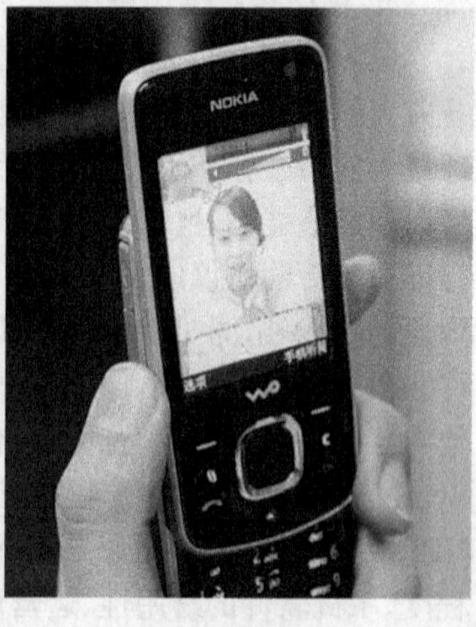

图 9.3　3G 视频通话

3G,全称为 3rd Generation,指第三代无线通信技术。1995 年问世的第一代模拟制式手机(1G)只能进行语音通话;1996—1997 年出现的第二代 GSM、TDMA 等数字制式手机(2G)便增加了接收数据的功能,如接收电子邮件或网页;第三代与前两代的主要区别是在传输声音和数据的速度上的提升,它能够在全球范围内更好地实现无缝漫游,并处理图像、音乐、视频流等多种媒体形式,提供包括网页浏览、电话会议、电子商务等多种信息服务。国际电信联盟(ITU)目前一共确定了全球四大 3G 标准,它们分别是 WCDMA、CDMA2000、TD-SCDMA 和 WiMAX。3G 目前在日本、韩国、北美、欧洲等国家应用,中国已在 2009 年步入第三代移动通信时代。

2G、2.5G、3G 均属于中距离无线通信技术。

(7) 全球卫星定位系统

图 9.4　GPS 导航仪

广义的 GPS 包括美国 GPS、欧洲伽利略、俄罗斯 GLONASS、中国北斗等全球卫星定位系统,也称 GNSS。狭义的 GPS 即指美国的全球定位系统(Global Positioning System,简称 GPS)。简单地说,这是一个由覆盖全球的 24 颗卫星组成的卫星系统。这个系统可以保证在任意时刻,地球上任意一点都可以同时观测到 4 颗卫星,以保证卫星可以采集到该观测点的经纬度和高度,以便实现导航、定位、授时等功能。这项技术可以用来引导飞机、船舶、车辆以及个人,安全、准确地沿着选定的路线,准时到达目的地。

2. 无线通信协议(WAP)

WAP 是开展移动电子商务的核心技术之一。通过 WAP,手机可以随时随地、方便快捷地接入互联网,真正实现不受时间和地域约束的移动电子商务。WAP 是一种通信协议,它的提出和发展是基于在移动中接入 Internet 的需要。WAP 提供了一套开放、统一的技术平台,用户使用移动设备很容易访问和获取以统一的内容格式表示的 Internet 或企业内部网信息和各种服务。它定义了一套软硬件的接口,可以使人们像使用 PC 机一样使用移动电话收发电子邮件以及浏览 Internet。同时,WAP 提供了一种应用开发和运行环境,可以支持目前使用的绝大多数无线设备,包括移动电话、FLEX 寻呼机、双向无线电通信设备等等。在传输网络上,WAP 也可以支持目前的各种移动网络,如 GSM、CDMA、PHS 等,它也可以支持未来的第三代移动通信(3G)系统。目前,许多电信公司已经推出了多种 WAP 产品,包括 WAP 网关、应用开发工具和 WAP 手机,向用户提供网上资讯、机票订购、流动银行、游戏、购物等服务。WAP 最主要的局限在于应用产品所依赖的无线通信线路带宽。对于 GSM,目前简短消息服务的数据传输速率局限在 9.6KB/s。

3. 移动终端操作系统

(1) Symbian OS(中文译音“塞班系统”),是由诺基亚、索尼爱立信、摩托罗拉、西门子等几家大型移动通信设备商共同出资组建的一个合资公司,专门研发手机操作系统,是目前全球最大的一个智能手机操作系统。Symbian 操作系统在智能移动终端上拥有强大的应用程序以及通信能力,这都要归功于它有一个非常健全的核心——强大的对象导向系统、企业用标准通信传输协议以及完美的 Sun Java 语言。Symbian 认为无线通信装置除了要提供声音沟通的功能外,同时也应具有其他种沟通方式,如触笔、键盘等。在硬件设计上,它可以提供许多不同风格的外型,像使用真实或虚拟的键盘,在软件功能上可以容纳许多功能,包括和他人互相分享信息、浏览网页、传输、接收电子信件、传真以及个人生活行程管理等。此外,Symbian 操作系统在扩展性方面为制造商预留了多种接口,对移动通信协议如 GSM、GPRS、WCDMA、蓝牙以及 CDMA 20001X 等的支持也优于其他系统。在手机用户的接受程度、手机软件的易用性、运营商的合作等方面都有一定优势。

(2) Windows Mobile 系统,是微软为手持设备推出的“移动版 Windows”,使用 Windows Mobile 操作系统的设备主要有手机、PDA、随身音乐播放器等。Windows Mobile 操作系统有 4 种,分别是 PocketPC Edition、PocketPC Phone Edition、Smartphone Editon、Portable Media Centers。目前最新的版本是 Windows Mobile 6.5。

微软在智能手机市场上主要竞争优势包括:集成了用户熟悉的常用软件,如 Mobile Outlook 和 Windows Media Player 等,用户能够通过 Outlook 收发电子邮件,拥有与 PC 同步的邮箱、联系人、任务、日历等,通过 Word、Excel、PowerPoint 等系列办公软件,实现移动办公。另外,由于微软在 PC 操作系统中的统治地位,在用户中广泛的品牌认知度,也非常有利于微软在移动终端操作系统中的推广。从话音业务发展起来的 Symbian 适合一般消费人群,而工作、生活都离不开电脑的人群,比如信息工作者,更容易适应从 Windows 发展过来的能与电脑无缝连接的 Windows Mobile。基于微软在用户中较高的认识度和其操作系统的易用性,微软将是 Symbian 最大的竞争对手,其市场份额在未来几年内将会增加,与 Symbian 的差距将逐渐缩小。

③ Linux 系统。Linux 进入到移动终端操作系统近一年多时间,就以其开放源代码的优势吸引了越来越多的终端厂商和运营商对它的关注,包括摩托罗拉和 NTT DoCoMo 等知名的厂商。Linux 与其他操作系统相比是个后来者,但 Linux 具有两个其他操作系统无法比拟的优势。其一,Linux 具有开放的源代码,能够大大降低成本。其二,既满足了手机制造商根据实际情况有针对性地开发自己的 Linux 手机操作系统的要求,又吸引了众多软件开发商对内容应用软件的开发,丰富了第三方应用。

然而 Linux 操作系统有其先天的不足:入门难度高、熟悉其开发环境的工程师少、集成开发环境较差;由于微软 PC 操作系统源代码的不公开,基于 Linux 的产品与 PC 的连接性较差;尽管目前从事 Linux 操作系统开发的公司数量较多,但真正具有很强开发实力的公司却很少,而且这些公司之间是相互独立的开发,很难实现更大的技术突破。

尽管 Linux 在技术和市场方面有独到的优势,但是目前来说还无法与 Symbian 抗衡,想在竞争日益激烈的手机市场中站稳脚跟、抢夺市场份额也绝非易事。

4. 移动商务的安全支付技术

为保证移动支付的安全进行,移动支付系统必须满足以下安全要求:

(1) 有效性，即能对信息、实体的有效性、真实性进行鉴别。由于移动商务以电子数据的形式传递信息，其中的安全隐患问题也尤为突出。因此，要对身份认证、网络故障、操作错误、应用程序错误、硬件故障、系统软件错误及计算机病毒所产生的潜在威胁加以控制和预防，以保证交易数据在确定的时刻、确定的地点，安全有效地传递给正确的一方。例如，在我国，一些小额支付业务可以捆绑在手机话费中。但手机话费透支、恶意拖欠并不少见，而有不少手机号并没有采取实名制，导致商家无法收回应收款项。

(2) 机密性，即能保证信息不被泄露给非授权的人或实体。在利用网络进行的交易中，必须保证发送者和接收者之间交换的信息的保密性。移动支付是建立在一个较为开放的网络环境中的，防止商业泄密是移动支付全面推广应用的重要保障。因此，要预防非法的信息存取和信息在传输过程中被非法窃取，要确保只有合法用户才能看到数据，防止泄密事件。

(3) 数据完整性，即使接收方能够确切地判断所接收到的消息有没有在传输过程中遭到插入、篡改、重排序等形式的破坏。完善的数据完整性业务不仅能发现完整性是否遭到破坏，还能采取某种措施从完整性中恢复出来。

(4) 不可否认性，是防止发送方或接收方抵赖所传输的消息的一种安全服务。也就是说，当接收方接收到一条消息后，能够提供足够的证据向第三方证明这条消息的确来自某个发送方，而使得发送方抵赖发送过这条消息的图谋失败。同理，当发送一条消息时，发送方也有足够的证据证明某个接收方的确已经收到这条消息。

因此，在移动商务技术方面，可以采用以下技术：

(1) 无线公开密钥体系(Wireless Public Key Infrastructure，简称 WPKI)

它是将互联网电子商务中 PKI(Public Key Infrastructure，简称 PKI)安全机制引入到无线网络环境中的一套遵循既定标准的密钥及证书管理平台体系，用它来管理在移动网络环境中使用的公开密钥和数字证书，有效建立安全和值得信赖的无线网络环境。

WPKI 中使用两个不同的公开密钥：一个用于密钥交换(其证书可用于身份认证)，另一个可用于数字签名。有效地将身份认证和访问控制分开。无线 PKI 的架构包括无线终端、注册中心(RA)、证书认证中心(CA)、目录服务器和无线网关等。注册中心负责接受用户对证书颁发、撤销等请求，认证中心负责证书的颁发和管理，证书内容包括使用者的姓名和公开密钥、证书有效期等信息和 CA 对这些信息的数字签名。目录服务器用来存放证书、证书吊销列表(CRL)等供用户查询、下载，无线网关完成无线和有线环境协议的相互转化。在安全协议 WPKI 中，服务器和客户(如果服务器要求的话)分别利用其公钥证书向对方证明自己的身份。

(2) 无线个人身份模块 WIM。无线个人身份模块 WIM 可以与手机 SIM 卡结合在一起，也可以与之分开，在一个单独的 WIM 卡中实现。WIM 用于存储着用户个人身份、秘密密钥和公开密钥证书等信息，并参与握手协议中的身份认证与密钥交换操作，以及实现所有与用户秘密密钥有关的密码操作，如数字签名和对用公开密钥加密的密文进行解密等。

9.1.3 移动商务的盈利模式

移动商务是一种新的电子商务模式，所以在盈利模式上，与传统的电子商务有所不同。它牵动着多个环节的价值链条，包括通信系统提供商，通信运营商，平台技术提供商，应用开发实施商,应用服务商以及最终用户等多个环节。从理论上说,移动商务对传统的管理模式与方法提出了挑战;从实践上说,企业迫切需要将这种新事物转化为企业的竞争优势和新的价值增长点。正如电子商务的兴起创造了许多全新的赢利模式一样,移动商务的发展也将产生许多新型的盈利模式,同时促生许多新兴的企业。

1. 娱乐模式

移动电子商务在满足手机用户娱乐需求上取得了巨大成功。在这种模式中,由应用服务商提供彩铃、图片、歌曲、游戏、视频等业务,费用由移动通信运营商从其手机话费账户中扣除,双方按照约定比例进行收入分成。该种模式还可以以另一种形式表现,即基于移动平台的交互式娱乐方式,用户可以参与到其中,如湖南卫视举办的"超女""快男"等选秀节目,吸引了众多手机用户以短信投票方式参与其中,为移动通信运营商及相关企业创造了巨大价值。这种模式定位人群主要是年轻用户如学生、时尚一族等,按照中国目前的手机用户规模,这将是一个庞大的市场。

2. 广告模式

网络广告是电子商务的重要利润来源,移动电子商务也不例外。与其他广告方式相比,通过移动通信设备发放的无线广告拥有庞大的手机用户群体。由于手机用户的一一对应性和对用户的精准把握度,广告可以采取个性化的营销效果更强的内容,针对性非常强。企业可以以免费手机上网的方式吸引浏览者,而相应费用由投放广告的企业负责,或者可以根据用户的需求和对用户特征的分析投放其感兴趣的商品广告。

3. 资讯模式

在这种模式中,通过应用服务商为用户提供其所需要的信息,如新闻、证券价格、天气预报等,使得移动用户无论在任何地方均能收到最及时的信息,从而做出即时决策,这也将有利于用户减少繁杂信息的整理成本。在这种模式下,利润来自于用户所缴纳的预订费用,并由应用服务商获得大部分收入,移动通信运营商起平台作用。

4. 企业应用模式

这种模式主要由应用开发商和服务商在不同行业中寻找合适的切入点,展开一系列的手机应用开发。例如,北京移商科技发展有限公司开发的"移动商宝",实现了商品销售业务管理(进、销、调、存等管理),并能直接与大型数据库进行远程数据交互,可应用于市场营销、商品流通类行业,为企业提高工作效率,节省开支。在这种模式下,利润来自于企业所购买的手机软件平台费用、应用服务及开发商获得大部分收入,移动通信运营商起平台作用。

当然,盈利模式不仅仅限于这几种,随着移动商务的发展,必然会出现更多更具特色的盈利模式。

9.1.4　移动商务的网络营销策略

作为新兴的电子商务模式,移动商务的网络营销策略也正处于探索和发展阶段。一些电子商务常用的网络营销策略,同样适用于移动商务。而移动商务本身,又具备了精准营销的特质,因此,当互联网营销已经成为主流、成为传统行业的时候,移动商务将成为新一代营销工具。

现如今，手机不仅是一个信息沟通的平台，并且已经渐渐地成为了个人信息获取的门户，没有一种媒体像手机一样24小时与你相伴，没有一种媒体更加精准地到达消费者个体，没有一种媒体能够让各种的传媒方式集中到一个人的屏幕上。

由于移动通信设备与消费者的这种紧密对应关系，移动营销将不简单地局限于信息发布、产品服务，还将包括从营销、用户的购买一直到交易成功。也就是说消费者从获取信息、销售行为的记录，一直到最后的售后服务乃至下一次销售的选择，都将在移动通信网上进行全面的记录和数据的整合。因此，挖掘用户的需求，精确制定营销策略，将是移动商务未来的关键制胜环节。

9.2　门户网站

所谓门户网站，是指通向某类综合性互联网信息资源并提供有关信息服务的应用系统。在第3章中，已对它的概念做了详细的介绍。下面，着重分析一下门户网站的盈利模式和网络营销策略。

9.2.1　门户网站的盈利模式

网站的盈利模式应该而且可以是多种多样的，我们仅提出国内网站影响最大的三种模式，即网络广告、网络游戏及手机支付。

1. 网络广告

正如前几章所述，作为互联网行业最原始的一种盈利模式，网络广告一直都是门户网络媒体的主要收入来源之一。例如，2008年的网易广告报价中，首页首屏通栏4轮换广告为340 000元/天。搜狐首页通栏上文字链8字报价为20 000元/天/条。尽管近两年网络短信和网络游戏异军突起，使得网络广告在网络公司的收入比例上有所削弱，但中国的网络广告市场仍然以50%左右的速度稳健增长。

2. 网络游戏

网络游戏是指以因特网为依托，可以多人时参加的游戏项目，作为一种在线娱乐手段，诞生的时间虽不长，却吸引了众多的网络爱好者。在我国，网络游戏产业是一个新兴的朝阳产业，经历了20世纪末的初期形成阶段及近几年的快速发展，现在我国的网络游戏产业正处在成长期，并快速走向成熟，成为我国门户网站经济的重要组成部分。仅2008年，搜狐的网络游戏总收入为4.29亿美元，是上一年度的2.3倍，净利润为1.69亿美元，是上一年的3.9倍。

3. 付费服务

门户网站提供的各项付费服务，也是门户网站主要的盈利模式之一。如付费邮箱、付费阅读、付费下载等。这些收费模式更加专业、高级，用户使用权限也更多，因此，成功吸引了不少网民。

9.2.2 门户网站的网络营销策略

1. 内容频道营销

互联网门户网站最核心的价值在于它的内容和频道。国内三大门户网站(网易、新浪、搜狐)都拥有其自己的栏目。如何让常规栏目发挥价值,是门户网站营销的首要策略。据调查发现,很多用户喜欢看的内容,不在首页,而是在栏目页面。门户网站通常会将重点的栏目跟企业的品牌结合起来,以达到深度挖掘网站的广告价值和营销价值的目的。

2. 社区营销

完整的"社区营销"包括了两方面的内容,一个是"现实社区"的营销,也就是我们通常说的"小区推广",一个是"网络社区营销",包括论坛营销、博客营销、病毒营销、SNS等。这里主要指的是后者,主要针对网络进行传播。

举个例子说明:超女贴吧的线上推广,可谓社区营销的经典案例。推广完全是用户自发组织的,以"玉米"、"笔迷"等词汇划分。吧主会号召吧里成千上万的人"上街游行"、拉票,以使某些选手能够投票入选。透过社区的亲密结合,再转换成一种线下行动。通常门户网站都会利用这样的形式,与一些促销活动结合,形成巨大的营销效应。

3. 视频营销

2009年初,来自美国多家知名互联网研究机构的报告显示,视频广告将成为今后网络广告市场增长的主要驱动力,全球每10美元的互联网广告投放中就有1美元分流给视频广告。而在中国,门户网站也逐渐开始注重视频板块的作用。因为它不仅仅是营销的平台,而且还是内容制造的平台,如果将视频和原有的门户栏目进行结合,就可以产生出一系列的延伸内容,达到营销的目的。

以新浪为例:新浪视频在全球拥有数量众多的忠实、活跃用户。其中,不仅有观看视频的广大用户,还有参与视频制作和上传的拍客。这些用户为新浪各热点频道贡献了大量有价值的内容,并且积极参与各种视频征集活动,与广告主进行高效互动,还自发把视频以"病毒"的形式传播开来。如此规模的用户群体,给广告主们带来了诱人的商机,同时,也为门户网站提供了更加广阔的盈利平台。

4. 战略联盟策略

战略联盟是指两个或两个以上的企业为了达到共同拥有市场、共同使用资源和增强彼此竞争优势等战略目的,通过公司协议或联合组织等方式而结成的一种优势互补、风险共担的网络式联合体。这样的组合,有利于门户网站利用联盟方强大的品牌、忠诚的顾客等有利因素来扩大自己的市场占有率,最终提升网站的核心竞争力。

还以新浪为例:新浪自从成立以来,就不断地通过实施战略联盟策略来丰富自己的网站内容,提升自己的品牌知名度。我们只列举其中的几项合作大事。

2006年9月12日,新浪成为欧洲足球冠军联赛在中国的独家门户网站合作伙伴,欧足联授予新浪欧冠联赛比赛视频播放权以及无线服务权益。

2007年3月15日,新浪与环球、SONYBMG、华纳、百代以及滚石等五大唱片巨头进行战略合作,重金打造一个全新的、一站式的数字音乐营销平台。

2007年6月11日，新浪与Google(谷歌)在搜索、资讯、广告方面进行全方位战略合作，通过双方强势平台之间的密切互动，为广大网民提供精心整合的互联网搜索及资讯服务。

此外，强大的低价渗透策略也是门户网站的一道杀手锏。免费的邮箱、博客、音乐、软件、网站正是通过实施免费策略来吸引顾客，当顾客数量到达一定临界容量后，就开始细分顾客并适时推出自己的收费项目，使得免费业务与收费项目并存，共同推进门户的发展。

总之，门户网站的营销策略远不止这些。随着用户群体的不断发展，相信门户网站的营销策略也将更加完善。

9.3 其他新兴电子商务模式

9.3.1 B2B2C电子商务模式

B2B2C是目前B2B、B2C模式的演变和完善，把B2B和C2C完美地结合起来，通过B2B2C模式的电子商务企业构建自己的物流供应链系统，提供统一的服务。第一个B指的是商品或服务的供应商，第二个B指的是电子商务的企业，C则是表示消费者。第一个B，并不仅局限于品牌供应商、影视制作公司和图书出版商，任何的商品供应商或服务供应商都能可以成为第一个BUSINESS；第二个B是B2B2C模式的电子商务企业，通过统一的经营管理对商品和服务、消费者终端同时进行整合，是广大供应商和消费者之间的桥梁，为供应商和消费者提供优质的服务，是互联网电子商务服务供应商；C表示消费者，在第二个B构建的统一电子商务平台购物的消费者。

产生这种模式的原因是由于在B2C这种商务模式中，零售的特点决定了商家的配送工作十分繁重，同时个体消费者又不愿为了原本比较低额的商品付出相对高额的配送费用。面对这种现实，在B2C这种模式中引入B2B模式，即把经销商作为销售渠道的下游引进，让经销商完成物流配送环节，从而形成了B2B2C电子商务模式。这种模式一方面可以减轻配送的负担，另一方面也能减轻库存问题所带来的压力，从而降低成本，增强网上购物的快速、低价格的优势。

我们以服装为例，来解释一下这个模式的优点。在B2B2C模式中，顾客通过互联网浏览中间商B在网站上发布的在线服装展示，或者对他们在虚拟社区里提供的服饰品感兴趣，就可以通过他们提供的远程试衣系统试穿所选的衣服，如果满意的话就可以发出订货请求，中间商B把此请求转向服装生产者手中，经过确认顾客的需要向服装生产者支付货款，在中间商的作用下发送货物并确认收到货物，这样交易完成。

9.3.2 视频电子商务

视频电子商务也可称为可视化电子商务，是通过专业的电子商务平台，企业和商家把自己制作(或是委托专业的视频电子商务网站)的产品视频广告，视频宣传短片投放到互联网上，供经销商甚至是消费者观赏、了解，从而达到高效率、低成本、形象化的传播目的，并通过视频电子商务平台，达到供需双方形成电子商务。这种商务模式对于一些展示类的产品效果比较好，例如服饰、鞋帽、玩具、工艺品等。但目前国内的视频电子商务还不多见。

9.3.3 情景购物模式

场景类购物主要是以3D的网站效果，模拟真实的商场购物环境，从而产生形象的购物体验的过程。随着国内网络设备的不断发展，这类购物模式也开始崭露头角。例如，3D商城网，用户可以行走在大型商场中，体会身临其境的购物感觉。同时，淘宝等大型购物平台，也推出了“在线试衣间”这种类似场景购物的功能，不仅可以全方位展示商品，更可以为买家提供试穿搭配指南，为网络购物带来了一种全新的体验。但目前的场景类购物受到网络环境、制作技术、购物范围的制约，用户体验感较差，购物功能也与2D平台相差较远。

据悉，新蛋网中国已在2010年第一季度推出3D购物平台，淘宝网也证实2010年年底推3D购物社区，期待场景类购物能够不断完善，掀起网络购物的又一次热潮。

图9.5 3D商城网站的场景类购物

案例 阿Y的故事

早晨7点钟。阿Y被手机的闹钟从梦中惊醒。新的一天开始了！

今天阿Y要去北京出差，起床后，他习惯性地打开手机，日程表有阿Y今天的工作计划，手机自动显示北京和上海两地的天气情况。今天两地天气晴好，阿Y于是抓紧时间洗漱后吃早点。之后，他登录手机旺铺上海站，快速搜索出租公司的声讯号码，10分钟后他就在去往浦东机场的高速路上。路上，阿Y用手机接通浦东机场的服务系统网站，很快办理好登机手续，选择了一个靠窗座位。9点整，阿Y登上飞机。11点，飞机准点降落在北京首都机场。

出机场后，阿Y登录北京手机旺铺站，预订了一辆出租车。出租公司很快回复说，车已经停在B区20号，坐上租赁的汽车，阿Y把拜访的公司地址输入车载导航系统，系统根据当前交通状况提供了一条最佳行车路线，行驶中系统还提供行车方向的语音提示。路经几个收费站，但都无需停车缴费，所有的收费都自动记录在出租车单上。

11点40分，阿Y抵达公司，利用蓝牙与客户交换了手机蓝牙名片，名片自动存入手机商铺系统的名片中，省去了携带纸质名片的烦恼。12点与客户开始谈业务，阿Y登录公司的手机旺铺店铺，调出公司的各种产品介绍和图片向客户介绍，同时通过店铺的比价功能，迅速对比同类型客户的价格和品质差异，让客户很满意。由于是老客户，双方很快签订了合同。

会谈结束后，阿Y想找个餐厅好好享受一下美味。由于不熟悉周围环境，阿Y登录北京餐饮街，输入了自己喜欢的"川菜"进行查询，很快找到附近的一家餐馆，并预订了午餐。通过该家店铺的电子地图很快找到餐厅。

阿Y坐在餐厅，突然想起今天是女朋友的生日，由于在北京出差不能给女朋友过生日，阿Y立即登录手机旺铺上海鲜花街，找到女朋友家附近的一家花店，订购了一束鲜艳的玫瑰花，并通过手机账户进行了在线支付。送完鲜花，可口的饭菜也送上餐桌，一小时候后阿Y满意地离开了餐厅。

下午3点，阿Y处理完业务决定返回上海。他登录手机旺铺，订购了一张下午4点30分飞往上海的电子客票，并通过手机账户进行了在线支付。下午6点30分后，阿Y准时出现在上海浦东机场。

回家路上，阿Y登录手机Push mail邮箱，查看了同事和朋友的邮件并进行了回复。然后想起女朋友说这周末要和他一起去听一场音乐会。他连忙登录手机旺铺，搜索到售票点买了2张音乐票，同时顺带买了2张自己喜欢的CD，当然这一切都计入了他的手机账户。7点20分，阿Y顺利回到了家，充实的一天结束了。

今天，我们已进入3G时代！移动互联网兴起的第五次信息浪潮已经来临！2009年移动互联网用户达2亿左右，与2008年的1.005亿用户数相比，年增长率达111.78%！

面对7.26亿手机用户、1 000多亿财富的巨大移动商务市场，一个让所有高瞻远瞩、雄心勃勃的企业家激动不已，面对这庞大的财富金矿，你准备好了吗？

思考练习

1. 移动商务主要的应用领域有哪些？
2. 无线通信技术经过了哪几个发展阶段？
3. 移动商务的盈利模式主要有哪些？
4. 3G的到来，给移动商务带来了哪些机遇和挑战？
5. 你认为门户网站的主要盈利模式有哪些？
6. 在网络上收集相关资料，了解最新的电子商务模式还有哪些？

第10章　电子商务解决方案

电子商务的兴起，为许多公司的发展和扩张带来了商机。各式各样的电子商务解决方案层出不穷。本章将对电子商务解决方案的概念、特征、分类、架构及运作流程做具体分析，并给出实际的案例，借以展示电子商务解决方案在实际中的应用。

10.1　电子商务解决方案概述

10.1.1　电子商务解决方案的概念

“解决方案”一词是时下各行业最为流行的用语，以至于有学者认为这是一个“言必称解决方案的时代”。那什么是“解决方案”呢？至今仍没有一个统一的说法。“解决方案”，英文称之为“solution”，对“solution”一词的解释，中文翻译是解决一个问题的方法或过程。换句话说，解决方案实际上就是为了达到某个目标而建立的一套解决疑难，扫清障碍的方法、任务或活动。有了这个概念，我们就不难理解“解决方案”一词的含义了。例如，某路段交通拥堵，那么人们就会相应地提出多套解决方案；学生学习效果差，就会有针对性的解决方案以供参考；企业为了获得更大的利润，也需要在不同时期，制定合理的解决方案……无论这项任务简单或复杂，无论活动是大是小，关键在于这个解决方案是否能够解决问题，是否能在“适合”的基础上，让目标达到“最优化”。所以，各种能够解决问题，优化目标的方法、任务或活动，不管大小，我们都可以称之为解决方案。

同样，随着电子商务的迅速发展，电子商务解决方案这一概念，也逐渐被引入到行业中来。目前，电子商务解决方案尚无统一的提法，不同的企业对电子商务解决方案的理解存在差异。作为电子商务解决方案的大型服务提供商，IBM公司认为，解决方案是针对不同行业的发展需求，提供端到端的电子商务解决方案，可以支持处于任何一个阶段的任何规模企业的电子商务发展。它强调基础设施建设，同时还注重将基于Internet的CRM（客户关系管理）、ERP（企业资源计划）、SCM（供应链管理）三个环节紧密联系起来，也就是将电子商务系统与后台的多个专业的智能信息系统有机结合，为电子商务系统的实施，提供完整的供应链环境。而康柏公司则认为，解决方案绝不是单一的产品，而是帮助客户解决自身问题的业务系统，能够帮助用户减少生产成本，更好地制定和执行市场计划，加快新产品上市进度，提高业务效率。因此，不同的解决方案提供商，不同的企业，只要关注点不同，需求点不同，对电子商务解决方案的理解都会不同，完全是根据他们对于电子商务活动的具体目标而定的。

那么，我们对电子商务解决方案下一个较为笼统的定义，电子商务解决方案对于用户而言，就是为了实现特定的目标，满足自身经营管理特定的需求，借助信息化手段，提出的各种方法、任务及活动安排。对于服务提供商来说，电子商务解决方案就是通过系统建设和技术服务来满足用户的需求和倾向，通过为他们提供个性化的产品和服务，并以尽可能快的速度交付用户使用，使其在增加收入、降低成本、建立和加强与合作伙伴关系的基础上，更大地发挥自身的潜力。从过程上来看，电子商务解决方案应该是一项信息系统工程，从结果上来看，电子商务解决方案应该是一套包括软硬件有形产品及相关无形服务在内的集成品。

10.1.2　电子商务解决方案的特征

通过以上的分析，我们认为电子商务解决方案应该具备以下六点特性：

(1) 电子商务解决方案应具有集成性。不管是何种电子商务解决方案，终究要满足企业发展的需求。因此，解决方案要对企业在电子商务活动中的各种功能需求提供一个共同的接口，通过一个完整的系统集成在一起，将各种满足功能需求的硬件设备、技术与服务集成在一起。

(2) 电子商务解决方案应具有系统性。电子商务解决方案并不仅仅是单一的技术开发项目，而是一套完整的信息系统工程，它囊括了为解决问题而涉及的各要素在各层面与各环节的有机联系与有效利用。因此，电子商务解决方案是为完成某一特定目标而规划的有机系统。

(3) 电子商务解决方案应具有交互性。电子商务解决方案一个主要的作用就是消除电子商务活动中的信息障碍，从而提高运行效率。因此，解决方案应具有良好的交互功能，既包括人机交互，又包括系统间交互；既包括企业内部信息交互，又包括企业外部信息交互；既包括供应链各环节主体交互，又包括主体与辅助要件之间的交互，等等。

(4) 电子商务解决方案应具有可操作性。电子商务解决方案不是抽象的难以理解的高深理论，而是为解决具体问题提供指导的具体方法和活动，因此，必须具备可操作性。一方面，解决方案要符合所属产业的相关标准；另一方面，解决方案还应找到技术与操作应用的切入点，并具备较强的项目管理能力，提供方便可行、行之有效的解决途径。

(5) 电子商务解决方案应具有指向性。所谓指向性，其实就是指电子商务解决方案应该针对不同企业的实际情况而制定，应具有较强的针对性。没有哪个方案是适合于所有企业电子商务活动的各种情况的。电子商务解决方案一定是个性化的方案，而非一般性纲领文件。

(6) 电子商务解决方案应具有扩展性。一方面，由于电子商务技术在不断升级，且更新速度越来越快；另一方面，解决方案涉及的内容和领域较广，组成复杂，没有哪个企业不需要任何协作就能独立完成面对的所有问题。因此，电子商务解决方案必须具备更强的扩展性。一方面，电子商务解决方案应具有系统的可扩展性，例如采取分布式，面向对象组件结构来建设，并以CORBA分布式组件框架为基本平台；采用应用服务器、Web服务器分开的网络结构，不同应用层次分布在不同主机，从而提高系统的吞吐量、响应能力及运行的安全性与扩充性。另一方面，电子商务解决方案应具有业务的可扩展性，允许客户定制个性化的设计，允许在网上设置和插入模块，以实现与原有数据的共享、功能扩充以及无缝链接。解决方案的可扩展性不仅能够满足企业现实的需求，解决当前的问题，还应在满足企业潜在需求、应对未来可能出现的问题时，保证企业顺利升级，及时处理。

10.1.3　电子商务解决方案的参与者

电子商务解决方案从提出、设计到实施应用的全过程中，会有以下几种人参与进来。

(1) 方案的需求者：开展电子商务活动的企业

我们通常会把方案的需求者称为“客户”。电子商务解决方案的需求者，毫无疑问应该是开展电子商务活动的各类企业。这些企业会根据自己在实际的生产、经营和管理过程中出现的问题，提出对电子商务的需求，并且，这些客户还是整个解决方案的出资者，为解决方案顺利进行提供基本的资金保障。

(2) 方案的提出者：企业管理与决策人员、各类解决方案的供应商

电子商务解决方案的提出者是整个解决方案团队的先期执行者和总体规划者。由于不同电子商务解决方案的目标复杂程度不同，因此，有的时候方案提出者是企业自己，有的时候是各类解决方案的供应商，有的时候则是双方协商合作然后共同提出。从实际情况来看，虽然企业的决策与管理人员对自身电子商务活动中的问题最清楚，但是他们未必是专业的解决方案的规划者；在更多的情况下，都是由企业提交申请，由专业的解决方案供应商提出解决方案。

(3) 方案的设计者：各类开发设计人员

设计者团队是整个电子商务解决方案的执行主体，主要包括：

① 系统分析人员，进行必要的系统分析；

② 系统架构师，负责提出符合要求的信息架构与逻辑模型，设计新的 Web 应用程序，该 Web 应用程序可能需要融合现有的应用程序和技术；

③ IT 设计人员，他们必须理解用于电子商务应用开发的技术和产品，进行各种程序的编译与设计工作，也包括跨浏览器和跨平台建设、界面设计与视觉设计等工作；

④ 测试人员，主要是负责找出设计中的 bug，但是测试员的职责在不同的目标下有所差别，例如，有的测试员对最终产品的质量负责，对质量过程负责，甚至批准或拒绝产品的发布。

(4) 方案的实施者：应用操作人员、管理维护人员

还有一方重要的参与者就是方案的实施者，主要包括应用操作人员和管理维护人员。对一个合格的应用操作人员至少有以下要求：

① 熟悉最终产品的使用流程及系统各个模块；

② 熟悉项目所使用的工具语言；

③ 熟悉数据库的配置及相关操作；

④ 熟悉网络环境，能进行问题诊断；

⑤ 工作认真细致，能吃苦耐劳；

⑥ 具有项目进度、优先级别、质量观念和服务意识；

⑦ 熟悉企业环境，能理解基本的需求；

⑧ 具有较好的沟通和协调能力，能把客户实际工作业务和解决方案的功能融合起来。

管理维护人员主要负责解决方案在日常运行过程中数据的备份、系统的升级与更新、硬件设

备的日常维护与协调等工作。

(5) 其他参与者

其他参与者还包括工程监理人员、营运推广人员等。他们的职责就是保证解决方案进度的顺利和经济效益的实现。

上述的各类参与者角色一般是由不同的企业或个人来承担完成，但在特殊的情况下也可以全部由企业来承担。不过企业独自建设解决方案的风险较大，建议最好是多方协作完成。

10.1.4　电子商务解决方案的分类

1. 按方案实施的复杂性分类

电子商务解决方案按方案实施的复杂性分类，可分为初级电子商务解决方案、中级电子商务解决方案和高级电子商务解决方案。

初级电子商务解决方案的典型案例就是网上黄页服务方案，这类方案相对开销较低，适用于小型企业，类似于黄页广告。网上黄页可以使用户能在网上发布广告信息，如企业的服务时间、电话号码、地址、企业所在区域的地图和特殊服务项目等，这些信息都连接在企业的万维网(Web)点上。客户只要通过网上搜索工具，就可以快速方便地找到相应企业的站点。尽管这种解决方案提供的功能相当有限，但由于费用低廉，方便有效，还是受到广大中小型企业的青睐。目前，许多门户网站如搜狐、新浪等都提供网上黄页服务。

中级电子商务解决方案主要针对的是那些专业技术人员力量薄弱，又需提供电子商务服务的中小企业。这种方案可以使企业能够在没有专业网络工程师和软件开发人员的情况下，搭建起一个网上产品目录，并接受网上预订。主要是利用入门级的企业建站方案，为企业搭建属于自己的专属网站，达到宣传企业形象，展示企业服务与产品，并能及时与客户沟通交流的目的。

高级电子商务解决方案属于完整的电子商务解决方案，不仅为企业提供网上目录和网上订货功能，而且能对网上订货做出相应的处理。与前两种解决方案相比，完整方案不但提供了前台服务特性，还提供了后台处理系统，这样就可将企业的网上目录、订单处理与数据库的操作结合在一起，完成交易信息的结算、统计分析和综合处理。高级电子商务解决方案包含了较前两种方案更多的设计模板、结账方法、制表功能、交互销售功能及综合性数据库能力。相对于前两种方案，后者的功能更为强大，服务更为广阔，因此受到越来越多企业的喜爱。

2. 按系统建设的方式分类

电子商务解决方案既可以由企业自主开发，又可以委托专业的 IT 公司提供。就当前电子商务的发展状况而言，并没有太多企业愿意并且能够自行解决电子商务问题，大都需要外部供应。其原因有二：首先，电子商务解决方案的需求者分布在各行各业，他们并不一定都是对电子商务技术与业务特征十分熟悉的，换句话说，很多企业都显得不够专业，企业会将更大的精力投入到他们所熟知和擅长的核心竞争力的培养上；其次，基于成本与效率的考虑，企业也大多愿意选择委托外包或共同合作的方式，借助外部服务商的力量解决电子商务活动中的问题。因此,电子商务解决方案的系统建设主要体现在服务商的选择上。

目前在 IT 业界除了我们熟知的 IBM、Microsoft 和 Cisco 等软硬件制造商可以提供电子商务解决方案以外,目前常见的包括 Internet 服务提供商(ISP)、应用服务提供商(ASP)等在内的各类服务商也提供电子商务解决方案。不同服务商提供解决方案的面向对象和解决问题的侧重点也有所不同。

(1) Internet 服务提供商(Internet Service Provider,简称 ISP),能提供拨号上网服务、网上浏览、下载文件、收发电子邮件等服务,是网络最终用户进入 Internet 的入口和桥梁。最大的国际和地域性因特网服务提供商有:AT&T WorldNet、IBM 全球网、MCI、Netcom、UUNet 和 PSINet。在中国,规模最大、覆盖面最广的 ISP 服务商是中国电信。

(2) 应用服务提供商(ASP),是对软件开发、应用服务和互联网技术的整合,从而为用户提供端到端的应用解决方案。如国内的中国万网(www. net. cn)提供的虚拟主机套餐服务,包括了软件平台租用,规划与培训以及监控维护的企业建站特色服务。

(3) Internet 内容提供商(ICP),是面向用户综合提供互联网信息内容、技术手段和通信渠道的公司。ICP 是经国家主管部门批准的正式运营企业,享受国家法律保护。新浪、搜狐、网易等都是国内知名的 ICP。

(4) 独立软件供应商(ISV),是专门开发、营销和支持软件应用的公司。PeopleSoft 就是开发和销售广泛使用的企业资源规划(ERP)包的 ISV。除此之外,我们还经常看到"BSP"的说法。目前对于"BSP"的解释有多种:一种是指 Business Solution Providers,即"企业解决方案提供商",实质上就是对企业提供具体应用的系统开发解决方案;另一种是指Business Service Provider,即商业服务提供商;还有一种流行的说法称之为 Blog Service Provider,即博客服务提供商。当然,我们在更多的时候用第一种解释。

3. 按电子商务模式分类

另外,我们还可以按照电子商务模式进行分类。分为 B2B 电子商务解决方案,B2C 电子商务解决方案以及 C2C 电子商务解决方案。每一种模式的方案内容都按照相应的电子商务模式来撰写。这里不再赘述。

10.1.5 电子商务解决方案的发展历史

电子商务解决方案是电子商务活动发展到规模化和个性化的产物,是伴随着电子商务技术和功能的不断发展而形成与发展的。

1. 从解决方案的技术发展来看

从解决方案的技术发展来看,电子商务解决方案的发展经历了以下四个阶段:

(1) 单机解决方案。电子商务最早是在单机上实现一些应用,如早期的财务系统、工资管理系统等。通常情况下,由相关人员手工录入数据,经过计算机处理后,生成需要的信息。单机解决方案就是针对单一用户操作开发的,仅能实现一些简单的业务处理功能,并不能实现多用户的信息共享及更复杂的协同业务处理。因此,单机解决方案的应用有限。

(2) 局域网解决方案。此阶段的方案是在企业某一个部门的局域网系统中,通过少数计算机间相互协作,共同完成一项任务,实现小范围内的信息资源共享。此阶段的方案并不具备集成的特性。

(3) 企业范围内的综合性解决方案。此阶段中,企业间各个部门的局域网间实现了物理上的联接及信息沟通。通过开发建设计算机应用综合系统,能够在一个异构分布环境(操作系统、网络、数据库)中,通过相关软件,提供给用户透明、一致的信息访问和交互手段,对其上运行的应用系统进行管理,为应用提供服务,并支持各特定领域应用系统的集成。

(4) 企业间信息集成和资源优化的电子商务解决方案。发展到这一阶段,企业和企业间通过 Internet,进行广泛的信息交流和交易活动,最大程度地减少成本,提高供应链传递的效率,扩大企业综合竞争力。

2. 从解决方案的内容发展来看

从内容上来看,电子商务解决方案的发展可分为信息发布方案、事务处理方案、系统集成方案及价值链解决方案四个阶段。

(1) 信息发布方案。在这一阶段中,一方面企业在内部全面利用现代信息技术,建立企业内部信息系统;另一方面企业采用浏览器/服务器结构、利用 WWW 服务器发布企业信息。企业利用网站作为企业形象宣传和信息发布的工具,网站所发布的信息是“静态”信息,与企业内部信息系统没有直接联系。该方案被称为基础性电子商务解决方案。

(2) 事务处理方案。在事务处理方案阶段,其主要目的是满足企业业务操作的需要,提高企业事务处理的效率和水平。从企业整体的业务流程和企业经营目标上看,事务处理系统一般解决某个或者某些领域的问题;事务处理系统的另外一个局限性是它一般解决企业内部的具体操作问题,面向企业内部,而不是面向市场和面向客户。

(3) 系统集成方案。系统集成是根据客户的具体业务需求,将硬件平台、网络设备、操作系统、工具软件以及为客户需求定制、开发的应用软件,集成为具有优良性能价格比的计算机系统工程。它包括软件开发、应用软件平台转换、新增功能开发、集成和调试等。

(4) 价值链解决方案。价值链解决方案是指企业电子商务过程和相关系统可以动态地适应和支持不断变化的商业战略和价值链活动。企业和客户、合作伙伴一起动态地拓展和协调经营过程,实现更先进、灵活的集成,并通过网上电子市场(E-Marketplace),以更标准和开放的形式(如 Web Services)响应市场需求、寻找合作伙伴、形成动态联盟,以及进行经营过程。

10.2 电子商务系统架构及运作流程

10.2.1 IBM 电子商务基本结构

作为 E-Business 概念的最早提出者和市场的积极参与者,IBM 已经推出了众多的电子商务产品和技术方案:既有基于单一 PC 服务器的解决方案,也有基于大型主机的解决方案。更具特色的是,该公司基于电子商务的软件产品,几乎在所有的硬件平台上都有相应的版本,也就是说,用户可以根据自己目前的业务需要选择相应的硬件和软件平台,当业务发展需要升级拓展时,将会变得十分容易。

在 IBM 看来,电子商务自出现至今经历了 3 个阶段:第一个阶段被称为新奇阶段(Cool Phase),那时电子商务刚刚诞生,人们用 PC 机上网,是以电子邮件和静态画面为主的时代;第二个阶段被称为机会阶段(Chance Phase),传统企业开始转向互联网,企业在网上进行商品的宣传及订单的确认,这是一个架构在传统设备上的网络时代;第三个阶段是正规的电子商务时代(Serious-Business Phase),至此,电子商务不再是一个试验品和简单工具,而成为企业商务的核心。

IBM 公司根据当前的商务运作过程,将电子商务的基本结构描述为:在因特网环境下,CRM、ERP 和 SCM 这 3 个环节紧密结合、均衡发展,如图 10.1 所示。其中 CRM 与 ERP,ERP 与 SCM 的关联过程就涉及电子交易(E-Commerce)。在现代商务活动中,以客户为中心已成为业界的共识。

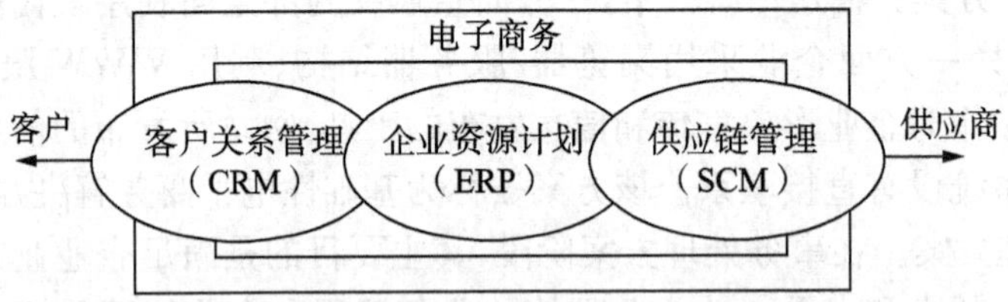

图 10.1 IBM 电子商务基本结构

IBM 公司的观点反映在以下方面。

(1) 企业选择实施电子商务解决方案时应首先建立电子商务基础设施,即企业用于实现向电子商务转型的完整 IT 基础架构,它为用户提供一个整合的环境,包括硬件、软件以及服务等组成部分,通过全面的系统管理,支持用户的多种应用。在企业的电子商务环境中,电子商务基础设施无处不在,它支撑着企业的全部业务系统,贯穿于企业运营的每一环节。企业的每一项核心业务如 CRM、ERP、SCM、商业智能、电子交易等,都可借助于电子商务基础设施的支持获得最佳效果。

(2) 电子商务是通过互联网技术对关键的商业过程进行转化。当今大多数企业采用的网络加信息技术的模式将互联网的标准化、简单化和易接触性,与商业的核心过程相融合。其迷人之处在于互动性、集中处理和让人们通过更富深远意义的方式来进行商业活动。

(3) 电子商务是商业而不是技术,不是重新创建一个企业,而是要使现有的企业运作更加合理,所以要结合企业的现状,明确核心商业过程中的哪几部分是最适合或最需要转化为电子商务的。因此,实现电子商务不仅仅是提供硬件和软件的问题,而且要将有效的解决方案与客户已有的硬件和软件集成在一起。

IBM 认为,以下 4 个环节形成了电子商务系统,它们是:

① 转化核心的商业运作过程;

② 构建富于弹性与扩展性的电子商务应用;

③ 实现一个规模可大可小,既有效又安全的运行环境;

④ 协调处理从电子商务系统中得到的知识与信息。

10.2.2　电子商务解决方案运作流程

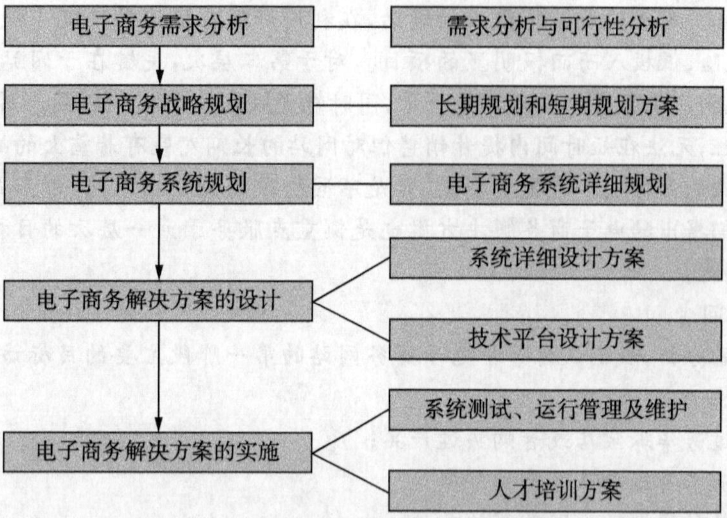

图 10.2　电子商务解决方案的运作流程

案例　芳华公司电子商务解决方案

北京芳华珠宝有限公司(下简称芳华珠宝)是国内领先的珍珠珠宝企业。公司为了整合芳华珠宝现有资源,迅速提高访问量,重新对网站进行了规划,从而更加有效利用网络创造效益！以下列出芳华公司电子商务解决方案的部分内容。

一、网站需求识别

1. 现有的销售模式及网站功能

芳华珠宝自开业起便致力于国际市场的开拓,迄今为止已接待过许多国家的总统和元首以及世界知名人士,如英国首相撒切尔夫人、美国国防部长科恩、芬兰总统、新西兰总理、爱尔兰总理、意大利外长以及世界著名指挥家祖宾·梅塔等。

现在的销售模式,每天都能通过合作机构带来相当量的客户,而且销售的产品除了珠宝外还带有旅游产品的概念,从深层次来说是销售一种中国文化的载体。

现在的销售模式也有其不足,就是跟客户接触的时间短,除了冲动型的消费者外别的群体很难捉住。造成很大一部分潜在客户的流失。

在现在的销售模式下,电子商务网站将可能承担以下的功能:

(1) 传统销售渠道的辅助,通过在线的销售留住一部分在现场没有购买但有购买意向的客户群体。

(2) 全新销售渠道的扩展,通过国外网络广告,打开网站知名度,从而创造新的消费群体。

(3) 品牌形象的拓展,通过在线传播中国的珠宝文化,树立一个中国珠宝文化及珠宝代表的企业形象,从而全面提升传统及在线销售。

从这三个层次来说是难度逐步提升,我们也建议芳华珠宝电子商务发展之路分这样三个阶段设立目标。对于传统销售渠道的辅助,在利用好现有资源的情况下能很快提升销售额,是一个低风险、低投入而回报明显的项目。对于第二层次,关键在于网站的推广能力及运营能力,即达到能说服客户到网站看一看,同时能说服客户下决心购买。第三层次是一个长期积累的过程,无法在短时间内提升销售但对网站的长期发展有着重大的战略意义。

这三个层次的目标也不是完全割裂,只是不同阶段的侧重点不同,但都是你中有我,我中有你的。我们提出的电子商务解决方案也是侧重点服务于第一层次的目标,同时兼顾第二、三层次的目标。

2. 目标访问者

针对以上的分析,我们认为芳华电子商务网站的第一阶段主要的目标访问者应具有以下条件:

曾经参观过芳华珠宝店或者购买过产品;

对芳华企业本身或者产品有信任感;

有上网购物的习惯及上网购买的条件;

有购买芳华珠宝产品的需求。

因此我们认为芳华电子商务网站的目标访问者是参购过芳华珠宝而没有购买或者希望重复购买的国外女性用户,她们对中国文化有浓厚的兴趣,对珠宝及美有强烈追求意愿,重视感情,重视亲人及朋友。

二、系统设计

1. 在线销售流程(如图 10.3 所示)

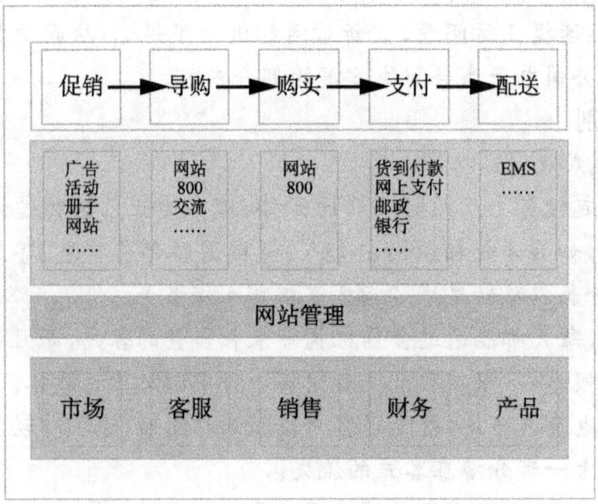

图 10.3 在线销售流程

(1) 产品促销

产品促销是吸引客户访问电子商务网站的最初也是最重要的一步,根据前面的分析,第一阶段的推广将以线下推广为主,重点为小册子推广并配合在线的促销活动。其目的是使客户对产品产生兴趣。

(2) 导购

导购是客户对网站产生信任后，电子商务平台协助客户购买到适合的产品的过程，这一过程包括两个方面：根据客户选择的目的，协助其迅速地找到所感兴趣的产品；其二，在客户选购过程中将相关的知识融于其中，使其掌握相关的知识。这一过程需要客户与机器及线下服务人员的大量沟通。

(3) 购买

购买是客户在决定购买时用最简短的流程完成客户的订购、配送说明及支付的过程，这一过程有几个要点：① 流程尽可能简短，尽可能让客户少填写信息；② 说明一定要充分，让客户对整个过程可以控制；③ 购买是促销的最好机会，不要错过。

(4) 支付

支付是客户完成购买、提交在线支付的过程，这一过程向客户强调安全性及使用客户最经常使用的支付方式最为重要。

(5) 配送

配送基本是线下的流程，线下将尽可能让客户做到可以查询。

2. 网站结构

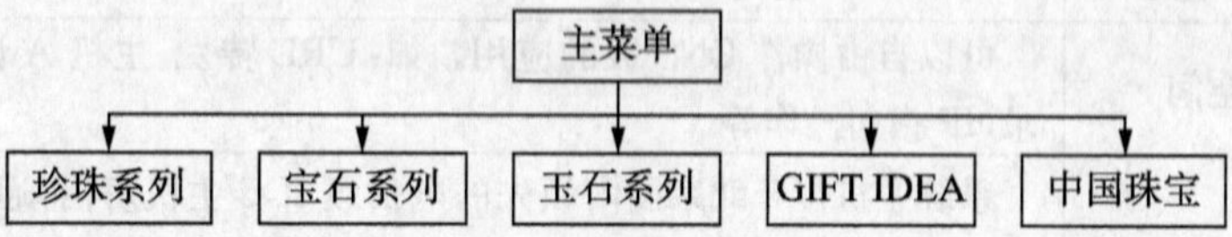

图 10.4 主菜单结构

主菜单为最主要的导航菜单，分为产品分类，协助访问以礼品为目的选购的 GIFT IDEA 以及介绍中国珠宝文化、选购知识的中国珠宝三部分组成。

订购菜单是协助购买者进行订购的导航菜单，包括购物车查看、收藏夹查看及订单状态三个栏目组成。

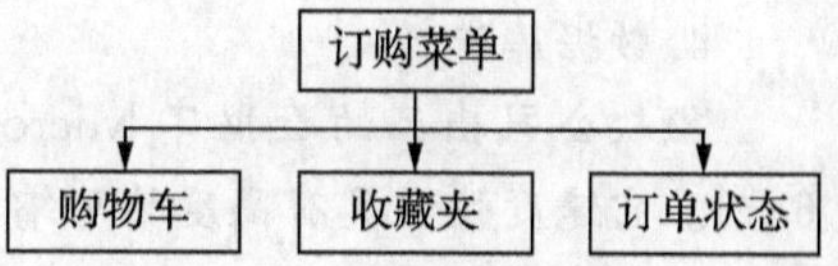

图 10.5 订购菜单结构

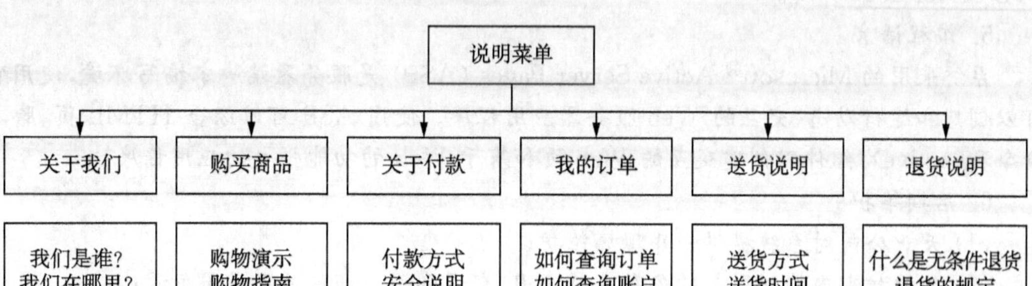

图 10.6 说明菜单结构

说明菜单的作用是增强购买者信心，对整个购买的风险作充分的说明。

3. 服务器选型及数据库选取

此方案采用天正公司提供智强二型高性能 NT 平台虚拟主机，提供 1 000M 的网页空间及 200M 数据库空间。数据库采用 Microsoft SQL Server 2000。

虚拟主机的基本配置如表 10.1 所示。

表 10.1　虚拟主机的基本配置

项目名称	标准二型空间描述
前端客户主机	Intel PIII800CPUX2 1GRAM 20GX2
后端数据主机	Intel Xeon700X4 CPU 2GRAM 30GX8
主机操作系统	Windows 2000 Advance Server IIS5.0
应用程序规则	支持 ASP(Active Server Page)及 Frontpage 2000 拓展
数据库系统	SQLServer 2000，数据库空间 50M
域名系统	可以自由操作 DNS 级的应用。如：URL 转发、主机 A 记录、MX 邮件记录、IP 指向操作等
网站空间	150M 网站空间
邮件系统	100M 邮件空间，企业级邮件信箱不限
LOG 空间(访问者记录)	50M LOG 空间
控制及管理系统空间	可以自由操作 DNS 级的应用。如：URL 转发、主机 A 记录、MX 邮件记录、IP 指向操作等
主机位置及带宽	系统主机位于北京国内领先的电信级 IDC 主机房内，通过 OC12(622M)带宽与 ChinaNET 骨干网相连接。而北京、上海、广州等大城市则通过 DWDM2.5G 光纤网络进行连接，确保了网络带宽的畅通

4. 数据库选择

微软公司出品的数据库 Microsoft SQL Server 是最流行的 Web 数据库，市场份额为 68%。它速度快且具有高度的可缩放性，SQL Server 2000，2 分钟内可以完成超过 100 万个交易。可靠性及安全性达到 C2 级，处于同类产品的前列。故系统数据采用其最新版的 SQL Server 2000 开发。

5. 编程语言

系统采用的 Microsoft® Active Server Pages (ASP) 是服务器端脚本编写环境，使用它可以创建和运行动态、交互的 Web 服务器应用程序。使用 ASP 可以组合 HTML 页、脚本命令和 ActiveX 组件以创建交互的 Web 页和基于 Web 的功能强大的应用程序。

6. 后期维护

(1) 天正公司对系统提供一年现场维护；

(2) 由维护期内维护引起的各种人员费用、交通费用全部由天正公司负责；

(3) 故障响应时间是 1 个工作日，处理时间不超过 3 个工作日；

(4) 每周对系统数据作一次备份；

(5) 提供 24 小时故障报修服务，并提供项目经理和维护工程师的办公电话、移动电话。

7. 网站监测

天正公司提供网站监测服务，对以下的指标进行实时监测，并每月提交相应报告一份。

网站访问情况(固定每月一份)
网站人数
访问页面数
人均停留时间
来访地区分布
来访时间分布
来访者访问来源
网络广告效果(广告期间提供)
网络广告投放时间
网络广告点击数
网络广告对网站访问情况贡献率
网络广告来访者行为分析
网站运作情况(固定每季一份)
网站运作正常率
网站访问速度评测
网站连接错误监测
网站更新内容统计
网站整体分析及建议(固定每季一份)

8. 工作进度规划

我们将按照网站工程的主要规定进行本网站系统的开发工作。主要开发周期如下：

表10.2　工作进度规划

需求分析	一周时间			
系统设计		一周		
详细编码及页面设计			三周	
测试及交付使用				一周时间

到达系统稳定运行，整个开发周期预计需要30～45天左右的时间。

9. 网站投资预算

本软件系统开发费用按前端系统功能模块来计算，后台数据库系统和中间业务处理系统的开发费用分摊于各个前端系统功能模块的报价之中，个别前端系统功能模块的增减并不能降低后台数据库系统和中间业务处理系统的开发难度及开发时间。

表10.3　网站投资预算

项　目	模　块	单　价	数　目	小　计
主机	智强二型	￥4 800.00	1	￥4 800.00
域名主机小计	￥4 800.00			
网站基本模块	基础模板	￥13 800.00	1	￥13 800.00
	首页	￥500.00	1	￥500.00

续表

项　　目	模　　块	单　　价	数　　目	小　计
	内页	￥180.00	40	￥7 200.00
小计	￥26 300.00			
网站增强模块	促销模块	￥8 000.00	1	￥8 000.00
	导购模块	￥4 000.00	1	￥4 000.00
	会员模块	￥2 000.00	1	￥2 000.00
	后台模块	￥1 500.00	1	￥1 500.00
	分析模块	￥8 000.00	1	￥8 000.00
	安全模块	￥5 800.00	1	￥5 800.00
	文章管理	￥1 500.00	1	￥1 500.00
	在线交流	￥4 500.00		￥4 500.00
合计				￥61 600.00

10. 服务培训与其他(略)

思考练习

1. 什么是电子商务解决方案？它有何特征？
2. 如果企业要在网上进行形象展示宣传，那么采用哪一种方式比较好？
3. 电子商务解决方案的运作流程是什么？
4. IBM电子商务的基本框架包含哪几个部分？
5. 电子商务解决方案按照方案实施的复杂性可分为几种？每种方案的特点是什么？
6. 一个完整的电子商务解决方案应包含哪几部分？

附录一 电子商务相关的法律法规

《中华人民共和国电子签名法》

（2004 年 8 月 28 日第十届全国人民代表大会常务委员会第十一次会议通过）

目录

第一章 总则

第一条 为了规范电子签名行为，确立电子签名的法律效力，维护有关各方的合法权益，制定本法。

第二条 本法所称电子签名，是指数据电文中以电子形式所含、所附用于识别签名人身份并表明签名人认可其中内容的数据。

本法所称数据电文，是指以电子、光学、磁或者类似手段生成、发送、接收或者储存的信息。

第三条 民事活动中的合同或者其他文件、单证等文书，当事人可以约定使用或者不使用电子签名、数据电文。

当事人约定使用电子签名、数据电文的文书，不得仅因为其采用电子签名、数据电文的形式而否定其法律效力。

前款规定不适用下列文书：

（一）涉及婚姻、收养、继承等人身关系的；

（二）涉及土地、房屋等不动产权益转让的；

（三）涉及停止供水、供热、供气、供电等公用事业服务的；

（四）法律、行政法规规定的不适用电子文书的其他情形。

第二章 数据电文

第四条 能够有形地表现所载内容，并可以随时调取查用的数据电文，视为符合法律、法规要求的书面形式。

第五条　符合下列条件的数据电文，视为满足法律、法规规定的原件形式要求：

（一）能够有效地表现所载内容并可供随时调取查用；

（二）能够可靠地保证自最终形成时起，内容保持完整、未被更改。但是，在数据电文上增加背书以及数据交换、储存和显示过程中发生的形式变化不影响数据电文的完整性。

第六条　符合下列条件的数据电文，视为满足法律、法规规定的文件保存要求：

（一）能够有效地表现所载内容并可供随时调取查用；

（二）数据电文的格式与其生成、发送或者接收时的格式相同，或者格式不相同但是能够准确表现原来生成、发送或者接收的内容；

（三）能够识别数据电文的发件人、收件人以及发送、接收的时间。

第七条　数据电文不得仅因为其是以电子、光学、磁或者类似手段生成、发送、接收或者储存的而被拒绝作为证据使用。

第八条　审查数据电文作为证据的真实性，应当考虑以下因素：

（一）生成、储存或者传递数据电文方法的可靠性；

（二）保持内容完整性方法的可靠性；

（三）用以鉴别发件人方法的可靠性；

（四）其他相关因素。

第九条　数据电文有下列情形之一的，视为发件人发送：

（一）经发件人授权发送的；

（二）发件人的信息系统自动发送的；

（三）收件人按照发件人认可的方法对数据电文进行验证后结果相符的。

当事人对前款规定的事项另有约定的，从其约定。

第十条　法律、行政法规规定或者当事人约定数据电文需要确认收讫的，应当确认收讫。发件人收到收件人的收讫确认时，数据电文视为已经收到。

第十一条　数据电文进入发件人控制之外的某个信息系统的时间，视为该数据电文的发送时间。

收件人指定特定系统接收数据电文的，数据电文进入该特定系统的时间，视为该数据电文的接收时间；未指定特定系统的，数据电文进入收件人的任何系统的首次时间，视为该数据电文的接收时间。

当事人对数据电文的发送时间、接收时间另有约定的，从其约定。

第十二条　发件人的主营业地为数据电文的发送地点，收件人的主营业地为数据电文的接收地点。没有主营业地的，其经常居住地为发送或者接收地点。

当事人对数据电文的发送地点、接收地点另有约定的，从其约定。

第三章　电子签名与认证

第十三条　电子签名同时符合下列条件的，视为可靠的电子签名：

（一）电子签名制作数据用于电子签名时，属于电子签名人专有；

（二）签署时电子签名制作数据仅由电子签名人控制；

（三）签署后对电子签名的任何改动能够被发现；

（四）签署后对数据电文内容和形式的任何改动能够被发现。

当事人也可以选择使用符合其约定的可靠条件的电子签名。

第十四条 可靠的电子签名与手写签名或者盖章具有同等的法律效力。

第十五条 电子签名人应当妥善保管电子签名制作数据。电子签名人知悉电子签名制作数据已经失密或者可能已经失密时，应当及时告知有关各方，并终止使用该电子签名制作数据。

第十六条 电子签名需要第三方认证的，由依法设立的电子认证服务提供者提供认证服务。

第十七条 提供电子认证服务，应当具备下列条件：

（一）具有与提供电子认证服务相适应的专业技术人员和管理人员；

（二）具有与提供电子认证服务相适应的资金和经营场所；

（三）具有符合国家安全标准的技术和设备；

（四）具有国家密码管理机构同意使用密码的证明文件；

（五）法律、行政法规规定的其他条件。

第十八条 从事电子认证服务，应当向国务院信息产业主管部门提出申请，并提交符合本法第十七条规定条件的相关材料。国务院信息产业主管部门接到申请后经依法审查，征求国务院商务主管部门等有关部门的意见后，自接到申请之日起四十五日内作出许可或者不予许可的决定。予以许可的，颁发电子认证许可证书；不予许可的，应当书面通知申请人并告知理由。

申请人应当持电子认证许可证书依法向工商行政管理部门办理企业登记手续。

取得认证资格的电子认证服务提供者，应当按照国务院信息产业主管部门的规定在互联网上公布其名称、许可证号等信息。

第十九条 电子认证服务提供者应当制定、公布符合国家有关规定的电子认证业务规则，并向国务院信息产业主管部门备案。

电子认证业务规则应当包括责任范围、作业操作规范、信息安全保障措施等事项。

第二十条 电子签名人向电子认证服务提供者申请电子签名认证证书，应当提供真实、完整和准确的信息。

电子认证服务提供者收到电子签名认证证书申请后，应当对申请人的身份进行查验，并对有关材料进行审查。

第二十一条 电子认证服务提供者签发的电子签名认证证书应当准确无误，并应当载明下列内容：

（一）电子认证服务提供者名称；

（二）证书持有人名称；

（三）证书序列号；

（四）证书有效期；

（五）证书持有人的电子签名验证数据；

（六）电子认证服务提供者的电子签名；

（七）国务院信息产业主管部门规定的其他内容。

第二十二条 电子认证服务提供者应当保证电子签名认证证书内容在有效期内完整、

准确,并保证电子签名依赖方能够证实或者了解电子签名认证证书所载内容及其他有关事项。

第二十三条　电子认证服务提供者拟暂停或者终止电子认证服务的,应当在暂停或者终止服务九十日前,就业务承接及其他有关事项通知有关各方。

电子认证服务提供者拟暂停或者终止电子认证服务的,应当在暂停或者终止服务六十日前向国务院信息产业主管部门报告,并与其他电子认证服务提供者就业务承接进行协商,作出妥善安排。

电子认证服务提供者未能就业务承接事项与其他电子认证服务提供者达成协议的,应当申请国务院信息产业主管部门安排其他电子认证服务提供者承接其业务。

电子认证服务提供者被依法吊销电子认证许可证书的,其业务承接事项的处理按照国务院信息产业主管部门的规定执行。

第二十四条　电子认证服务提供者应当妥善保存与认证相关的信息,信息保存期限至少为电子签名认证证书失效后五年。

第二十五条　国务院信息产业主管部门依照本法制定电子认证服务业的具体管理办法,对电子认证服务提供者依法实施监督管理。

第二十六条　经国务院信息产业主管部门根据有关协议或者对等原则核准后,中华人民共和国境外的电子认证服务提供者在境外签发的电子签名认证证书与依照本法设立的电子认证服务提供者签发的电子签名认证证书具有同等的法律效力。

第四章　法律责任

第二十七条　电子签名人知悉电子签名制作数据已经失密或者可能已经失密未及时告知有关各方、并终止使用电子签名制作数据,未向电子认证服务提供者提供真实、完整和准确的信息,或者有其他过错,给电子签名依赖方、电子认证服务提供者造成损失的,承担赔偿责任。

第二十八条　电子签名人或者电子签名依赖方因依据电子认证服务提供者提供的电子签名认证服务从事民事活动遭受损失,电子认证服务提供者不能证明自己无过错的,承担赔偿责任。

第二十九条　未经许可提供电子认证服务的,由国务院信息产业主管部门责令停止违法行为;有违法所得的,没收违法所得;违法所得三十万元以上的,处违法所得一倍以上三倍以下的罚款;没有违法所得或者违法所得不足三十万元的,处十万元以上三十万元以下的罚款。

第三十条　电子认证服务提供者暂停或者终止电子认证服务,未在暂停或者终止服务六十日前向国务院信息产业主管部门报告的,由国务院信息产业主管部门对其直接负责的主管人员处一万元以上五万元以下的罚款。

第三十一条　电子认证服务提供者不遵守认证业务规则、未妥善保存与认证相关的信息,或者有其他违法行为的,由国务院信息产业主管部门责令限期改正;逾期未改正的,吊销电子认证许可证书,其直接负责的主管人员和其他直接责任人员十年内不得从事电子认证服务。吊销电子认证许可证书的,应当予以公告并通知工商行政管理部门。

第三十二条　伪造、冒用、盗用他人的电子签名,构成犯罪的,依法追究刑事责任;给他人造成损失的，依法承担民事责任。

第三十三条　依照本法负责电子认证服务业监督管理工作的部门的工作人员，不依法履行行政许可、监督管理职责的，依法给予行政处分；构成犯罪的，依法追究刑事责任。

第五章　附则

第三十四条　本法中下列用语的含义：

（一）电子签名人，是指持有电子签名制作数据并以本人身份或者以其所代表的人的名义实施电子签名的人；

（二）电子签名依赖方，是指基于对电子签名认证证书或者电子签名的信赖从事有关活动的人；

（三）电子签名认证证书，是指可证实电子签名人与电子签名制作数据有联系的数据电文或者其他电子记录；

（四）电子签名制作数据，是指在电子签名过程中使用的，将电子签名与电子签名人可靠地联系起来的字符、编码等数据；

（五）电子签名验证数据，是指用于验证电子签名的数据，包括代码、口令、算法或者公钥等。

第三十五条　国务院或者国务院规定的部门可以依据本法制定政务活动和其他社会活动中使用电子签名、数据电文的具体办法。

第三十六条　本法自2005年4月1日起施行。

互联网信息服务管理办法

中华人民共和国国务院令　第292号

《互联网信息服务管理办法》已经2000年9月20日国务院第31次常务会议通过，现予公布施行。

第1条：为了规范互联网信息服务活动，促进互联网信息服务健康有序发展，制定本办法。

第2条：在中华人民共和国境内从事互联网信息服务活动，必须遵守本办法。

本办法所称互联网信息服务，是指通过互联网向上网用户提供信息的服务活动。

第3条：互联网信息服务分为经营性和非经营性两类。

经营性互联网信息服务，是指通过互联网向上网用户有偿提供信息或者网页制作等服务活动；非经营性互联网信息服务，是指通过互联网向上网用户无偿提供具有公开性、共享性信息的服务活动。

第4条：国家对经营性互联网信息服务实行许可制度；对非经营性互联网信息服务实行备案制度。

未取得许可或者未履行备案手续的，不得从事互联网信息服务。

第5条：从事新闻、出版、教育、医疗保健、药品和医疗器械等互联网信息服务，依照法律、行政法规以及国家有关规定须经有关主管部门审核同意的，在申请经营许可或者履行备案手续前，应当依法经有关主管部门审核同意。

第 6 条:从事经营性互联网信息服务,除应当符合《中华人民共和国电信条例》规定的要求外,还应当具备下列条件:

(1) 有业务发展计划及相关技术方案。

(2) 有健全的网络与信息安全保障措施,包括网站安全保障措施、信息安全保密管理制度、用户信息安全管理制度。

(3) 服务项目属于本办法第 5 条规定范围的,已取得有关主管部门同意的文件。

第 7 条:从事经营性互联网信息服务,应当向省、自治区、直辖市电信管理机构或者国务院信息产业主管部门申请办理互联网信息服务增值电信业务经营许可证(以下简称经营许可证)。

省、自治区、直辖市电信管理机构或者国务院信息产业主管部门应当自收到申请之日起 60 日内审查完毕,做出批准或者不予批准的决定。予以批准的,颁发经营许可证;不予批准的,应当书面通知申请人并说明理由。申请人取得经营许可证后,应当持经营许可证向企业登记机关办理登记手续。

第 8 条:从事非经营性互联网信息服务,应当向省、自治区、直辖市电信管理机构或者国务院信息产业主管部门办理备案手续。办理备案时,应当提交下列材料:

(1) 主办单位和网站负责人的基本情况;

(2) 网站网址和服务项目;

(3) 服务项目属于本办法第 5 条规定范围的,已取得有关主管部门的同意文件。

省、自治区、直辖市电信管理机构对备案材料齐全的,应当予以备案并编号。

第 9 条:从事互联网信息服务,拟开办电子公告服务的,应当在申请经营性互联网信息服务许可或者办理非经营性互联网信息服务备案时,按照国家有关规定提出专项申请或者专项备案。

第 10 条:省、自治区、直辖市电信管理机构和国务院信息产业主管部门应当公布取得经营许可证或者已履行备案手续的互联网信息服务提供者名单。

第 11 条:互联网信息服务提供者应当按照经许可或者备案的项目提供服务,不得超出经许可或者备案的项目提供服务。

非经营性互联网信息服务提供者不得从事有偿服务。互联网信息服务提供者变更服务项目、网站网址等事项的,应当提前 30 日向原审核、发证或者备案机关办理变更手续。

第 12 条:互联网信息服务提供者应当在其网站主页的显著位置标明其经营许可证编号或者备案编号。

第 13 条:互联网信息服务提供者应当向上网用户提供良好的服务,并保证所提供的信息内容合法。

第 14 条:从事新闻、出版以及电子公告等服务项目的互联网信息服务提供者,应当记录提供的信息内容及其发布时间、互联网地址或者域名;互联网接入服务提供者应当记录上网用户的上网时间、用户账号、互联网地址或者域名、主叫电话号码等信息。

互联网信息服务提供者和互联网接入服务提供者的记录备份应当保存 60 日,并在国家有关机关依法查询时,予以提供。

第 15 条:互联网信息服务提供者不得制作、复制、发布、传播含有下列内容的信息:

(1) 反对宪法所确定的基本原则的。

(2) 危害国家安全,泄露国家秘密,颠覆国家政权,破坏国家统一的。

(3) 损害国家荣誉和利益的。

(4) 煽动民族仇恨、民族歧视，破坏民族团结的。

(5) 破坏国家宗教政策，宣扬邪教和封建迷信的。

(6) 散布谣言，扰乱社会秩序，破坏社会稳定的。

(7) 散布淫秽、色情、赌博、暴力、凶杀、恐怖或者教唆犯罪的。

(8) 侮辱或者诽谤他人，侵害他人合法权益的。

(9) 含有法律、行政法规禁止的其他内容的。

第 16 条：互联网信息服务提供者发现其网站传输的信息明显属于本办法第 15 条所列内容之一的，应当立即停止传输，保存有关记录，并向国家有关机关报告。

第 17 条：经营性互联网信息服务提供者申请在境内境外上市或者同外商合资、合作，应当事先经国务院信息产业主管部门审查同意。其中，外商投资的比例应当符合有关法律、行政法规的规定。

第 18 条：国务院信息产业主管部门和省、自治区、直辖市电信管理机构，依法对互联网信息服务实施监督管理。

新闻、出版、教育、卫生、药品监督管理、工商行政管理和公安、国家安全等有关主管部门，在各自职责范围内依法对互联网信息内容实施监督管理。

第 19 条：违反本办法的规定，未取得经营许可证，擅自从事经营性互联网信息服务，或者超出许可的项目提供服务的，由省、自治区、直辖市电信管理机构责令限期改正，有违法所得的，没收违法所得，处违法所得 3 倍以上 5 倍以下的罚款；没有违法所得或者违法所得不足 5 万元的，处 10 万元以上 100 万元以下的罚款；情节严重的，责令关闭网站。

违反本办法的规定，未履行备案手续，擅自从事非经营性互联网信息服务，或者超出备案的项目提供服务的，由省、自治区、直辖市电信管理机构责令限期改正；拒不改正的，责令关闭网站。

第 20 条：制作、复制、发布、传播本办法第十五条所列内容之一的信息，构成犯罪的，依法追究刑事责任；尚不构成犯罪的，由公安机关、国家安全机关依照《中华人民共和国治安管理处罚条例》、《计算机信息网络国际联网安全保护管理办法》等有关法律、行政法规的规定予以处罚；对经营性互联网信息服务提供者，并由发证机关责令停业整顿直至吊销经营许可证，通知企业登记机关；对非经营性互联网信息服务提供者，并由备案机关责令暂时关闭网站直至关闭网站。

第 21 条：未履行本办法第 14 条规定的义务的，由省、自治区、直辖市电信管理机构责令改正；情节严重的，责令停业整顿或者暂时关闭网站。

第 22 条：违反本办法的规定，未在其网站主页上标明其经营许可证编号或者备案编号的，由省、自治区、直辖市电信管理机构责令改正，处 5 000 元以上 5 万元以下的罚款。

第 23 条：违反本办法第 16 条规定的义务的，由省、自治区、直辖市电信管理机构责令改正；情节严重的，对经营性互联网信息服务提供者，并由发证机关吊销经营许可证，对非经营性互联网信息服务提供者，并由备案机关责令关闭网站。

第 24 条：互联网信息服务提供者在其业务活动中，违反其他法律、法规的，由新闻、出版、教育、卫生、药品监督管理和工商行政管理等有关主管部门依照有关法律、法规的规定处罚。

第 25 条：电信管理机构和其他有关主管部门及其工作人员，玩忽职守、滥用职权、徇私舞弊,疏于对互联网信息服务的监督管理,造成严重后果,构成犯罪的,依法追究刑事责任;尚不构成犯罪的,对直接负责的主管人员和其他直接责任人员依法给予降级、撤职直至开除的行政处分。

第 26 条:在本办法公布前从事互联网信息服务的,应当自本办法公布之日起 60 日内依照本办法的有关规定补办有关手续。

第 27 条:本办法自公布之日起施行。

网上银行业务管理暂行办法

中国人民银行 2001 年 7 月 9 日发布

第 1 章　总则

第 1 条:为规范和引导我国网上银行业务健康发展,有效防范银行业务经营风险,保护银行客户的合法权益,根据《中华人民共和国中国人民银行法》、《中华人民共和国商业银行法》,特制定本暂行办法。

第 2 条:本办法适用于经中国人民银行批准在中华人民共和国境内设立的各类银行机构,包括政策性银行、中资商业银行,以及依据《中华人民共和国外资金融机构管理条例》设立的合资银行、外资银行和外国银行分行。

第 3 条:本办法所称网上银行业务,是指银行通过因特网提供的金融服务。

第 4 条:银行机构在中华人民共和国境内开办网上银行业务,应在开办前向中国人民银行提出申请,经中国人民银行审查同意后方可开办。

在中华人民共和国国外注册的以及港澳台地区注册的机构通过因特网向中华人民共和国大陆居民提供网上银行业务,以及除港澳台地区以外的中华人民共和国境内机构通过因特网向境外居民提供网上银行业务,均须事前向中国人民银行申请。

第 5 条:中国人民银行负责对银行开办网上银行业务实施日常监督、现场检查和非现场监管。

第 2 章　网上银行业务的市场准入

第 6 条:开办网上银行业务的银行,应具备下列条件。

(1) 内部控制机制健全,具有有效的识别、监测、衡量和控制传统银行业务风险和网上银行业务风险的管理制度。

(2) 银行内部形成了统一标准的计算机系统和运行良好的计算机网络,具有良好的电子化基础设施。

(3) 银行现有业务经营活动运行平稳,资产质量、流动性等主要资产负债指标控制在合理的范围内。

(4) 具有合格的管理人员和技术人员。银行高级管理人员应具有必要的网上银行业务经营管理知识,能有效地管理和控制网上银行业务风险。

(5) 外国银行分行申请开办网上银行业务,其总行所在国(地区)监管当局应具备对网上银行业务进行监管的法律框架和监管能力。

(6) 中国人民银行要求的其他条件。

第7条:政策性银行、中资商业银行(不包括城市商业银行)、合资银行、外资银行、外国银行分行开办网上银行业务,应由其总行统一向中国人民银行总行申请。

城市商业银行开办网上银行业务,应由其总行统一向中国人民银行当地分行、营业管理部申请。

第8条:申请开办网上银行业务的银行,应向中国人民银行提交以下文件、资料(一式三份)。

(1) 开办网上银行业务申请。

(2) 开办网上银行业务的可行性研究报告,报告内容应至少包括:拟开办的网上银行业务种类;银行电子化基础设施建设情况;网上银行业务管理人员和专业人员配备情况;网上银行业务风险管理措施;网上银行业务运行支持系统、关键技术描述,以及系统安全保障措施;开办网上银行业务损失和收益预测等。

(3) 经中国人民银行认可的权威评估机构对其网上银行业务操作系统出具的安全评估报告。

(4) 网上银行业务发展规划。

(5) 网上银行业务运行应急计划和业务连续性计划。

(6) 申请开办的网上银行业务的规章制度和操作规程。

(7) 申请单位联系人、联系电话、传真电话、电子邮件信箱。

(8) 中国人民银行要求提供的其他文件和资料。

第9条:政策性银行、中资商业银行(城市商业银行除外)、合资银行、外资银行获准开办网上银行业务后,若需增加网上银行业务经营品种,应由其总行统一报中国人民银行总行审查;外国银行分行获准开办网上银行业务后,若需增加新的网上银行业务品种,应由该分行在中华人民共和国境内的主报告行统一报中国人民银行总行审查。

城市商业银行若需增加网上银行业务经营品种,应由其总行统一报中国人民银行当地分行、营业管理部审查。

第10条:中国人民银行对银行开办新的网上银行业务品种的申请,实行审批制和备案制两种制度。

银行申请增加以下新业务品种,适用审批制:

(1) 银行借助互联网开发的新的、与传统银行业务品种不同的、形成表内资产或负债的网上银行业务品种。

(2) 银行借助互联网办理贷记支付以外的支付结算业务。

(3) 银行通过互联网开办未获中国人民银行同意的表内资产类传统银行业务品种。

(4) 银行通过互联网开办与证券业、保险业直接相关的新的业务品种。

银行通过互联网增加开办其他新业务品种,适用备案制。

第11条:银行根据本办法第10条申请增加新的网上银行业务,应向中国人民银行报送以下文件和资料(一式三份)。

(1) 增加业务品种申请。

(2) 增加业务可行性研究报告,内容至少包括:拟增加业务的定义;拟增加业务的风险特征和防范措施;开办该业务损失和收益预测。

(3) 申请增加业务品种的规章制度和操作规程。

(4) 申请单位联系人、联系电话、传真电话、电子邮件信箱。

(5) 中国人民银行要求提供的其他文件和资料。

第 12 条:对银行根据本办法第 7 条、第 10 条向中国人民银行申请开办网上银行业务或申请增加适用审批制的新业务品种,中国人民银行应在受理申请后 30 个工作日内发出正式批复文件。

银行根据第 10 条增加适用备案制的新业务品种,中国人民银行监管部门应在受理申请后 15 个工作日内以备案通知书的形式答复申请行。

第 13 条:银行分支机构开办网上银行业务之前,应就开办业务的品种及其属性向中国人民银行当地管辖行报告。

第 3 章　网上银行业务的风险管理

第 14 条:银行开展网上银行业务,应遵守国家有关计算机信息系统安全、商用密码管理、消费者权益保护等方面的法律、法规、规章。

第 15 条:银行开展网上银行业务,银行董事会和高级管理层应确立网上银行业务发展战略和运行安全策略,应依据有关法律、法规制定和实施全面、综合、系统的业务管理规章,应对网上银行业务运行及存在风险实施有效的管理。

第 16 条:银行应制定并实施充分的物理安全措施,能有效防范外部或内部非授权人员对关键设备的非法接触。

第 17 条:银行应采用合适的加密技术和措施,以确认网上银行业务用户身份和授权,保证网上交易数据传输的保密性、真实性,保证通过网络传输信息的完整性和交易的不可否认性。

第 18 条:银行应实施有效的措施,防止网上银行业务交易系统不受计算机病毒侵袭。

第 19 条:银行应制定必要的系统运行考核指标,定期或不定期测试银行网络系统、业务操作系统的运作情况,及时发现系统隐患和黑客对系统的入侵。

第 20 条:银行应将网上银行业务操作系统纳入银行应急计划和业务连续性计划之中。

第 21 条:银行应以适当的方式向客户说明和公开各种网上银行业务品种的交易规则,应在客户申请某项网上银行业务品种时,向客户说明该品种的交易风险及其在具体交易中的权利与义务。

第 22 条:银行从事网上银行业务,应配备专门的网上银行业务审计力量,定期对网上银行业务进行审计。

第 23 条:银行应根据银行业务发展需要,及时对从业人员进行培训,及时更新系统安全保障技术和设备。

第 24 条:银行应建立网上银行业务运作重大事项报告制度,及时向监管当局报告网上银行业务经营过程中发生的重大泄密、黑客侵入、网址更名等重大事项。

第 25 条:银行开办网上银行业务,应接受中国人民银行认可的权威评估机构对其业务操作系统的安全性进行评估。

第 4 章　法律责任

第 26 条:中国人民银行在对银行开展网上银行业务监督和检查过程中,发现有下列情形之一的,将根据《金融违法行为处罚办法》、《金融机构高级管理人员任职资格管理办法》和有关法规进行处理，对情节特别严重的，将强制停办部分或全部网上银行业务。

(1) 未经中国人民银行批准或予以备案，擅自开办网上银行业务。

(2) 开办业务过程中，违反了国家法律法规，危害了国家和公众利益。

(3) 开办网上银行业务过程中，逃避中国人民银行监督检查，形成不公平竞争。

(4) 缺乏合格的管理人员和从业人员，业务管理混乱，无力对开办的业务进行风险控制，造成了重大的资金损失。

(5) 系统安全保障措施不充分，造成重大泄密，危害客户利益和银行体系安全。

(6) 出现重大事项且未及时向中国人民银行报告。

(7) 中国人民银行认定需要进行处理的其他情形。

第 27 条：银行在业务经营过程中，存在本管理暂行办法第 26 条以外的其他违法违规行为，或者违反本管理暂行办法的其他条款，中国人民银行将依据有关法律、法规和规章进行处理。

第 5 章　附则

第 28 条：未经中国人民银行同意，银行不得擅自停办经中国人民银行审查同意开办的网上银行负债类业务品种。

第 29 条：对境内银行申请设立专门从事网上银行业务的法人机构的，或境外机构申请在境内设立专门从事网上银行业务的法人机构或分支机构的，中国人民银行将另行制定管理办法。

第 30 条：对适用本办法的银行机构通过其他公用信息网或专用网络提供的金融服务的准入和管理，可参照本办法执行，法律、法规和规章另有规定的适用其规定。

第 31 条：本办法由中国人民银行负责解释。

第 32 条：本办法自发布之日起施行。

电子商务相关的司法解释

关于审理涉及计算机网络著作权纠纷案件适用法律若干问题的解释

最高人民法院

(2000 年 11 月 22 日最高人民法院审判委员会第 1144 次会议通过)

为了正确审理涉及计算机网络的著作权纠纷案件，根据民法通则、著作权法和民事诉讼法等法律的规定，对这类案件适用法律的若干问题解释如下：

第 1 条：网络著作权侵权纠纷案件由侵权行为地或者被告住所地人民法院管辖。侵权行为地包括实施被诉侵权行为的网络服务器、计算机终端等设备所在地。对难以确定侵权行为地和被告住所地的，原告发现侵权内容的计算机终端等设备所在地可以视为侵权行为地。

第 2 条：受著作权法保护的作品，包括著作权法第 3 条规定的各类作品的数字化形式。在网络环境下无法归于著作权法第 3 条列举的作品范围，但在文学、艺术和科学领域内具有独创性并能以某种有形形式复制的其他智力创作成果，人民法院应当予以保护。

著作权法第 10 条对著作权各项权利的规定均适用于数字化作品的著作权。将作品通过网络向公众传播，属于著作权法规定的使用作品的方式，著作权人享有以该种方式使用或者许可他人使用作品,并由此获得报酬的权利。

第 3 条:已在报刊上刊登或者网络上传播的作品,除著作权人声明或者上载该作品的网络服务提供者受著作权人的委托声明不得转载、摘编的以外,网站予以转载、摘编并按有关规定支付报酬、注明出处的,不构成侵权。但网站转载、摘编作品超过有关报刊转载作品范围的,应当认定为侵权。

第 4 条:网络服务提供者通过网络参与他人侵犯著作权行为,或者通过网络教唆、帮助他人实施侵犯著作权行为的,人民法院应当根据民法通则第 130 条的规定,追究其与其他行为人或者直接实施侵权行为人的共同侵权责任。

第 5 条:提供内容服务的网络服务提供者,明知网络用户通过网络实施侵犯他人著作权的行为,或者经著作权人提出确有证据的警告,但仍不采取移除侵权内容等措施以消除侵权后果的,人民法院应当根据民法通则第 130 条的规定,追究其与该网络用户的共同侵权责任。

第 6 条:提供内容服务的网络服务提供者,对著作权人要求其提供侵权行为人在其网络的注册资料以追究行为人的侵权责任,无正当理由拒绝提供的,人民法院应当根据民法通则第 106 条的规定,追究其相应的侵权责任。

第 7 条:著作权人发现侵权信息向网络服务提供者提出警告或者索要侵权行为人网络注册资料时,不能出示身份证明、著作权权属证明及侵权情况证明的,视为未提出警告或者未提出索要请求。

著作权人出示上述证明后网络服务提供者仍不采取措施的,可以在提起诉讼时申请人民法院先行裁定停止侵害、排除妨碍、消除影响,人民法院应予准许。

第 8 条:网络服务提供者经著作权人提出确有证据的警告而采取移除被控侵权内容等措施,被控侵权人要求网络服务提供者承担违约责任的,人民法院不予支持。

著作权人指控侵权不实,被控侵权人因网络服务提供者采取措施遭受损失而请求赔偿的,人民法院应当判令由提出警告的人承担赔偿责任。

第 9 条:人民法院审理网络著作权侵权纠纷案件,应当根据案件不同情况,分别适用下列法律。

(1) 认定侵害发表权等著作人身权的,适用著作权法第 45 条第(1)、(2)、(3)、(4)项的规定。

(2) 认定向公众传播作品侵害使用权的,适用著作权法第 45 条第(5)项的规定。

(3) 认定侵害获得报酬权的,适用著作权法第 45 条第(6)项的规定。

(4) 认定侵害录音录像制作者、表演者、广播电视组织等邻接权,或者认定故意去除或者改变著作权管理信息而导致侵权后果的行为构成侵权的,适用著作权法第 45 条第(8)项的规定。

(5) 认定剽窃、抄袭他人作品的,适用著作权法第 46 条第(1)项的规定。

第 10 条:人民法院在确定侵权赔偿数额时,可以根据被侵权人的请求,按照其因侵权行为所受直接经济损失和所失预期应得利益计算赔偿数额;也可以按照侵权人因侵权行为所得利益计算赔偿数额。侵权人不能证明其成本或者必要费用的,其因侵权行为所得收入,即为所得利益。

被侵权人损失额不能确定的,人民法院依被侵权人的请求,可以根据侵害情节在人民币 500 元以上 30 万元以下确定赔偿数额,最多不得超过人民币 50 万元。

附录二　电子商务相关案例选

案例 1:武汉天天同净饮品有限公司诉武汉英特科技有限公司侵犯网页著作权纠纷案

原告:武汉天天同净饮品有限公司

被告:武汉英特科技有限公司

原告是生产、销售“净水”的专业公司。2000 年 4 月 12 日,为扩大产品影响和销路,与被告签订网站建设合同,约定“天天同净”委托“英特科技”代建网站 www. tttj. com. cn,以尝试网上销售“净水”,并明确约定了双方的权利、义务及费用,但对开发出的网页著作权归属未明确约定。合同签订后,“英特科技”将网页制作、设计程序的书面建议书交“天天同净”认可,“天天同净”将该公司的广告宣传画、公司简介、宣传册、商标标识、企业文化说明等 11 份资料交给“英特科技”。“英特科技”依据其设计思路将资料取舍、编排、组合、汇编成 11 页商务网页,当月 20 日在“长江在线”网站(www. 6300online. com)开通“天天同净”网站,每张网页上都注明:版权所有人为武汉天天同净饮品有限公司。

2000 年 5 月,“英特科技”发现,武汉劲捷电子信息有限公司的网页有多处抄袭其设计制作的网页的内容,遂向法院提起网络侵权诉讼。法院立案不久,6 月 12 日“天天同净”在上网查阅该网站信息时发现,其委托“英特科技”设计制作网页的版权所有人成了“武汉英特科技有限公司”,“天天同净”认为“英特科技”擅自更改著作权人,侵犯其合法权益,于是向武汉市中级人民法院提起诉讼,要求恢复网页版权所有权,并赔礼道歉。

本案的焦点在于涉案的这 11 张网页是什么性质的作品,其著作权究竟归谁。

原告“天天同净”认为,这些网页是该公司委托“英特科技”设计制作的法人作品。“天天同净”为网页设计制作提供了公司的广告宣传画、公司简介、商标标识等资料,其目的是为了在网上开通公司网站。《中华人民共和国著作权法》第十一条规定:“由法人或者非法人单位主持,代表法人或者非法人意志创作,并由法人或者非法人单位承担责任的作品,法人或者非法人单位视为作者。”作为法人作品,该网页著作权理应为“天天同净”公司所有。

“英特科技”认为,该网页注入了其智力创作,在文字、图案、色彩等方面形成了独特的风格,是独立于原告的文字、美术作品之外的编辑作品。《中华人民共和国著作权法》第十四条规定“编辑作品由编辑人享有著作权”,“英特科技”为该网页的著作权人理所当然。

武汉市中级人民法院首先否定了原告的诉讼请求,认为“天天同净”并未主持创作该作品,而仅仅依据合同提供了部分资料,此行为并不符合法人作品的法律特征。

对被告“英特科技”的抗辩理由,法院也未予采纳。法院认为,“英特科技”辩称该作品系编辑作品的理由并不充分。编辑本身是不能改变作品所表达的思想和表达形式的，编辑行为不是对作品的再创作，而本案中“英特科技”对部分作品性质和非作品性质的信息材料的选材和编排，已体现出智力劳动的独创性，故本案虽已具有部分编辑作品法律特征，但仍不能视为编辑作品。

法院经审理认定：涉案网页系“英特科技”依据合同对“天天同净”提供的零散的文字、美术、图案等部分作品性和非作品性的信息材料，依据“英特科技”的创作意图和创作构思进行选材和重新编排，形成了新的体系与布局，并注入智力创作，在文字、图案、色彩等方面形成独特风格和创意，且在互联网上以数字化形式固定。这一创作方式，不仅符合“在文学、艺术和科学领域内，具有独创性并能以某种有形形式复制的智力创作成果”这一作品的法定定义，而且也符合汇编作品的基本特征，即对材料的选择和编排而构成智力创作。法庭最后得出的结论是：该网页应为汇编作品。

法院随后引用了 TRIPS 第十条第二款的规定：“数据或其他材料的汇编，无论采取机器可读形式还是其他形式，只要其内容的选择或安排构成智力创作，即应予以保护。”提出“将非作品性质的信息加以汇编而形成的汇编作品当作是一种创作而给予著作权法保护已是一种国际潮流”，并认为“虽然我国著作权法没有明确的文字规定，但却有包含同样精神的相应条款，即我国著作权法第十二条‘改编、翻译、注释、整理已有作品而产生的作品，其著作权由改编、翻译、注释、整理人享有’”。

据此，武汉市中级人民法院一审判决，涉案网页作品为汇编作品，其著作权属设计制作方武汉英特科技有限公司所有。

天天同净公司对一审判决不服，向湖北省高级人民法院提起上诉。

湖北省高级人民法院经审理认为，根据《中华人民共和国著作权法》第十七条“受委托创作的作品，著作权的归属由委托人和受托人通过合同约定。合同未作明确约定或者没有订立合同的，著作权属于受托人”的规定，在武汉英特科技有限公司的长江在线网站上刊载的 11 张天天同净网页作品，系英特科技公司受武汉天天同净饮品有限公司委托创作的作品，其著作权由受托人即英特科技公司享有。

摘自《中国电子商务法律网》

案例 2：艺龙网信息技术（北京）有限公司诉搜狐爱特信信息技术（北京）有限公司侵犯著作权纠纷案

原告：艺龙网信息技术（北京）有限公司

被告：搜狐爱特信信息技术（北京）有限公司

原告原审诉称，该公司从 1999 年 8 月开始，组织人员对上海、成都、杭州等城市的饭店、咖啡店和酒吧的有关情况进行了调查，将得到的资料编辑整理登载于网上。从 2000 年 7 月 21 日（即搜狐网上海网站正式开通之日）开始，艺龙公司上海站点发现搜狐网的上海都市内容中有大量的原封不动、一字不漏地照搬照抄、整体挪用艺龙网站内容的现象，最明显的是集中在餐馆信息、酒吧信息和咖啡馆信息的三方面内容。其中，搜狐上海餐馆信息的 400 多条全部由艺龙网上海餐馆信息中抄袭而来；艺龙上海酒吧信息共 68 条，除有 1 条为新更新的信息外，其他 60 多条上海酒吧信息全部被搜狐上海站点抄用。艺龙上海咖啡馆信息共 54 条，有 52 条被搜狐上海站点全部抄用。于是，艺龙公司于 2000 年 9 月 3 日向北京市海淀区人民法院正式提起诉讼，请求法院判令被告：(1) 立即停止侵权行为；(2) 在网上及我国主要媒体上向原告公开赔礼道歉；(3) 赔偿原告经济损失 44 万元；(4) 支付原告的公证费、调查费及律师代理费 6 万元。

搜狐辩称，原告的网页内容不具备独创性，不能构成作品，原告所称的“调查”也不是作品的创作；被告的网页内容系被告独立收集并整理的，并不存在原告所谓的“抄袭”或侵权行为，且原告提交的公证文件不具有真实性，故请求法院驳回原告的诉讼请求。

一审北京市海淀区人民法院经审理认定：

1. 原告与被告均为提供内容服务的在线服务商，原告网站的网址为 www.elong.com，被告网站的网址为 www.sohu.com，网页上均有各自的版权标记。

2. 自 1999 年 8 月起，原告开始将上海、成都、杭州、广州四城市的饭店、酒吧、咖啡馆、餐馆等场所所提供的特色服务制作成专门的网页，并上载到其网站上，网页主要内容为特定场所的照片加相关的特色服务的文字说明。

3. 自 2000 年 7 月起，被告的网站上开始出现关于介绍上海、成都、杭州、广州四城市的饭店、酒吧、咖啡馆、餐馆等场所的特色服务的网页，主要内容为关于特定场所所提供的特色服务的文字说明，并附着少量照片。

4. 对比原告与被告的网页内容，对相关的特定公共场所的介绍有 66 066 字和 6 张照片实质上相同，包括多处文字错误，如对“五芳面馆”的介绍，原告网页上有照片和文字说明，照片上名称为“五芳面馆”，文字说明中误写为“王芳面馆”；被告的网页上没有照片，文字中名称为“王芳面馆”。

5. 被告未提供其网页创作的原始资料，亦未对网页中的错误给予合理的解释。

北京市海淀区人民法院认为：

第一，作品是指文学、艺术、科学领域的具有独创性、并能以某种形式复制的智力创造成果。本案所涉及的原告的网页，内容为对饭店、酒吧、咖啡馆、餐馆等场所提供的服务的描述，这种介绍在网页上以专门的照片和文字相组合的方式，体现特定场所的特色服务，不同的网页形成一个特殊的集合，而不是按客观规律对客观事实的简单排列，应是一种独特构思的体现，具备独创性；该网页可保存在计算机硬盘上，亦可打印在纸张上，具有可复制性，故应视为受著作权法保护的作品，其著作权归原告所有。被告辩称原告的网页内容不具备独创性、不是作品，证据不足，法院不予支持。

第二，著作权法允许不同的作者创作出相同或实质上相似的作品，享有各自的著作权，但前提是这种相同或实质上的相似应是基于独立创作思想和创作活动的存在，而不是基于对他人作品的未经许可的使用。针对原、被告网站上出现了部分内容相同的事实，被告辩称有关网页内容是由其自行收集整理完成的，但证据不足，被告亦未对其中的与原告网页中内容相同的文字错误给予合理的解释，故此部分内容应视为取自原告的网页，被告的辩称本院不予采信。

第三，著作权是法律赋予作者对其创作的作品所享有的专有权利。被告对使用原告网页上的内容设计出的新网页享有著作权并将该网页上载到国际互联网上，在这个过程中被告并未取得原告的许可或向其付酬，其行为侵犯了原告的保护作品完整权、作品使用权和获得报酬权，据此被告应依法承担侵权责任，停止侵权，在相应的范围内向原告赔礼道歉并赔偿由此给原告造成的相应的经济损失。

第四，当事人对自己的主张负有举证责任。原告要求被告赔偿经济损失及公证费、律师费等共计 50 万元，但未提举相应的证据，对此法院将依被告的侵权程度确定赔偿数额，不再支持原告的全额诉讼请求。

据此，北京市海淀区人民法院依照《中华人民共和国著作权法》第四十五条第(四)项、第四十六条第(一)项的规定，于 2001 年 4 月 15 日判决：

1. 自本判决生效之日起，被告搜狐爱特信信息技术(北京)有限公司停止使用原告艺龙网信息技术(北京)有限公司的与本案有关的作品；

2. 自本判决生效之日起 10 日内，被告搜狐爱特信信息技术(北京)有限公司在其网站主页上连续 24 小时刊登声明，向原告艺龙网信息技术(北京)有限公司公开致歉(致歉内容须经本院审核，若被告拒绝履行该义务，本院将在一家新闻媒体的网站上刊登判决书的主要内容，费用由被告负担)；

3. 自本判决生效之日起 10 日内，被告搜狐爱特信信息技术(北京)有限公司赔偿原告艺龙网信息技术(北京)有限公司经济损失 6 000 元；

4. 驳回原告艺龙网信息技术(北京)有限公司的其他诉讼请求。

宣判后搜狐公司不服一审判决，于 2001 年 8 月 13 日上诉至北京市第二中级人民法院，请求二审法院撤销原审判决，发回重审，基于三点理由：

1. 原审判决认定事实错误，诉讼主体认定有误。上诉人与被上诉人均不具有提供内容的在线服务商资格，非本案的诉讼主体。

2. 原审判决认定事实不清，证据不足。原审判决未明确所谓侵权内容 66 066 字和 6 张照片具体所指。原审判决以被上诉人提供之不具证明力的所谓收集工作证明资料(即 11 条信息)证明被上诉人对 500 多条信息享有著作权，显然证据不足。原审判决仅凭艺龙网与搜狐网之部分信息内容“实质上”相同即认定搜狐网之信息内容取自艺龙网，证据不足。原审判决无充分证据证明艺龙网之网页内容具有独创性。

3. 原审判决违反法定程序。原审法院对上诉人提出之双方证据应建立对应关系的要求不予采纳，导致双方无法对证据进行质证。原审法院对于被上诉人在庭后提交的关于侵权文字和图片的内容及数量之证据未交双方质证。

被上诉人艺龙公司同意一审判决，针对搜狐公司的上诉理由，艺龙公司辩称：

1. 上诉人提出的诉讼主体适格问题并不存在，因为本案诉讼发生时，网站并不需要到工商行政管理部门注册。

2. 原审法院运用推定的方法合情、合理、合法，在原审过程中，上诉人从未出示过版权的原始证据。请求二审法院维持原审判决。

北京市中级人民法院于 2001 年 9 月 13 日公开开庭进行审理，经审理确认：

1. 艺龙公司成立于 1999 年 8 月 17 日，企业类型为外商独资经营。自 1999 年 8 月起，其所属的 elong 网站的专门网页开始以文字说明及(或)照片的形式介绍上海、成都、杭州、广州四城市的饭店、酒吧、咖啡馆、餐馆等场所所提供的特色服务。

2. 搜狐公司成立于 1997 年 1 月 14 日，企业类型为外商独资经营。自 2000 年 7 月起，其所属的sohu网站亦出现关于介绍上海、成都、杭州、广州四城市的饭店、酒吧、咖啡馆、餐馆等场所所提供的特色服务的网页。

3. 2000年7月25日、8月17日、19日、20日、9月25日，艺龙公司分别委托北京市公证处对搜狐公司名下的搜狐网站(www. sohu. com)中上海网站都市生活(按餐馆、酒吧、咖啡馆顺序)、成都网站、杭州网站、广州网站部分内容，及艺龙公司名下的艺龙网站(www. elong. com)中上海网站(按餐馆、酒吧、咖啡馆顺序)、成都网站、杭州网站、广州网站的内容进行了实时打印，制作了(2000)京证经字第17104号、30820号、31361号公证书，并同时将上述内容现场刻录成光盘，与公证书相粘连。根据上述三份公证书，双方上述网站介绍了名称相同的餐馆、酒吧、咖啡馆等场所提供的特色服务内容上海网站有490个、成都网站有48个、杭州网站有12个、广州网站有7个。

4. 在原审诉讼期间，搜狐公司于2000年9月29日收到了上述公证证据的光盘件。

5. 经艺龙公司对比，在上述公证内容中，搜狐网站的内容共有66 066字文字说明(包括上海网站53 621字、成都网站6 495字、杭州网站1 650字、广州网站4 300字)及广州网站6张照片与艺龙网站的相关内容相同。该对比清单亦于原审审理期间，交搜狐公司质证。

6. 艺龙公司向原审法院提交了部分艺龙调查表，以证明其自行收集、整理、编辑了上述内容，载于其艺龙网站上。

7. 搜狐公司亦向原审法院提交了若干名片、店卡或确认签名及网友提供的信息等证据，以证明其对网页内容是独立创作的。

在二审法院审理期间，搜狐公司为证明艺龙公司与搜狐公司均不具有提供网络内容服务的资质，不是本案适格的当事人，向法院提交了新的证据：

1. 为证明艺龙公司不是本案适格的原告，搜狐公司提交了艺龙公司的工商查询报告。

2. 为证明搜狐网站的网站所有者是北京搜狐在线网络信息服务有限公司，而非搜狐公司，搜狐公司提交了：① 北京搜狐信息技术有限公司2000年5月18日向工商行政管理部门提交的变更登记申请书；② 北京搜狐在线网络信息服务有限公司2000年7月11日经核发的营业执照副本；③ 2000年12月29日颁发给北京搜狐在线网络信息服务有限公司的电信与信息服务业务经营许可证；④"经营性网站备案登记信息"，载明SOHU网站所有者为北京搜狐在线网络信息服务有限公司，登记日期为2001年2月15日。

3. 为证明艺龙网站上"火车的寿司吧"的称谓不具有独创性，搜狐公司提交了其于2001年9月12日通过Google从互联网上搜索到的其他网站使用同样称谓的搜索结果。

4. 为证明艺龙网站上的浙江图书馆和王宝和酒家的网页内容不具有独创性，搜狐公司提交了其于2000年9月26日调取的浙江省图书馆的网页内容及王宝和酒家的宣传材料。但该宣传材料上未载明生成时间。

5. 在二审诉讼法庭辩论结束后，上诉人搜狐公司将其上诉请求变更为：请求法院依法改判，驳回被上诉人的原审请求。

二审法院认为，根据搜狐公司的上诉请求，本案主要涉及诉讼主体资格问题：

1. 搜狐公司主张艺龙公司与搜狐公司均不具有提供网络内容服务的资质，不是本案适格的当事人，被控侵权的搜狐网站的网站所有者应为北京搜狐在线网络信息服务有限公司。但在原审诉讼期间，搜狐公司始终辩称其登载的内容系其组织人员进行收集、整理，以此主张自己的行为不构成侵权。故其在原审诉讼期间，已认可艺龙公司所诉的被控侵权行为系搜狐公司所实施。现搜狐公司在二审期间又对此予以否认,其必须提交充分证据加以证明。

2. 根据搜狐公司提交的证据,北京搜狐信息技术有限公司系 2000 年 5 月 18 日向工商行政管理部门申请变更企业名称并增加互联网信息服务的经营范围,有关部门在审批时,明确要求其在公司注册后,应按照规定程序向通信主管部门办理互联网信息服务业务经营许可有关手续,但搜狐公司并未提供该证据。

3. 北京搜狐在线网络信息服务有限公司于 2000 年 7 月 11 日取得了营业执照,2000 年 12 月 29 日取得电信与信息服务业务经营许可证,其所拥有的 SOHU 网站的登记日期为 2001 年 2 月 15 日。故被控侵权行为发生于北京搜狐在线网络信息服务有限公司取得电信与信息服务业务经营许可证及其所拥有的 SOHU 网站登记之前。上述证据均不足以证明艺龙公司所诉的侵权行为系北京搜狐在线网络信息服务有限公司所为。并且,搜狐公司是否具有经营互联网信息服务的资格,不是其不承担法律责任的理由。故搜狐公司关于自己不是本案适格当事人的主张,不能成立。

4. 我国著作权法对著作权人的主体资格没有限制,故艺龙公司作为本案著作权人主张权利,与其是否拥有互联网信息服务资格,没有必然联系。搜狐公司关于艺龙公司不是本案适格当事人的主张,亦不能成立。

北京市中级法院认为:一、在原审诉讼期间,搜狐公司始终辩称其登载的内容系其人员自行收集、整理,并以此主张自己的行为不构成侵权,其已认可原告所诉的被控侵权行为系搜狐公司所为,现在二审期间又对此予以否认,但未提交充分证据加以证明,其该主张不能成立;二、原审法院根据原告提交的部分原始证据,推定原告对其主张的网页内容享有著作权,并无不妥;三、在双方当事人充分交换了证据,且搜狐公司在合理期限内未提出明确异议的情况下,原审法院判决认定侵权内容为文字作品 66 066 字和 6 张照片,并无不明确之处;四、在原审法院审理期间,原审法院已将双方提交的证据进行了交换,并且搜狐公司已经得到了艺龙公司用以主张侵权的公证内容光盘及侵权字数清单,搜狐公司完全可以依据上述证据进行质证,提出质证意见,故对被告所提原审存在程序问题的主张,本院不予支持。

据此,法院于 2001 年 11 月 8 日作出终审认定:

一、原告北京艺龙信息技术有限公司的网页内容具有独创性,受著作权法保护,而被告搜狐公司称该网页内容是由其自行收集完成的证据不足。故驳回搜狐公司上诉。

二、被告搜狐爱特信信息技术(北京)有限公司停止使用原告北京艺龙信息技术有限公司的与本案有关的作品。

三、自本判决生效之日起 10 日内,被告搜狐爱特信信息技术(北京)有限公司在其网站首页上连续 24 小时刊登声明,向原告北京艺龙信息技术有限公司公开致歉(内容须经法院审核)。

四、自本判决生效之日起 10 日内,被告搜狐爱特信信息技术(北京)有限公司赔偿原告北京艺龙信息技术有限公司人民币 6 000 元。

参考文献

[1] 戴维·金(David King),杰·李(Jae Lee). 电子商务管理视角. 北京:机械工业出版社,2007.
[2] 周欢怀. 我国 C2C 市场状况的实证研究. 未来与发展,2007(11):27-31.
[3] 刘雅政. 电子商务中的诚信缺失及对策. 中共银川市委党校学报,2008(2).
[4] 王静一. 从淘宝网的竞争策略看 C2C 市场发展. 商业时代·学术评论,2006(14):70-78.
[5] 邓琪. 从淘宝、易趣和拍拍网看中国 C2C 市场的发展. 甘肃农业,2006(5):176-177.
[6] 吴利华. 浅析电子商务盈利模式的发展. 经济观察. 企业家天地. 理论版,2007(2):19-20.
[7] 郭俊华,胡锐. 浅谈电子商务盈利式的分类. 金融信息化论坛,2007(5):38-39.
[8] 张跃强. C2C 市场赢利模式的实证研究与探索. 铜陵学院学报,2008(1):123-124.
[9] 加里 P·施耐德. 电子商务. 北京:机械工业出版社,2007.
[10] 李庭春. 电子商务交易流程浅析. 长沙大学学报,2008(2).
[11] 何娟. 我国 C2C 物流解决方案. 物流技术,2007(5).
[12] 雷兵. C2C 网站商业模式研究. 商场现代化,2007(2).
[13] 罗新星,邱春堂,朱名勋. 基于客户价值感知的移动商务价值链角色模型. 情报杂志,2009(6).
[14] 张千帆. 梅娟移动商务商业模式分析、评价与选择研究. 科技管理研究,2009(3).
[15] 毕新华,李海莉,张贺达. 基于价值网的移动商务商业模式研究. 商业研究, 2009(1).
[16] 王汝林. 移动商务理论与实务. 北京:清华大学出版社,2007.
[17] 谷和启. 移动电子商务的应用与发展趋势分析. IT168 解决方案,2005(1).
[18] 欧阳峰. 电子商务解决方案. 北京:清华大学出版社,2006.
[19] 罗汉洋. B2C 电子商务模式分析与策略建议. 情报杂志,2004(2).
[20] 苏贵影,郭丕斌. 实现物流与电子商务的协同发展. 经济与管理研究,2006(7).
[21] 杨坚争. 电子商务基础. 西安:西安电子科技大学出版社,2004.
[22] 闫家辉,关晓露. 国内电子商务门户网站的现状研究论门户网站的盈利模式及其发展策略. 沈阳教育学院学报,2008(2).
[23] 许迪嫄. 电子商务的经营模式给企业带来了什么. 电子商务,2007(1).
[24] 吴琦. 电子商务代表网站及业务模式分析. 通信世界周报, 2006(2).
[25] 陈光军. 电子商务体系结构与电子支付技术. 商场现代化,2007(1).
[26] 薛希希. 破除制约我国电子商务发展的四大瓶颈. 通信世界周报, 2006(2).

内容提要

电子商务是一门综合实践性很强,内容体系更新很快的课程。本书的特点在于侧重实践与应用,先阐述电子商务的基本概念和相关技术,包括互联网技术、物流技术、支付技术以及网络营销技术等,然后引入一系列的理论及应用知识。本书虽侧重实践应用,但也试图通过对内容与结构的合理组织,将管理与技术内容融合,以打破以往该类教材单方面注重技术,或者单方面注重管理的弊端。力求使学生通过浅显易懂的文字,掌握电子商务的基础精髓。全书共10章,包括3部分,第1～3章介绍电子商务的基本原理,第4～5章介绍电子商务的相关技术,第6～10章介绍电子商务的应用。

本书既可作为电子商务、物流、信息管理等专业的教材,也可以作为其他本、专科专业电子商务基础课的教材,对从事电子商务建设,信息系统开发的专业技术人员和相关管理人员,也有一定的参考价值。